從嗯心到同理

拒斥人性，還是站穩理性？法哲學泰斗以憲法觀點重探性傾向與同性婚姻

From disgust to humanity

Sexual Orientation and Constitutional Law

瑪莎・納思邦——著　堯嘉寧——譯
Martha C. Nussbaum

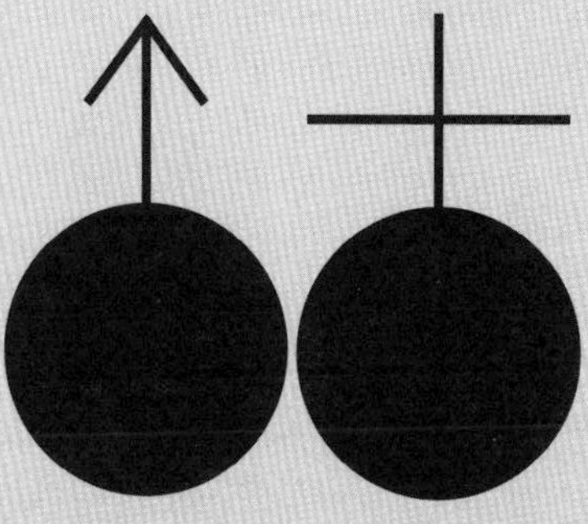

Courant 書系總序

——楊照

進入二十一世紀，「全球化」動能沖激十多年後，我們清楚感受到最快速、最複雜的變化，其實發生在觀念的交流與纏捲上。來自不同區域、不同文化傳統、不同生活樣態的各種觀念，在「全球化」的資訊環境中無遠弗屆到處流竄，而且彼此滲透、交互影響、持續融會混同。面對這些新的、雜混的觀念，每個社會原本視之為理所當然的價值原則，相對顯得如此單純無助，失去了穩固的基礎，變得搖搖欲墜。

我們不得不面對這樣的宿命難題。一方面「全球化」瓦解了每個社會原有的範圍邊界，擴大了社會的互動領域，因而若要維持社會能夠繼續有效運作，就需要尋找共同價值，讓大家能在共同價值的追求下，發揮集體力量。但另一方面，現實中與價值觀念相關的訊息，卻正在急遽碎裂化。不只是觀念本身變得多元複雜，就連傳遞觀念的管道，也變得越來越多元。一種管道聚集一種人群，也就同時形成了一道壁壘，將這群人和其他人在觀念訊息上區隔開來。

過去形塑社會共同價值觀的兩大支柱，最近幾年都明顯失能。一根支柱是教育，共同的教育內容讓大家具備同樣的知識，接受同樣的是非善惡判斷標準。然而在世界快速變化的情況下，臺灣的教育完全跟不上步伐，只維持了表面的權威，孩子還是不能不取得教育體制所頒給的學歷證書，但骨子裡落後僵化的內容則和現實脫節得越來越遠，以至於變成了純粹外在、形式化的過程，無法碰觸到受教育者內在深刻的生命態度與信念。

另一根支柱是媒體。過去有「大眾媒體」，大量比例的人口看同樣的報紙或廣播、電視內容，流行的名人、現象、事件，可以藉由「大眾媒體」的傳播進入每個家戶，也就會從中產生主流的是非善惡判斷標準。現在雖然媒體還在，「大眾」性質卻瓦解了。媒體分眾化，在接收訊息上每個人都多了很大的自由，高度選擇條件下，每個人所選的訊息和別人的交集也就越來越少。於是賴以形成社會共同價值的共同知識都不存在了。

在特別需要冷靜判斷的時代，偏偏到處充斥著更多更強烈的片面煽情刺激。以前所說的「潮流」，一波一波輪流襲來的思想與觀念力量，現在變成了湍急且朝著多個方向前進的奔流、狂流。當下迫切需要的，因而不再只是新鮮新奇的理論或立場，而是要在奔流或狂流中，尋找出一塊可以安穩站立的石頭，讓我們能夠不被眩惑、不被帶入無法自我定位的漩渦中，居高臨下看明白周遭的真切狀況。

這個書系選書的標準，就是要介紹一些在訊息碎裂化時代，仍然堅持致力於有系統地將訊息整合為知識的成果。每一本納入這個書系的書，都必然具備雙重特性：第一是提出一種新的思想見地或主張，第二是援用廣泛的訊息支撐見地或主張，有耐心地要說服讀者接受乍看或許會認為突兀、激進的看法。也就是說，書裡所提出來的意見和書中鋪陳獲致意見的過程，同等重要。因而閱讀這樣的書，付出同樣的時間，就能有雙重的收穫——既吸收了新知，又跟隨作者走了一趟扎實的論理思考旅程。

導讀

——楊照

贊成「多元成家」嗎？這個在臺灣熱門、餘波盪漾的問題，不是單純的社會態度調查，而必然涉及更專業、更複雜的法律訂定與執行。所以從大法官釋憲到修法方式爭議，再到公投案，每一個步驟都和法律緊密纏結。

也就在這樣的過程中，讓我們清楚看出臺灣社會迫切需要改變的欠缺，那就是嚴重缺乏普遍的法律常識，因而也必然連帶缺乏對於法律是非對錯的討論與思考。不論是贊成或反對「多元成家」的意見，絕大多數都以私人情緒或立場為表達出發點，渾然遺忘了這件事的核心在於法律。重點不在兩個人能否相愛、如果相愛如何相處，而在法律上應該如何規定給予何種關係「婚姻」的形式認定與形式保護。

落在法律面，有些爭論顯然根本不該存在。例如過去的歷史與傳統不會是決定法律規範的絕對標準。過去都是「一夫一妻」才能構成婚姻，和現在要不要承認多元婚姻並不相干。如果法律就是該維持歷史、傳統，那就等於取消了法律的現實性，訂定的法律就不能修改，要立法院做什麼？任何社會上的新變化都不能影響法律，如此和真實生活嚴重脫節的法律要來規範、管轄人的行為？那會多麼恐怖啊！

又例如落在法學的角度看，宗教教義的論點根本不該牽涉進來。宗教教義在本質上就是和法學對立牴觸的。法學是關於訂定與執行法律的知識，根本精神是思考，實際的活動是辯論，從辯論中尋找最妥切的立法與執法方式，同時在過程中展現最適當的道理說服；然而宗教卻是源自一套宣示的真理，在人心中激發信仰，而信仰之所以重要、之所以有力量，也就正在於是不容懷疑、不容就其是非對錯進行辯論的。

宗教不能干預法律，這是最堅實也最明確的理由。有固定教義的宗教與法律所需要的思考、辯論中間隔著跨越不過去的鴻溝，那就要從「同理心」的角度去理解和自己有不同價值判斷的人。

在這本書中，作者處理了很少被注意到的連結，進行了深入的探討，那就是法律與「同理心」，以及衍伸出去的法律與「想像力」之間的關係。法律、法學需要有「想像力」？推及法律、法學最終端來問：法官審案、判案需要有「想像力」嗎？

書中給予的明確答案是「當然需要」。讓我們試著從兩個方向來理解這個答案吧。第一是想想在臺灣曾經掀起許多注意與義憤的「恐龍法官」所作過的荒唐判決。什麼樣的判決會引發這樣的反應？反應中最常見到的批評又是什麼？不就是覺得法官對於案件的描述與評斷，和大家的認知、理解有很大的差異，換句話說，就是法官因為某些因素的影響，喪失了想像還原案件事實的能力，或更糟地，喪失了想像感受事件衝擊的能力。

第二個方向是法官的主要工作任務在於運用法條來處置現實事件。然而法條是什麼？看過法律條文的一般人一定都會留下深刻印象的，是法條的高度抽象、技術性文字。法條必須盡量抽象，才能涵蓋最大的行為範圍，不會出現無法處理的例外；法條還要盡量使用專業術語，去除常識語言中的不確定性；不只如此，法條中連文字和文字之間的連結與排列順序，都要有確切的意義。

於是任何時候法官要面對的，都是如此高度異質化的兩件事物，一邊是法條，一邊是現實。要如何建立這兩件事物之間的關係，判斷這樣的現實是用這樣而不是那樣的法條，這樣的法條規定要處理這樣而不是那樣的現實，沒辦法，一定要靠法官自身的想像力，那是法條本身沒有提供、也不可能提供的。

再進一步推究，需要什麼樣的想像力？最需要的，是從眼前的文件或證人追訴，來想像重建案件事實的能力，而這樣的能力，必須藉由「同理心」，也就是擺脫自己狹窄、有限的經驗，設身處地去理解案件牽涉的「其他人」。

法官需要有想像他人經驗與感受的「同理心」，立法者與立法的過程又何嘗不是？而和法律相關的想像力、「同理心」，最基本也最關鍵的，依照作者的看法，是過去在法學討論中往往被視為太抽象、太虛幻因而刻意逃避的——去想像不同的人的不同「生命課題」。

法律必須先接受、先尊重不一樣的人可以有、也會有不同的「生命課題」，因而在訂定並執行普遍化的法律規範時，也就應該避免以法律破壞「生命課題」的多樣性，侵犯、剝奪了部分人在「生命課題」上的選擇。具備如此普遍效力的法律，應該充分保障所有人追求「生命課題」的平等權利。

換句話說，作者實質上提出了一個極其嚴肅且重要的主張，認為很多人以為抽象、虛幻的「生命課題」，是現代人賴以自在活著的基本權利之一，法律不可以予以侵奪、取消。

「生命課題」最需要排除自我中心、對他人「將心比心」的「同理心」。不能將自己在「生命課題」上的選擇與立場視為理所當然，覺得就是「正常的」、「應該的」，就是所有「正常人」「應該」同樣要有的選擇。如果採取這樣的態度，事實上也就等於從「生命課題」的選擇上，霸道地在定義什麼是「人」，甚至規定了誰有資格作為「人」。

不願以「同理心」去面對他人「生命課題」選擇的人，將與自己有不同「生命課題」選擇的人視為「不正常」，會動用許多負面感情或論理來強化凸顯別人的「不正常」。訴諸於「噁心」，或斥責「違背自然」，是極為常見的表達手段。可怕的是，藉由強調「噁心」、「違背自然」的主張，似乎就可以取消別人作為「人」的資格，可以禁止他們獲得一般人的正當權利，甚至施予他們禁制懲罰。

作者就是將不同的「性傾向」放在「生命課題」的關懷上來討論的。「性傾向」應該被視為重要的「生命課題」選擇，和人生許多其他重要課題一樣，如何選擇決定了一個人實現自我、追求幸福生活的方向與目標。換個角度看，婚姻關係也是同等重要的「生命課題」選擇，要結婚或不結婚，直接關係到許多人對於幸福的定義與感受。

法律不能規定「幸福」，因為「幸福」是主觀的，主觀的也就必然是多元多樣、無法被規定的。然而作為社會集體行為的底線維護機制，法律的作用應該是維護一種讓最多人在不影響他人的情況下去享有幸福生活的空間。

在「生命關懷」和幸福生活的追求上，推展出對於「性傾向」與婚姻問題的深刻思考，在這方面，本書絕對可以對當下臺灣社會有很大的點醒與啟發作用。

雖然書中運用的主要是美國法律制度中的案例，然而作者所動用的縝密思考及耐心討論風格，成功地碰觸到法律與社會偏見的普遍、根本問題，對於不習慣從法律、法學角度進行理解的臺灣大眾，也是很好的刺激吧！

目錄

獻給赫爾伯特·福斯特（Herbert Foster）

誰貶低別人，就是貶低我。
無論什麼言行，最終都將歸結於我。
我說出太古的暗語，我發出民主的信號，
天啊！除了讓人們能夠在相同情況下取得相似的東西之外，我什麼都不接受……

那偉大的思想，那完善而自由的個體的思想，
那個主張，由詩人走在前面，作領頭人的領頭人，
他的態度讓奴隸們揚眉吐氣，讓域外的獨裁者們心懷恐懼……

自由沒有滅絕之說，平等沒有後退之說，
他們活在……男人和……女人的激情裡。

——華特．惠特曼（Walt Whitman）

出自〈自我之歌〉（Song of Myself），《在藍色的安大略湖畔》（*By Blue Ontario's Shore*）

謝辭

我十分感謝傑佛瑞・史東（Geoffrey Stone）邀請我寫這本書，在他的鼓勵之下，我得以有系統地整理出我的寫作企劃，並承蒙他對我的幾章草稿提出了具體的意見。在本書發展的早期階段，有許多人給了我不少有用的建議，他們分別是瑪麗・安妮・凱斯（Mary Anne Case）、伊麗莎白・埃門斯（Elizabeth Emens）、大衛・哈爾博林（David Halperin）、安德魯・科佩爾蒙（Andrew Koppelman）、詹姆斯・馬迪根（James Madigan）、凱斯・桑思汀（Cass Sunstein）和吉野賢治（Kenji Yoshino）。在我完成了早期草稿時，我要感謝瑪麗・安妮・凱斯、丹尼爾・格勒爾（Daniel Groll）、貝爾納・哈庫特（Bernard Harcourt）、托德・亨德森（Todd Henderson）、布萊恩・萊特（Brian Leiter）、詹姆斯・馬迪根、理查德・麥亞當斯（Richard McAdams）、阿里爾・波拉特（Ariel Porat）、理察・波斯納（Richard Posner）、詹姆斯・斯泰哈爾（James Staihar）、利奧爾・斯崔希列維茲（Lior Strahilevitz）、凱斯・桑思汀、馬達維・桑德（Madhavi

Sunder）、黑爾佳・瓦登（Helga Varden）和大衛・魏斯巴赫（David Weisbach）給了我有益的建議。我還要特別謝謝羅莎琳・迪克森（Rosalind Dixon）、大衛・哈爾博林、安德魯・科佩爾蒙、索爾・萊夫莫爾（Saul Levmore）和喬納森・馬蘇爾（Jonathan Masur），他們都在寫作的後期階段閱讀或重讀了我的原稿，並惠賜了廣泛的寫作意見。然而，因為我對這個議題的寫作其實橫跨了許多年，於我有惠的人還比這多出許多。我特別想要提出的是大衛・哈爾博林、理察・波斯納、已故的彼得・奇基諾（Peter Cicchino）和已故的約翰・J・溫克勒（John J. Winkler），他們都幫助我形塑了關於這個主題的基本想法——不論是透過他們的著作，或是口頭上的慷慨賜教。

緒論

從訴諸噁心感到形諸同理

「在我八年級的時候，突然了解到我一直以來對男生的那些幻想是什麼意思，我也了解到它們就會一直跟著我了，我必須要處理它們。我嚇壞了。」這是一位男同性戀告訴社會心理學家里奇・沙文—威廉斯（Ritch Savin-Williams）的話，在沙文—威廉斯關於青少年男同性戀的先驅研究中，還有許多類似的故事。[1] 這個男孩當然嚇到了，因為他知道在美國社會中，自己將面臨的是一個艱難的未來。在某種程度上，社會的觀念已經在他心中定型了：一直以來，他所就讀的教會學校都教他要對自己渴望的這種行為感到厭惡和噁心，而且認為它是卑鄙的，或是出於肉慾的，不符合人類的高貴情操。沙文—威廉斯所訪談的其他同性戀青少年並不會對他們自己的感情感到嫌惡——不過他們也知道等在他們前面的是一條艱辛的道路，因為還有許多人（就算不是他們自己）會認為他們的慾望和行為很令人作嘔。有一位年輕男性在寫到他與另一名青少年（男性）的早期性經驗時，是這麼寫的：「我知道這就是……我想走的路，我知道我已經走上這條路了。我知道別人或多或少可以經歷到我的感覺，我也知道會有人覺得這很噁心。」[2]

本書想要討論的雖然是憲法理論的議題，但是也少不了要處理青少年眼前所面臨的這些分歧：分歧的兩邊，一邊是那些可以「或多或少體驗到」同性戀青少年有什麼感覺的人，和只是單純想到這些慾望的人；而另一邊，當然就是這些「令人作嘔的」青少年本身。美國社會（以及其他許多社會）在面對同性戀的傾向和同性戀行為時，長久以來都是帶著噁心的感覺，許多人會對男同性戀和女同性戀的存在感到不舒服，或是帶著極深的反感，就像他們看到人的排泄物、黏答答的昆蟲和發臭的食物時那樣的感覺——而且他們也會根據這種反應來合理化應該加諸其身的一連串法律限制，包括反雞姦的法律和禁止同性婚姻。這種政治的死硬派支持者其實不太會真正想一下同性戀青少年和他的朋友們做了什麼事；他們會說「那些爛人讓我想吐」，他們也拒絕看看同性戀真正的生活，把他們真的看作人，老想著那一定是些令人作嘔的骯髒事。就連靠近一點看看那些同性戀青少年，都好像是玷污了他們。如果讓同性戀看著他們，甚至還要更糟，因為那就好像是被什麼髒東西盯上了一樣。雖然這種政治立場這幾年來比較失去支持基礎了，但還是有許多人的想法深受影響。

照這樣說來，噁心感似乎是一件很不好的事，它會從根本上否定另外一個人的完整人性。在民主社會中，如果在制定法律時是用噁心感當作根據，可能就是一件很糟糕的事了。但是，的確有些極受尊敬、甚具影響力的人，卻擁護以噁心感作為立法準則的作法。在一九五〇年代的英國，派翠克．德富林勳爵（Lord Patrick Devlin）就認為如果有一個行為會讓社會中的一般成員都感到噁心，我們就有充分的理由認為它是非法的——就算該行為對於未曾同意的第三方並沒有造成任何損害。他直接用這個結論來強烈反對沃芬登委員會（Wolfenden Commission）的建議

1 Ritch Savin-Williams, "... *And Then I Became Gay": Young Men's Stories* (New York: Routledge, 1998), 52.

2 同上註，頁74-75。

——沃芬登委員會認為，經過雙方同意的同性間性行為應該予以除罪化。[1]他認為一般人會對同性戀的行為感到噁心，如果法律沒有回應一般人對於同性戀行為的噁心感，社會將從內部開始腐爛。比較近期的則有美國的利昂・卡斯（Leon Kass）——卡斯直到最近都還是小布希總統的美國「總統生物倫理委員會」（The President's Council on Bioethics）的主席[2]——卡斯認為厭惡的感覺有一種內藏的「智慧」：那是我們的天性中與生俱來的一種機制，可以引導我們免於作出毀滅性和糟糕的選擇。卡斯的結論和德富林一樣，也認為可以用噁心感作為禁止某個行為的充分理由——即使那個行為並沒有對於未曾同意的第三方造成損害。[3]

這些立場也不只是學理上的：它們還和社會上普遍存在的力量互相結合。在今天，大部分的基督教右派（Christian Right）還是會公開以噁心感作為他們政治上的取捨標準。他們把女同性戀和——尤其是——男同性戀的性行為形容得十分骯髒、令人作嘔，因此，他們認為這類行為會玷污和敗壞社會，帶來腐化與墮落。他們也和卡斯及德富林一樣，相信噁心感是制定法律時一個可靠的指標。雖然這類訴求的影響力高峰（或許）是在一九八〇年代和一九九〇年代，之後就一直走下坡，但是噁心感的操作在政治上的影響力從未消褪，還是一直以比較隱而不顯和檯面下的方式運作著。因此，我們需要理解為什麼在一個民主社會中，這並不是一個好的政治和法律操作方式。

如果一個社會在理論上根據的理念是所有社會成員皆平等，那麼訴諸噁心感的政治顯然和這個根據是互相違背的，因為這個社會中的所有人都有權利要求法律給予平等保護。但是訴諸噁心感的政治會說只因為你讓我想吐，這就構成了讓我視你為社會毒瘤的足夠理由，讓我可以否定你身為國民的最基本資格。就連美國聯邦最高法院（U. S. Supreme Court）都認為如果法律遵從這種「惡意」，就違反了法律中的平等保護原則（關於這點，我們將在後文討論）——那是法律最基本和一般該有的形式。那也侵犯了政治理性的重要典範：法律的制定竟然回應了這種缺乏合理依據的惡意。

雖然這幾年來，訴諸噁心感的政治在法律上遭逢了這些挫敗，但是它們並沒有銷聲匿跡，甚至在美國社會中還活得好好的，還是有許多團體用攻擊性的言論來形容同性間的性行為，挑起人們的噁心感，再利用這種反應，反對在立法上將同性婚姻合法化，或反對制定不含有歧視內容的

---

❶ 譯註：英國於一九五四年成立「同性戀犯罪與賣淫調查委員會」（The Committee on Homosexual Offenses and Prostitution），以約翰．沃芬登（John Wolfenden）為該委員會的主席，所以也稱作沃芬登委員會（Wolfenden Committee），該委員會的報告建議將成年人之間私下的同性戀行為予以除罪化，而路上賣淫攬客的行為則仍應掃除。

❷ 譯註：本書的原英文版出版於二〇一〇年，而小布希總統的任期為二〇〇一年至二〇〇九年。

3 Patrick Devlin, *The Enforcement of Morals* (London: Oxford University Press, 1965); Leon Kass, "The Wisdom of Repugnance: Why We Should Ban the Cloning of Human Beings," *New Republic* 216, issue 22 (June 2, 1997), 17-26; 翻印於Leon Kass and James Q. Wilson, eds., *The Ethics of Human Cloning* (Washington, DC: AEI Press, 1998), 3-60; 相關資料見Chapter 5 of Kass's *Life, Liberty, and the Defense of Dignity: The Challenge for Bioethics* (San Francisco: Encounter Books, 2002).

法律。這類訴求在今天常被認為是政治不正確的，所以會有其他論點一個接一個被提出來。但是噁心感這種主張並沒有消失，它只是地下化或是隱藏起來了。我們還是有必要了解它的力量何在，還有為什麼如果以它為基礎，這種論點就是不好的政治主張。對於噁心感這種情緒的進一步研究，以及了解它在歷史中是如何為政治所用，將有助於我們發展出某些有力的論點，在理論上和實務上用來打擊將噁心感貫徹到政治面的堅貞信徒，這種進一步的研究會讓我們知道該情緒是如何透過身體的真實狀況，傳達出一種人類共通的不舒服感，然後又用這種不舒服的感覺瞄準弱勢的少數族群，讓他們居於下風。[4]

噁心感在今天碰到了兩個對手：尊重和同理，而且它們在社會、政治以及（甚至是）法律生活中的勢力與日俱增。「要平等地尊重每一個人」這種想法——它無疑貫穿了整個美國民主歷史的核心概念——再加上對於個人自由的高度評價，告訴了許多國民：就算他們不喜歡某些人的個人選擇，還是應該留給這些人一點自由決定的空間——只要他們不至於侵犯到別人的權利。這類的政治想法——平等的尊重／平等的自由——一直以來都是宗教領域中的規範，在宗教領域中會認為尊重別人是理所當然的。即使我們認為他的選擇是錯的，或甚至是有罪的，我們也會同意這樣深具意義的個人選擇應該被視為個人的自由，並且受到保護。受到尊重的對象是人，而不是他們的行為；不過平等地尊重同為國民的每一個人（雖然這是長久以來的傳統），也就等於承認要給他們廣泛的自由進行選擇和探求——不管他們有沒有好好善用這份自由，還是濫用了（只要他們沒有踐踏別人的權利）。許多人在看待性傾向時是很類似的：這和一個人對於生活意義的追求密切相關，因此，如果遭到剝奪或是受到法律上的限制，無異於受到精神上極大的損害。許多人相信平等地尊重每一個人，就可以防止對那些只不過是遵從自己的慾望（只要沒有侵害到其他人的權利）的人造成傷害。

平等尊重的政治想法現在也是性別、種族和弱勢領域的準則了，我們在過去也慢慢了解其實在這些領域中，體制上的法律要求並沒有合理地基於這項本來應該居於核心的特徵。許多人現在也認為從幾個重要的面向來說，性傾向和其他這些領域並沒有什麼兩樣。性傾向也和種族以及性別一樣，是一個對人而言有著重大意義的核心特徵，它會影響到人是不是可以展現自我、會不會快樂；性傾向不應該成為一個造成社會不公平的體制內原因。平等尊重每一個國民（現在很多人是這麼做的），表示一個人的性傾向不應該成為他的許多政治權利遭到剝奪的原因（他是基於與其他人的平等而享有這些權利的）——就像一個人的種族、性別或是身心障礙也不應該成為這類理由。

在美國的憲政傳統中，有一種要平等尊重每一個人的政治想法，這個想法認為權利的主要享

4 我在此部分所作的分析，引用自拙作 *Hiding from Humanity: Disgust, Shame, and the Law* (Princeton: Princeton University Press, 2004)。

有者是人，而不是團體，也認為要尊重一個人，就必須保障他享有某種程度的自由，這樣，他才能為自己的生活作出重要的選擇。確實表達和保護這樣的個人自由，是我們憲法傳統中一個很重要的工作。這樣的憲政並不是主張集體主義的路線：它不會認為大多數人的利益勝過這類個人的基本權利——除非是在極端的環境下（所謂極端的環境，通常是指未來可能會對其他人有害，或是會對整個國家有很嚴重的威脅）。這類政治立場不是左派和右派的對立，而是古典自由主義相對於集體主義（既包括左派的集體主義，也包括右派的集體主義）。我們等一下會討論這個對比，看看它如何在性別政治中找到答案。

那位「驚恐的」同性戀青少年需要平等的尊重——而這也是他應得的——以及一定範圍的自由（至少要和其他人擁有的一樣）。不過，在他能夠得到這些之前，我們的社會也還需要一些別的東西：我們需要能夠想像他或是其他男同性戀和女同性戀所經歷的事。噁心感出自於道德上的遲鈍。只要一個人不曾真心想要透過別人的眼睛看這個世界，或是體驗一下別人的感覺，他就真有可能把別人當作一隻黏答答的鼻涕蟲，或是一個令人噁心的垃圾。噁心感會讓人覺得對方不是一個人。反過來說，我們通常為什麼會把對方看作人呢？其實都是透過想像力。人性不會自然而然在陌生人面前展示。沒有任何一位社會成員會在面前舉一塊牌子，說他是一個確定的人（而不是一隻討人厭的蟲子或是一件廢棄物）。當我們看著眼前的這個人形，我們也還是可以決定要把這個形體當作和我們完全一樣的人，或是一個非人的東西。除非我們願意想像一下從那個人的眼裡看出去的世界是什麼樣子，否則，其實我們並沒有把另外一個人當作人，而是看作什麼東西。（令人傷心的是，少數種族一直以來都被當作物件，而不是人，女性在今天也常常被這樣看待，由於性別上經常存在著人格的物化〔objectification〕，人只是被當作物品來看待。[5]）很悲哀也很不幸的是，大多數人在看待男同性戀和女同性戀的生活時，都沒有進行過這種不可或缺的想像過程。

在今天，已經有許多社會因素讓這個情勢發生改變了。其中最重要的就是許多男同性戀和女同性戀的「出櫃」（coming out），他們每一個人都是兩位父母親的孩子、許多人的朋友和同事，每一個人也都有自己的故事、自己的名字，當人們看著他們的眼睛時，也都知道自己是看著眼前的人。而當這些人表露自己是女同性戀或男同性戀時，其他人大概很難放棄「他們是人」的想法、立刻代換成以往那些極令人反感的想像。就算是那些最不能夠接受、帶有偏見的父母，大概也不至於覺得他們的孩子只是隻黏答答的鼻涕蟲。大部分人都會顯得寬容許多，而這份寬厚也會影響到他們對於其他男同性戀和女同性戀的觀感。

與這個進展同時發生的，是不論在政界、藝術圈、體育界、學術界或其他地方（人們向來習慣在這些領域中尋找行為榜樣），都有越來越多的男同性戀和女同性戀——而或許更重要的是在

5 可以參見拙作“Objectification,” in *Sex and Social Justice* (New York: Oxford University Press, 1999), 213-239.

主流媒體中，也有越來越多的角色是女同性戀或男同性戀了，有無數觀眾會把自己的故事或是情緒投射在這些劇中人物的身上。《威爾與格蕾絲》（*Will and Grace*）[3]不是社會學研究，但是它的社會影響力肯定遠比任何一本關於這個主題的社會學論文都來得大，因為它可以直接讓人們和威爾（在追尋愛情的過程中）同喜同悲，讓人們覺得傑克（Jack）的虛榮和輕佻很好笑（但是像大家一起在背後嚼舌根式地取笑他，而不是刻薄的譏笑），讓人們感受到異性戀的格蕾絲是如何因為威爾的關懷備至而寄情於他（因此這就告訴了異性戀：男同性戀並不是值得同情的受害者，他們是具有創造力的道德和社會主體）。

這些發展都開始創造出我所謂的「同理的政治」（politics of humanity），[4]這是一種除了尊重之外，還融合了好奇心和協調了想像力的政治態度。（「同理」〔humanity〕這個字最常被十八世紀的亞當·斯密〔Adam Smith〕用來形容對其他人的痛苦和希望可以保持寬厚和機動的能力。但是這個詞應該可以往回追溯到更久以前，至少回溯到羅馬時期的哲學家和政治家西塞羅〔Cicero〕，他用拉丁語的詞彙「*humanitas*」來指稱某種對於其他人的同情心，而其中絕對包含可以想像其他人經歷的能力。）[6]

「同理的政治」——這個我所使用的詞彙——也包含了尊重。不過一般所認為的尊重其實遠遠還不夠：還必須加上點什麼別的東西、與愛更接近的東西。首先，除非我們能先做點別的事，否則我們其實不太可能對別人做到完全的尊重——我們必須把其他人當作認知能力、感情和理性的核心，而不只是一個沒有生命的物體。這樣說起來，好像這種深具想像力及感情的態度，也只是做到尊重的手段之一，靠其他的方式也可以達到。但是，在一個多元社會中，如果沒有這種尊重的態度，勢必無法構成政治行動的完整基礎：因為，只有想像力可以為冰冷和抽象的道德及法律帶來生命力，讓它們帶領著我們生活在一起。所以，如果沒有想像力，就不可能在政治上做到完整的尊重。

不過，有人可能會提出更強硬的主張，而我也贊成這種主張：要做到真正的尊重，必須能夠想像、並且對其他人的人生在感情上有所參與，這是必要的。唯有這種能力是達到尊重的關鍵

---

❸ 譯註：一部美國的情境喜劇，自一九九八年起在美國國家廣播公司播出，到二〇一七年已播到第九季，該劇的四位主要角色中，有兩位是男同性戀。

❹ 譯註：「humanity」的原意應為「人性」，但在本書第五章註釋五中，作者表示她將「*humanitas*」這個古字翻譯成「同理心」（sympathy），因此本書將「politics of humanity」翻譯成「同理的政治」。

6 因此，亞當・斯密在他所著的*The Theory of Moral Sentiments*（《道德情感論》）（India-napolis, IN: Liberty Classics, 1976）中有下列著名的一段：他談到了一個「有同理心的」歐洲人對於發生在中國的地震會有什麼反應，其中的「同理」是指可以想像那場大災難和它對於親身經歷者的影響，並且能夠共享他們的經驗的能力（136）。西塞羅在使用這個字時最典型的例子，是他寫給阿提庫斯（Atticus）的信，信中提到了他的弟弟昆塔斯（Quintus）和阿提庫斯的女兒蓬波尼奧（Pomponia）不幸福的婚姻。西塞羅舉出了他們夫妻之間一次典型的爭吵，而西塞羅認為錯在蓬波尼奧對於她丈夫的處境和需求毫無感覺，他說：你看到她有多缺乏「*humanitas*」了嗎？

——要把別人看作終極目的，而不只是工具或手段。因此，同理的政治既包括尊重，也包括想像力，而想像力是尊重之中絕不可少的要素。

在我們居住的這個年代，正是性傾向領域兩個極端類型的政治處於過渡時期。訴諸噁心感的政治雖然在過去居於主宰，但是它現在正面臨著同理政治的空前挑戰，因為有這麼多女同性戀和男同性戀的生命故事啟動著人們的想像，人們越來越看得到他們在努力爭取別人帶著同理的尊重、包容甚至爭取婚姻，如果有同理心，人們也可能加入他們的孩子、朋友、親戚或同事的抗爭中——而且當然，我們大多數人都有男同性戀或是女同性戀的孩子、朋友、親戚或同事。但是，訴諸噁心感的政治一直將整個情勢往後拽，這使得結果中與法律有關的部分一直還不明朗。就算我們以為我們已經把噁心感置諸腦後了，但是當人們面對諸如人類免疫缺乏病毒（HIV）／愛滋病（AIDS）、男同性戀澡堂[5]或是公共場所的性行為等議題時，大家的反應或許還是會讓我們嚇一跳。

本書將探討所有這些議題，討論訴諸噁心感的政治究竟為何，以及它為什麼不應該屬於美國，然後再接著詳細描繪同理政治的外觀。本書的焦點放在憲法，但是論點也將涉及我們看待許多相關問題的方式。本書一開頭會先舉出一個著名的憲法案件（牽涉到反雞姦法〔sodomy law〕和反歧視法），然後再轉向關於同性婚姻的爭議焦點，試圖釐清其中的法律議題和相關的社會論點。最後，我想問的是：對於「公眾的」性行為、從事性交易的夜總會、男同性戀澡堂和不戴保險套的性行為（這些行為或場所的確會有傳染ＨＩＶ的風險），正確的親密夥伴關係究竟應該是怎麼樣的呢？如果是這些領域的話，感到噁心的可能性就很大了，而且這也是具有破壞性的，會對社會規範和法律制定造成決定性的影響。

從訴諸噁心感的政治轉變到同理的政治，這個變化幾乎涉及了美國社會的每一個面向。不論是關於家庭、職場，或是公益的觀念，都和同理的政治有關，而且每當出現了新的議題時，這些領域以及國家每一個相關部分的政治，都要經過新的制定或是重新制定。就像一個同性戀出櫃的過程一樣──那看起來常常是永無休止的，因為一直會有（不知道這個人性傾向的）新人出現，要改變社會態度的過程也需要多方面進行，而且每當有新的議題或是新的團體需要面對或說服時，就需要投入新的努力。歸根究柢，這個過程必須從人心開始改變，所以需要極大的耐心。不過這些廣泛而深入的社會改革都還在進行中，雖然我們並不確定它們未來將走向何方。

我所主張的改變也包括許多法律領域的變動。家庭法、反歧視法、勞工法等領域現下都正在面臨來自各方面的挑戰和重新檢驗，在一本探討一連串憲法議題的書中，大概對於上述內容的大部分都僅能提及而已。

不過，為什麼我們會期待憲法在這個改變過程中扮演重要的角色呢？我們可能會覺得這塊法

❺ 譯註：gay bathhouse，指供男性與其他男性進行性行為的商業場所。

律領域是如此的抽象而形式，只和基礎的政治學原則和權利密切相關，又是如此囿於法律規定，應該很難和青少年同性戀要爭取尊重以及理解這類世俗的事搭上關係。

但是在另一方面（或者是我主張如此），憲法領域一直以來（未來也會）和同理的政治極度相關——而這恰好是**因為**它就和我們所有國民的基本權利密切相關，也關係到我們如何用最基本和一般性的方式來理解我們的日常政治生活，和傳達它最深層的目的。像是法律的平等保護和基本的自由這類概念是很抽象的，但是它們並非沒有生命。它們都是真實存在的現實，必須要確實傳達出來，並且實踐在每一位國民的生活中——如果我們要讓憲法中的字句不只是空口閒談的話。

或許有人會同意這個概念，但是依然不能夠肯定「同理」的確和憲法有關——「同理」的定義不只是尊重，還要能夠對其他人複雜的處境也抱持感同身受的想像和回應。而且到達美國聯邦最高法院的案件通常是法律上甚有疑義的案子，從正式的法律分析中，已經無法再找到明確的解決方法了。法官在處理這類案件時，必須試著訴諸於同理、試著了解這些問題的歷史和文化背景，並且留心去看案件中涉及的人。[7]如同我們將在後文討論的，在某些涉及性傾向的案件中，可以看出最高法院在道德上極為無感，或甚至是欠缺基本的人類想像力。不過也有些案件顯示出最高法院的確有想要依據事件的歷史脈絡來對待及看待涉案議題的相關人物。除了尊重之外，還要能夠同理和想像，這種能力如何能夠、為何應該，而有時候也的確影響了憲法判決如此高位階的程序，這也是我將在本書中試著解釋的內容。

我自己對於這個主題的想像力是被一個人所啟發的（因此我想把這本書獻給他）：演員赫爾伯特・福斯特（Herbert Foster），有許多年的時間，赫爾伯特都在「紐約公共劇院」（New York Public Theater）演出許多莎士比亞等人的劇作。我在十六歲的時候第一次見到了赫爾伯特，當時我還是「伯克希爾劇院」（Berkshire Playhouse）裡一名年紀輕輕的實習女演員，而他是那裡的台柱專業演員。他是我第一個察覺到的男同性戀，因為我在費城的美恩蘭（Main Line）❻長期以來都是「躲在暗櫃」裡的（所謂的「暗櫃」既可指社會上對於同性戀的無知，也可指同性戀個人的躲藏）。我在音樂劇《窈窕淑女》（*My Fair Lady*）的一場舞會場景裡和赫爾伯特搭檔；我們以貴族和塔靈頓小姐（Lady Tarrington）的身分共舞（當然他還有其他更重要的角色）。我對赫爾伯特的風采深感著迷，因為他看起來（而且也真的是）比旁邊絕大部分的男性都好太多了（那間劇院雖然很棒，但還是有一些討厭鬼）。當我得知他是一名男同性戀，還碰到他的伴侶從紐約來看他時，我真是失望極了，但是這也讓我開始思考。我想：這真是太奇怪了——這整個地方最好的

7 有關此處更詳細的論點，請參照拙文"Foreword: Constitutions and Capabilities: 'Perception' against Lofty Formalism," *Harvard Law Review* 121 (2007), 5-97。

❻ 譯註：指費城的郊區、舊賓夕法尼亞鐵路的沿線地區。

一個人，卻必須處於一個半隱藏的狀態，至少是自外於這個劇院的「小世界」（這是瑞典導演英格瑪．柏格曼〔Ingmar Bergman〕很愛用的一個詞）。我想：如果這兩個交換了學校象徵戒指以代表某種誓約的男人，能夠和他們周遭的異性戀男人做一樣的事、說一樣的話，那該有多好——雖然異性戀男人或許很自我主義、很具有侵略性，或是不擅長表達感情。我自己一個人想了很多——雖然赫爾伯特從來沒有和我聊過這些——而且我事後還得知他根本不曉得我知道他是同性戀。

二〇〇八年，我在網路上讀到赫爾伯特的生平，於是我寫信給他，告訴他我很榮幸記得他，也和他談了一點我所作的事，包括我對同性戀權利的研究。他回給我一封很令人感到溫暖的回信，並且告訴我他是同性戀（這證實了出櫃的過程是永遠不會到達終點的，在赫爾伯特的例子裡，就是花了四十五年）。他在很久以前就已經和當時的伴侶分手了，不過他告訴我：他也和別人展開了一段愉快的感情，而且維持好幾年了。他們一起住在紐約，而紐約已經決定要承認同性伴侶在其他地方依法締結的婚姻了，所以他們現在已經擁有了我在一九六四年時想像的選項。我並不是很在意他們是否選擇了這個選項——這是很私人的事情，而我自己對於這件事的觀點也有許多面向（將在後文討論）。但是我確實在意他們現在有和別人一樣的「能力」了。賦予平等尊重的政治已經給了他們同樣的基本權利和機會。不過為了做到這步，我們首先要學會帶著同理和想像力看待別人，也因此，我們會需要更深層和更全面的東西：同理的政治。

第一章

噁心感的政治

實務、理論、歷史

同性戀特有的性行為是醫學上的恐怖故事——想像一下他們每年都會和許多不同的男人交換唾液、排泄物、精液和／或血液。想像一下他們固定都會喝別人的尿，吃別人的屎，還搞到直腸都受傷了。這些事情通常都發生在他們喝醉了、吸完毒和／或在縱情狂歡的時候。而且，許多都還發生在很不衛生的地方（像是澡堂、表演脫衣舞的地方），也可能在世界上的其他地方——因為同性戀常常到處旅行。

每年都會有四分之一以上的同性戀前往另一個國家。他們會把活生生的美國病菌帶去歐洲、非洲和亞洲。又把這些地方的強大病原體帶來美國。外國的同性戀也都會定期到美國參與這場生物學的交換。

——保羅．卡麥隆（Paul Cameron），《同性戀者在醫學上造成的後果》（*MEDICAL CONSEQUENCES OF WHAT HOMOSEXUALS DO*）（宣傳手冊）

1. 實際上存在的噁心感：美國的性別政治

在過去的許多年中，美國對於性傾向的政治一直訴諸於噁心感。政治演化中的幾個重要階段都一直受到這些訴求的影響，而且新形成的法律文化又一直在抗拒這些影響。雖然我們現在好像一直在超越，但是了解過去我們從何而來，以及為什麼我們不應該聽從這種政治訴求，依然是很重要的。

我們也不應該認為訴諸噁心感的政治現在已經消失得無影無蹤了。對於男同性戀和女同性戀的噁心感——就像種族歧視一樣——現在相對而言（至少在許多脈絡中）已經不被社會接受了。但這並不表示它就完全不會影響到人們的思考方式。許多與這類相關、但是比較不傷人的道德論述與它看起來無害的外表相比，其實都有著更邪惡的動機。所以我們應該盡可能了解噁心感和它的提倡者，這樣我們才能夠說出（正在慢慢成形的）「同理的政治」。

有個範例可以想像應該是比較好的，所以讓我們想一下保羅．卡麥隆所作的事好了——卡麥隆是「家庭研究中心」（Family Research Institute）的創辦者和主任，該協會針對這個主題發行了大量的出版品，還在幾個指標性的同性戀權利案件中，以顧問身分陳述了意見。卡麥隆是今天美國社會中最活躍、影響力最大的反對同性戀權利的人之一，他對於這個領域中其他幾個有在寫作或是組織動員的人都有很深的影響，其中也包括威爾．帕金斯（Will Perkins）——帕金斯是科羅拉多州憲法第二修正案（Colorado's Amendment 2）❶的主要擁護者（美國聯邦最高法院已經在「羅梅爾訴埃文斯案」〔*Romer v. Evans*〕❷中宣告這個法律違憲了）。卡麥隆是制定第二修正案的顧問，後來科羅拉多州政府也付了他一大筆錢，讓他在關於修正案的訴訟中繼續擔任顧問。雖然卡麥隆的看法其實非常極端，有時候甚至還有點古怪，不過我們還是不能夠忽略他在政治上的廣大影響力。而且，其實通常這類觀點的影響甚至比表面上看來更廣：許多人可能並不相信卡麥隆所說的事（通常是真的打從心底不相信），但是在內心的更深處，還是會被卡麥隆所說的那些同性戀形象所影響。

卡麥隆的文章裡談到「同性戀」，但是其實（除了極少數的例外之外）通常都只有指男同性戀。[1]（與卡麥隆有連結或是受到卡麥隆影響的族群，也都有這種忽略女同性戀的傾向：例如彼得・拉巴伯拉〔Peter LaBarbera〕——拉巴伯拉是「美國人要真相」〔Americans for Truth〕組織的創立者，他曾經描寫過一次舊金山的同性戀活動，他說：「『福爾瑟姆街遊行集會』〔Folsom Street Fair〕一開始本來是同性戀施虐受虐狂的集會，不過現在也吸引了許多異性戀者〔因為在這個年度盛會的會場，可以看到成千上百的女性〕。」[2]）

當卡麥隆這一派的人在看著男同性戀的時候，其實他們心裡是在想著一些噁心的事。排泄物、唾液、尿液、精液、血液——這些身體的產物一次又一次出現在他的文章中，他也會不時提到會傳染疾病的危險病菌。在上文引用的那一段文字中，卡麥隆先是把男同性戀的性行為簡化成一連串（被他宣稱為）令人作嘔的身體廢棄物。然後——出於某種計算——又把這種行為和「不衛生的地方」連結在一起（不過澡堂並不一定是不衛生的地方。如果說表演脫衣舞的地方很髒的話，這應該是一種隱喻性的骯髒，而不是真正（如字面所示）的髒）。最後，他還加上了典型會讓美國人感到噁心的東西：外國的病菌。男同性戀似乎比其他人看起來更常旅行，因此會把美國的髒東西帶到其他國家，而且——更糟得多的是——還會把外國的髒東西也帶回來。（在這裡，卡麥隆其實是為了配合他自己的目的，而利用了長久以來對猶太人的刻板印象——但是他又沒有明確指出來——猶太人一直以來都被認為是無家的流浪者、「四海漂泊」的世界主義者，而因為

---

❶ 譯註：該修正案禁止科羅拉多州通過保護同性戀和雙性戀者的法律。

❷ 譯註：聯邦最高法院於一九九六年在該案中認為，科羅拉多州的憲法第二修正案「阻擋立法或行政機關針對同性戀歧視進行保護」，有違聯邦憲法第十四修正案中關於法律平等保護的條款。

1 不過，他有一次宣稱統計數據顯示女同性戀死於車禍的機率，比異性戀女性高出三百倍。他也在其他地方提到美國女同性戀的平均壽命只有四十五歲（相較於異性戀女性的八十歲）。

2 Peter LaBarbera and Allyson Smith, "Tolerance Gone Wild in San Fran-cisco as Cops Stand By Amidst Folsom Street Fair's Public Perversions and Widespread Nudity," October 2007, www.americansfortruth.org, http://americansfortruth.com/news/tolerance-gone-wild-in-san-francisco-as-cops-stand-by-amidst-folsom-street-fairs-public-perversions-and-wide-spread-nudity.html.

政治上的動機，這種典型（我們將在後文討論）又被和引起噁心感的歷史緊密連結在一起。）[3]

卡麥隆對於引起噁心感的興趣顯然超過了理性的分析。他一直想要吸引人們注意男男性接觸中的口交行為，因此還用了一段（他典型的）文字描述：「精液中包含許多由血液運送的病毒。因此，同性戀者在進行口交時，無異於直接接觸到新鮮的人血，以及血液中所具有的一切醫學上的風險。」[4]但是，他卻從來沒有想問一下異性戀的口交頻率（這種說法其實隱含著巨大的惡意，因為被人們說是噁心的行為，明明也大量存在於異性戀的關係中）。而且他也不提陰道交媾的危險——因為既然（根據他的理論）精液類似於新鮮的血液，那麼女性會接收到新鮮的人血，「理應也包括所有醫學上的風險」。他如此執著於認為肛交原本就是一種噁心的行為，一樣也忽略了即使是在異性戀之間，肛交也很常見（其實在某些文化中，這還是很普遍的避孕方法之一）。[5]

卡麥隆也沒有舉出什麼證據，支持他說精液和尿液特別「不衛生」的論點。尿液其實是無菌的，除非腎臟或是泌尿道受到感染。精液裡也沒有特別多病毒。雖然有許多人覺得血液特別可怕，或甚至是很噁心，但是它也沒有包含特別多的病毒。除非兩個人的血型不一樣，才有可能使一個人接受另一個人的血液變成一件危險的事。這和讓另一個人的血液從嘴巴或是胃裡進到一個人的體內無關。喝人血就其本身而言，並不會比吃一塊半熟的牛排更危險。至於唾液，人類的唾液的確是充滿病菌的——這也就是為什麼被人咬到其實比被狗或貓咬到更危險得多。不過，這也就表示——如果它的確有任何意義的話——親吻（這個兩性間最浪漫的行為之一）其實是異常「噁心」和危險的。但也不出我們所料，卡麥隆並沒有作出這個結論。

卡麥隆只有很急切地一再重複描述他所謂的「充滿排泄物的性交」，他寫道：「有大約百分之八十的男同性戀承認他們舔了，以及／或是把舌頭插進伴侶的肛門裡，因此他們勢必會吃到在醫學上算得上是大量的排泄物。吃到或吞下這些東西很可能會帶來更大的風險。」[6]「充滿排泄物的性交」既有排泄物的骯髒，也有唾液的骯髒。因為許多人認為異性戀之間相對而言不太會有這種行為（雖然並沒有可靠的資料證實這件事），因此這些例子就顯得非常（如其所定義的）噁心。

3 也可參見Cameron, "Effect of Homosexuality upon Public Health and Social Order," *Psychological Reports* 64 (1989), 1167-1179，卡麥隆在該文中宣稱有四分之一的丹麥人同性戀發生性行為的對象「要不就是前來旅行的美國人同性戀，要不就是在他們前一年前往美國時發生的」，而且卡麥隆將他所宣稱的這種行為和各種不同疾病——從ＨＩＶ到由變形蟲引起的傳染病——的跨洲傳播連結在一起。

4 Cameron, "Medical Consequences of What Homosexuals Do" (Colorado Springs, CO: Family Research Institute)，被做成宣傳手冊發放，並可於線上閱覽：http://www.familyresearchinst.org/2009/02/medical-consequences-of-what-homosexuals-do/。

5 參見Kenneth J. Dover, *Greek Homosexuality*, 2nd ed. (Cambridge, MA: Harvard University Press, 1986)其中提到在描繪異性戀交媾的古希臘花瓶畫中，其實有很大比例都是在畫肛交。

6 Cameron, "Medical Consequences."

在一方面，卡麥隆認為噁心以及他要讀者也覺得噁心的東西，就是人類自己的身體：人體的液體、排泄物、氣味和血污——我們可以說就是人類的動物天性。他的詭辯找到了一個立足點，因為大部分的人的確不太喜歡有一個動物性的身體。他就抓住了許多（即使不是絕大多數）人看不太順眼的身體某些部分，天花亂墜地宣傳它們真的是既噁心、又對我們有危險性的。而在另一方面，卡麥隆又紓解了我們這麼不舒服的感覺，因為他說：那些令人作嘔的東西不在我們身上，而是在那裡，在男同性戀的身體裡。不在你身上，也不存在於你的親密關係裡。異性戀不會射精，他們的血液裡沒有危險的物質，不會污染到其他人的身體，他們的吻也沒有病菌。在他預期中的讀者一方面感到厭惡，但是又放心了：不是我，我沒有那樣，我的性生活也與那無關。

卡麥隆的修辭有兩個目的：一方面是要挑起對男同性戀的嫌惡和強烈的反感，另一方面則是要把男同性戀的性行為和疾病（及危險）連結在一起。B型肝炎和HIV／AIDS就常被說成是（據說）很噁心的這個行為的可能後果。訴諸對於疾病本身的恐懼，還會進一步挑起噁心的感覺：因為疾病本來就被說成是「病菌」和「病原體」帶來的，所以讀者會在腦海中想像一群噁心的蟲子爬出一個同性戀的身體、爬進他們自己（被聲稱為乾淨的）身體裡的畫面。甚至同性戀本身也會很快成為這種令人作嘔的蟲子之一，他寫道：「同性戀這種癖好是會傳染的，它會對個人和社會都造成重大的後果。」[7]

卡麥隆也常譴責同性戀過於淫亂或愛雜交；但是他也沒有覺得單一性伴侶就比較好。卡麥隆反對同性婚姻合法化的理由之一，就是單一性伴侶關係會讓人比較容易從事「骯髒」和「不安全」的性行為（例如不戴保險套的性行為）。總而言之，他的結論就是：同性婚姻是「對健康的妨害」。「它不只會提高同性戀者罹患ＨＩＶ和其他性感染疾病的風險，也會讓他們暴露在日益升高的家暴和早逝威脅中。」

卡麥隆會用表格、圖表和統計來裝飾他的研究，並且把文章發表在「學術」期刊中——但是那些期刊都是他自己的團體或是附屬團體弄出來的。[8]他也自己擔任一個私人贊助機構——「性傾向科學調查中心」（Institute for the Scientific Investigation of Sexuality, ISIS）——的中心主任，該中心的宗旨是要進行全國性的社會學研究。但是他沒有任何科學上的聲望。他先後被「美國心理學會」（American Psychological Association）和「美國社會學協會」（American Sociological Association, ASA）除名，他的研究也一再被指責為只是披著科學外衣的宣傳辭令。ＡＳＡ寫到：「卡麥隆博士一再地錯誤闡釋和曲解關於性傾向、同性戀和女同性戀關係的社會學研究。」

7 Cameron，引用自David Holthouse, "The Fabulist," Intelligence Report of the Southern Poverty and Law Center, Winter 2005 (Montgomery, AL); http://www.splcenter.org/intel/intelreport/article.jsp?aid=587.

8 *Psychological Reports*就是一本毫無學術價值的期刊。所有投稿的作者都要支付一筆錢，才能夠刊登他們的文章，通常是每頁為美金二十七元左右；這筆費用被宣稱為該文章「預印本」的費用，但是正規的期刊不會要求作者購買抽印本或是預印本，所以這其實是對出版的變相收費。

他的研究從來沒有發表在任何有嚴格審查標準、具有威信的科學期刊上。但是，在為了限制同性戀權利而做的抗爭中，卻一直不斷有人引用卡麥隆的著作，甚至連法院都經常引用。在二〇〇三年麻塞諸塞最高法院（Massachusetts Supreme Court）的案件中，就有某案的異議者引用了卡麥隆的研究（但是該案最後的結論是同性婚姻合法化）。在二〇〇四年，佛羅里達最高法院（Florida Supreme Court）又有一個案件引用了他的學說，以支持用法律限制在同性婚姻關係中收養子女的作法。[9]

卡麥隆的目的到底是什麼呢？首先，他想要阻止同性婚姻的合法化，並且想要終結可以保障男同性戀和女同性戀的反歧視法。在支持科羅拉多州憲法第二修正案的宣傳手冊中，經常引用卡麥隆的文章，說同性戀都會吃排泄物和喝生血，而卡麥隆個人也參與了反對內布拉斯加（Nebraska）州的林肯（Lincoln）市制定反歧視法的運動。卡麥隆也很明確地贊成反雞姦法（當它們還保留在法典中的時候）。他的組織裡有一個陳列品上寫著：「嚴懲同性戀行為。」除此之外，他還主張同性戀不應該有旅行的自由，同樣一個陳列品上寫著：「切斷管道——終結同性戀的旅行路。」[10]

不過，還不只於此，卡麥隆的言辭中還有著更令人毛骨悚然的想法。根據「聯合通訊社」（Associated Press，簡稱「美聯社」）的報導，他在一九八七年曾經說過：「在治癒之前，應該把這些人完全地區別和隔離開來。我們社會中的權利已經亂了套，尤其是性方面的權利。如果是三百年前，同性戀在我們的社會中根本是會被吊死的。」他的死黨——「基督徒聯盟」（Christian Coalition）紐約分部的執行董事比爾．巴努奇（Bill Banuchi）牧師——在一九九四年時主張應該用法律要求同性戀佩戴警示標籤（就像香菸盒上的警告標語一樣）。或者，我們可以補充說就像是納粹統治下的同性戀必須佩戴的粉紅三角形（而它現在則是同性戀引以為傲的記號）。[11]

卡麥隆是很極端，而且雖然他極端主義的作風一直以來（直到現在）都很有影響力，但是更重要的應該是，他其實代表了某個很常見的想法發展到極端之後的樣子。如同我們將在後文討論的，人的身體會散發出臭味、日益老朽、帶有動物性的一面，這些會讓人們感到不舒服，而這種不舒服感會全部、一股腦地向外投射到另一個可以被我們視為——可以這麼說吧——代替我們成為髒東西的族群身上，好讓主流族群覺得自己既乾淨又美好。對於許多美國人來說，同性戀就激起了這種噁心感的投射，尤其是對於（異性戀）男性。就算是心意良善的自由主義者，當他們在想像男同性戀之間的性行為，或是想到有一個男同性戀正帶著性幻想注視著他時，大概都還是會覺得非常憎惡。因此卡麥隆就聰明地發掘出美國社會中這種普遍的文化現象，並且加以利用和

9　Holthouse, "The Fabulist."
10　同上註。
11　同上註。

誇大。

雖然政策不願意在美國的生活中賦予男同性戀和女同性戀完全平等的對待，但是噁心感所引起的焦慮絕對不是造成這種敵意政策的唯一原因。對於特定的議題（例如科羅拉多州的反歧視法規或是同性婚姻的議題）一定會有許多相關的論點被提出來，有些看起來也像是理性的論點。但是我必須說：有許多論點並沒有辦法證明它們的支持者想要得到的結論——有時候是因為它們建立在虛假的陳述上（例如關於同性家庭、兒童性騷擾等），有時候也只是因為它們對結論的證立強度無法符合支持者的期望。訴諸於噁心感——有時候隱而未顯，有時候又太明顯了——是反同性戀的策略中重要的一環。

2. 理論中的噁心感：德富林與卡斯

即使我們普遍對於某個團體存在著噁心感，但是這又如何證明法律就應該要對那個團體不利呢？人們的直覺想法可能會覺得這兩者並無關聯，而我要說這個直覺其實是對的。但是，噁心感常被當作合法的正當理由，甚至是制定法律的核心理由。在我們解釋它為什麼不是一個合理或可靠的法源依據之前，我們應該要先理解一下擁護它的理由。

在主張應該以噁心感作為法規制定的準繩的背後，有兩個最主要的人物，分別是派翠克．德富林勳爵——英國律師，最後成為上議院的貴族法官（Law Lord），[❸]他在一九五〇年代寫了許多關於噁心感和法律的文章，深具影響力；以及利昂．卡斯——美國的生物倫理學家、芝加哥大學（University of Chicago）教授，並於二〇〇二年至二〇〇五年間擔任美國「總統生物倫理委員會」的主席。德富林和卡斯的論點很不一樣，但是兩個人都認為如果實際上有很多人認為某個行為令人噁心，這就足以作為用法律禁止該行為的正當理由——就算該行為只與合意的幾方當事人有關，也不會侵犯到沒有同意的人之權利。德富林主要的攻擊目標是正在提案中的（贊成同性性行為的）反歧視法。卡斯的焦點其實是複製人是否可能，但是他認為他提出的限制也可以同時適用於其他許多實務，包括同性性行為。

德富林關於公共道德的論文（眾所周知）與「沃芬登委員會」在一九五七年提出的報告持相反意見，「沃芬登報告」建議廢止以法律對（同性）成年人之間的合意性行為加以處罰。[12] 沃

---

❸ 譯註：指任何保有高級司法職位的貴族，上議院貴族法官們組成了最高級別的法庭，其地位類似於美國最高法院。

12 德富林關於這個主題的多次演講，集結收錄於下列最著名的標題之下：*The Enforcement of Morals* (London: Oxford University Press, 1965)。德富林對於同性性行為的立場其實非常複雜：一方面，他支持仍將「雞姦」（男性之間的性交）訂為較重的刑事罪，但是他也支持廢除另一條較近期的法條（原法制定於一八八五年）——該法禁止男性之間的「嚴重猥褻」——除非是對未成年青少年的犯罪。他認為如果聚焦於「雞姦」，就只有「明確且公然」的案件會受到起訴（v-vi）。

芬登委員會認為個人的自由是重要的社會價值，不應該因為缺乏強大的公共利益就受到限制，德富林也同意這個論點。但是他又接著說：任何社會如果想要生存下去，都需要一個廣泛被大家所接受、「已經確立的道德」。「鬆綁的道德束縛」通常就是社會「解體」的徵兆。因此，唯有當社會以「維繫政府（以及其他必要機構）的相同步調維持其道德準則時，才可以認為這個社會具有正當性」。為了解釋何謂「解體」，德富林用了（越來越常見的）酗酒和吸毒的威脅當作例子。他認為這些「不道德的行為」會讓社會無法團結起來阻擋敵人的攻擊：「如果是在一九四〇年代，一個浪蕩子的國度勢必無法真正響應溫斯頓．邱吉爾（Winston Churchill）所號召的『熱血、辛勞、眼淚和汗水』。」[13]德富林認為同性戀就等於「浪蕩子」；他們都「成癮」了，全都耽溺在性愛之中，因此是不可能成為可信賴的國民的（但是，從來沒有什麼論點可以支持德富林認為同性戀對於性愛的成癮遠超過異性戀的說法）。他的結論是同性戀的性行為就像吸毒一樣：兩者都應該要入罪，因為如果要預防社會毀滅的話，維護我們共通的道德準則是絕對必要的。

德富林又說：並不是所有對社會道德準則造成的威脅都足以證明法律有介入的必要。我們需要測試出一個臨界點，一旦超出了那個臨界點，社會就不必再為自由的理由，而容忍不道德的行為了。德富林認為不道德就像是一種傳染病，會使得國家變弱，因此他不願意採取約翰．史都華．彌爾（John Stuart Mill）的主張——彌爾認為唯有當危害迫在眼前時，才可以用法律加以限制。而德富林則認為兩個彼此同意的成年人之間的性行為，已經破壞了建立的道德，因此有損於社會的團結。既然德富林不願意用「造成損害」來當作法律應該介入的標準（亦即「管制可能性」（regulability）），因此他需要另外一套方法，來找出何時算是進入了應該管制的領域。而他認為用噁心感——因為這是一種強烈表示不同意的方式——可以作為測試的標準。如果社會中的一般成員——德富林把這種人叫作「克拉彭公車上的人」（the man on the Clapham omnibus）[14]❹——在想到某一個對他而言沒有直接影響的行為時會覺得噁心，我們就會說這個行為是「一個可惡而且不道德的行為，作出這個行為的本身就是一種犯罪了」。

換句話說，德富林並不是在談論一個實際上由同性的引誘所引發的噁心感。他說的也不是公

---

13 Devlin, *Enforcement of Morals*, 111. 德富林主張同性戀無法保衛他們自己的國家，由艾倫・圖靈（Alan Turing）的生死之中，我們可以看出這個錯誤的殘忍之處——圖靈破解了恩尼格瑪（Enigma）密碼，這對英軍的勝利有莫大的助益，或許使戰爭甚至提早了兩年結束。圖靈的一生中有許多時間受到警察的騷擾（因為他進行了雙方同意的同性性行為）；他依「嚴重猥褻法」（Gross Indecency Act）被判有罪，還被判決要進行注射荷爾蒙的「療法」。他的死亡（或許是自殺）就發生在德富林的書出版不久之前。

❹ 譯註：這是一個假設的模型，英國法的法院會用該模型判斷案件當事人的行為是否符合理性人的標準，「克拉彭公車上的人」是指一位有教養、有智慧而又聰穎的普通人，其來源是記者沃爾特・白哲特（Walter Bagehot）曾在十九世紀描述倫敦的普通百姓時說道：「公共意見就是那個坐在公車後排的禿頂男人的意見。」而克拉彭是當時倫敦一座不起眼的、人來人往的郊區，因此被視為平凡倫敦的寫照。

14 同上註，頁15。

然的行為，那的確可能會直接對觀者造成侵犯。他說的是「沃芬登報告」建議要合法化的行為——私底下、經過雙方同意的性行為。他認為「克拉彭公車上的人」只要想到他的社會中正在發生這類行為，就會覺得噁心。如果這種反應變得很劇烈，我們就可以理直氣壯地制定法律，以限制個人的自由、禁止會引起噁心感的行為。做這種限制是很家長式的作風，因為它們要「改進」那些活得「有罪」的人的生活。但這其實是一種自我保護：社會對那些違反了道德規範習慣的人施以處罰，以防衛社會本身。

利昂・卡斯的論點與德富林不同。[15] 德富林是伯克派（Burkean）❺的保守分子：他用噁心感作為標準，是因為他認為噁心感足以表達出根深柢固的社會常規。卡斯也和德富林一樣，不喜歡彌爾的主張——彌爾認為人有選擇自己行為的自由（只要不會傷害到其他人）。卡斯認為在這樣的世界裡，「如果只要在自由情況下所作的事都可以獲得允許，那麼將使我們原本的天性不再得到尊敬」。但是和德富林不一樣的是，卡斯並不特別看重常規或是慣例。不過他還是認為噁心感是一個可靠的警告信號，會帶領我們避開讓人不愉快的事物。我們不太清楚卡斯覺得這個機制是怎麼運作的，但是最有可能的解讀是他相信人性經過刻意的設計（或許是出自上帝之手），所以人性的自然反應是一個重要的指標，它會告訴我們什麼對我們才是最好的。因此，噁心感包含了一種「智慧」，足以支持所有理性的論述。它「會對人類過度任性的行為興起反感，警告我們不可以作出甚至非言語所能形容的過度之事」。[16]

德富林和卡斯的立場都有某些後果，但是他們都沒有直接面對。社會對於許多種類的人和行為都會感到強烈的噁心，包括社會地位和階級比較低的族群、外國人、身心障礙的人、身體有畸形的人、猶太人和跨種族聯姻的人。因此，德富林和卡斯要不就是得說噁心感的確是可靠的法律準則，我們可以依據噁心感對這些人加諸法律的限制，或是讓他們處於不利的地位（不分任何情形）；要不就是應該在兩者之間作出一些區別。大部分心中不存偏見的人當然絕對不會滿意第一種作法。可是，這兩人顯然也沒有採取第二種作法，因為他們並沒有作出任何進一步的區別，而只是自己舉了一些例子，但也無法證明用噁心感作為（這些例子的）法律標準是有適當性的。德富林的例子只有上癮者，包括酒癮、藥癮和同性戀（同性戀被他想像成對性愛上癮的人）。卡斯則舉了許多不同的例子，都是會對未經同意的一方造成實際損害的例子——父母強姦小孩、獸姦、強姦、謀殺和食人肉（通常是由謀殺者所為）。但是這些例子都有一個明顯的問題，就是其

---

15 Leon Kass, "The Wisdom of Repugnance: Why We Should Ban the Cloning of Human Beings," *New Republic* 216, issue 22 (June 2, 1997), 17-26；翻印自 *The Ethics of Human Cloning*, ed。Leon Kass and James Q. Wilson, eds., *The Ethics of Human Cloning* (Washington, DC: AEI Press, 1998), 3-60, p. at p. 19（後者的頁碼）。

❺ 譯註：埃德蒙．伯克（Edmund Burke），愛爾蘭人，曾在英國下議院擔任了數年輝格黨的議員，他對於法國大革命的批判使他成為輝格黨裡保守主義的主要人物，經常被視為英美保守主義的奠基者。

16 同上註。

實不需要訴諸噁心感，也都可以說明它們是錯的。其實就算根據彌爾的理論，這些例子也是需要加以管制的，因為已經有其他人的權利受到侵犯了；所以它們算不上是可以推翻彌爾看法的反例（彌爾認為要有損害，才能夠有法律的介入，並加以管制）。[17] 卡斯也沒有處理我在上文中舉出的例子，這些例子也會引起噁心感（至少是在某些時候、在某些地方），他認為，噁心感就代表了法律必須介入，但是我們現在會覺得其中有些例子如果用法律加以管制的話，就太過不正義了。噁心感適用到這些例子後得出的結論，和我們現在認為對的事情並不相符，卡斯在這裡應該提供充分的說明。但他卻只是直接跳出這個結論，並且把這個結論套用到令他感興趣的例子——複製人——身上，然後說：當我們一想到這種作法時，普遍存在（這也是他所宣稱的）的噁心感就足以說明它是違法的了。

其實，卡斯甚至沒有面對他的論點中還有一些很明顯的難題（我們只要用日常的經驗就可以直接指出來了）。當年紀很小的孩子第一次得知異性戀的性行為時，通常他們的感覺是覺得很噁心——或許是因為他們很難接受父母親會發生身體上的關係這件事、很難想像他們的父母親不太像一般人類，或者，就只是因為所有的體液在原始的意義上，就會讓他們覺得很噁心（我們很難理解在這種情況下，究竟是對原始物件感到噁心，還是經過投射之後的噁心）。對於卡斯來說，這的確是一個問題，因為比較主要（而常見）的性關係——被他奉為圭臬、正常、道德且優良的性關係——就是孩子們的父母親（可以帶來生育）的性行為。另一個同樣會造成問題的是，有許多常見的醫療過程（結腸鏡檢查、開心手術等）也常被認為很噁心——但是我們卻從來不曾考慮過，既然它們一樣會讓我們覺得噁心，那就應該禁止這些手術。

卡斯也曾有一度注意到「昨日招人反感的過街老鼠，到了今天，可能就會被人們若無其事的接納了——雖然也有人會說，這不一定總是個好現象」。[18]因為我知道其實沒有什麼理由認為卡斯會反對跨種族的通婚、對印度種姓制度畫下句點感到憂心，或是贊成排猶的法律、支持對身心障礙者制定不公平的法律，因此，看起來他針對的就是他強烈反對的同性戀關係。但是他也沒有幫助我們區分出同性戀關係和上述其他狀況的差別何在；他並沒有告訴我們為什麼（在其他情況下）噁心感就這麼消失了——如果它當真那麼可靠的話；他也沒有協助我們區別什麼類型的噁心感需要法律來管，而哪些類型的噁心感會一下子就消失了，或是比較不需要法律介入。

簡而言之，德富林和卡斯的論點都有問題。但這也不是說他們就是錯的（事實上，德富林還認為法律不必只根據理性：他明確指出我們應該把立法的事交給理性論點背後所存在的各方力量）。不可否認，他們的主張和一般人生活中比較凸顯的部分感情起了共鳴。人們確實會對某些行為有很不好的感覺，因此產生的反感還會擴大到作出這種行為的團體身上。他們會認為這些作

17 參見Kass, "Wisdom of Repugnance," 18-19。

18 同上註，頁18。

法對社會結構造成了威脅，因此他們通常會急著要因應威脅，趕快制定法律。因此我們有必要對噁心這種情緒做進一步的研究——在我們驟下結論說「自由民主社會並不適合用這種情緒來作為制定法律的依據」之前。

3. 噁心感：一種不可靠的情緒

噁心感看似是一種特別出於本能的情緒。[19]我們大概不會懷疑像同情、悲傷和憤怒這類情緒都是經由社會學習而來的。什麼算是無法輕忽的傷害？哪一類人是我們應該關心的？發生了怎樣的損害會讓我們覺得惱怒？在我們的社會環境中，以上這些問題都會成為養育孩子的一部分，而且在研究這些問題的過程中，學習到的社會規範會大大決定孩子們的情緒。因此，如果孩子們學到動物就是畜生，牠們不會感到痛苦，那麼這些孩子對於關在籠子裡、等著被殺來吃的動物，大概就不會感到同情。如果有某個族群的人覺得他們可以享有的權利和優待理應比優勢族群少，那麼即使把他們視為次等的團體，他們也不會一下子就感到憤怒（例如女性長期以來居於次級的地位，就是因為一直缺乏這種憤怒的感覺）。但是噁心感似乎不太一樣：它像是我們對於某些氣味、景象和感覺與生俱來的身體反應，和我們學了什麼、我們如何詮釋這個世界，似乎不怎麼相關。

但是在過去的二十年間，心理學家保羅・羅津（Paul Rozin）和他的同事所作的重要實驗，告訴我們噁心感其實有很明顯的認知成份。[20]人們是不是會覺得噁心，其實很大一部分取決於他們對該物體的想法。因此，噁心感並不純粹是一種不喜歡的感覺。當受試者聞到兩個藥瓶有同樣的氣味，並被告知其中一個裡面是糞便，而另一個裝的則是乳酪，他通常會覺得第一瓶很噁心，但是對第二瓶就不會覺得噁心。噁心感和危機感也不一樣。就算是本來有毒的蘑菇，只要一個人相信它現在已經完全無毒了，這個人還是會吃它；但如果是一隻確定已經消毒過的蟑螂，同一個人卻不會吃牠；就連把一隻蟑螂密封到一個膠囊裡（也就是說牠根本不會被消化，就會直接隨著糞便排出來），受試者還是會拒絕吃牠。[21]

羅津發現噁心感與身體的界線有關。核心的想法就是污染：人會有噁心的感覺，是因為覺得

---

19 關於本段的討論內容，在拙作*Hiding from Humanity: Disgust, Shame, and the Law* (Princeton: Princeton University Press, 2004), Chap. 2中有較多的分析。（中文版《逃避人性：噁心、羞恥與法律》由商周出版）

20 羅津可謂著作等身，但可以特別參見"Disgust," in *Handbook of Emotions*, 2nd ed., ed. M. Lewis and J. M. Haviland-Jones (New York: Gilford Press, 2000), 637-653，其中摘要了該研究的成果，並舉出許多參考資料。我在*Hiding from Humanity*中的討論也引用了其他更詳細的研究，以及其他心理學家的相關研究。

21 有時候這些感覺包含著對於危險是否真的已完全去除的懷疑；還有些時候是記憶觸動了感覺——例如想起曾經有一隻蟑螂掉到果汁裡。有些引起噁心感的例子可以被認為——大致上來說——出自理性。不過，這類論點還不足以說明這種情緒就整體而言是值得信賴的。

被那個東西污染了，覺得它好像進到自己體內了。更進一步的實驗發現，在這個自己受到污染的想法背後，是另一個「人如其食」的想法：如果你吃了什麼壞的或是污穢的東西，你自己也會變成像那個樣子。

所以到底人們不願意當作（或是變成）的是什麼呢？幾個主要被認為會引起噁心感的東西，都和人的獸性或是死亡有關——排泄物、其他體液、屍體和動物（或是昆蟲）都有類似的特性（黏膩、發臭、濕軟）。羅津因此下了一個結論，他認為正是人類本身的污穢和惡臭，才讓噁心感被限於如此褊狹的對象。並不是人類所有具獸性的部分都讓我們覺得噁心：例如力量和速度就不會。[22]只有和死亡及腐壞連結在一起的部分，才讓人覺得厭惡。

所以，當人們感到噁心的時候，他們其實是在對一些每個人都有的重要特徵表達嫌惡之意。某些東西提醒了他們人類具有這些特徵（通常是被隱藏起來的），同時也令他們覺得受到污染。這類厭惡的感覺幾乎是與演化過程相伴而生的，但還是得靠學習得到確認：兩三歲之前的孩子並不會表現出噁心感（直到他們的如廁訓練之前）。這表示：其實社會對於這種情緒有解釋和塑造的空間，會把它導向某些特定的東西（而不是其他東西），就像憤怒和同情這些情緒其實也是如此。

幾乎所有社會都有一些典型的「**原始物件**」（primary objects）——排泄物、血液、精液、尿液、鼻涕、經血、屍體、腐肉，以及濕漉漉、黏答答或是有臭味的動物／昆蟲——會引起人們的噁心感（羅津發現雖然血液在一個人的體內流淌時不會讓人覺得噁心，但是只要流出體外之後，就會引起噁心感了；母乳也是如此，有許多人——甚至包括媽媽自己——都會覺得喝母乳很噁心）。眼淚大概是不會普遍引起噁心感的人體分泌物之一——或許因為眼淚是人類才有的，所以不會讓我們聯想到我們和其他動物的連結。對原始物件會感到噁心並不一定和趨避危險有關：我們不會對看不到的病原體感到噁心，但是如果一個東西濕漉漉、黏答答的，或是很臭（但不危險），我們卻會覺得噁心。不過一般來說，對於原始物件的噁心感還是一個很有用的啟發，當我們沒有時間仔細探究的時候，它會帶我們遠離危險。

噁心感會從一個物體延伸到另一個物體，但是幾乎找不到任何可以通過理性驗證的原因。這種延伸的噁心感就是我所謂的「**投射的噁心感**」（projective disgust）。羅津把這種噁心感的投射原理稱作「同感（sympathetic）聯想的魔法」。這類魔法的規則之一是如果A物體很噁心，而B物體看起來很像A物體，那麼B就一樣會讓人覺得噁心。因此，如果一碗湯用一支消毒過的蒼蠅拍攪拌過，受試者就會拒絕喝它了；如果是用消毒過的便盆裝水，受試者也同樣不肯喝那盆水。魔法的另一項規則是接觸感染：如果物體之間彼此有接觸的話，就會一直對另一個東西起到作用（而不會停止）。因此，如果有一隻死蟑螂掉進了一杯果汁裡，那麼人從此之後就會一直拒絕喝

22　羅津並沒有明確提出這個觀點；我在*Hiding from Humanity*中為他的基本論點提出辯護時，加上了這一點。

那**種**果汁。被某個有傳染病的人穿過的衣服就算好好洗過之後，別人還是會拒絕穿它，而且有些人還會從此之後就拒絕穿二手衣物了。

「投射的噁心感」是經由社會規範塑造出來的，社會教導成員要在其中找出據稱會污染其他人的人。所以，看起來似乎所有社會都至少會把一些人界定為噁心的。這很可能是優勢族群的一種計謀，好讓他們確定可以不要和自己本身所具有、但是卻很害怕的獸性扯上關係：如果有這些不完全是人的人站在我和那個令人感到噁心的動物性世界之間，那麼，我和死亡／腐壞／發臭／濕黏就離得更遠了。「投射的噁心感」和真正的危險之間其實沒有什麼確實的連結。兩者的關係只是出於一種幻想，並且由此設計出一個從屬關係。這其實是出於一個根深柢固的人類需求——人類會表現出自己是純潔的，而其他人則是骯髒的——但是這個需求與社會公平性之間的關係，看起來是（而且也的確是）值得高度懷疑的。

「投射的噁心感」（也就是將噁心這種感覺投射到一個團體或是個人身上）具有許多形式，但是免不了要將被聲稱為噁心的團體或是個人，和令人感到噁心的原始物件連結在一起。有時候還要強調該團體與原始物件之間的確存在著緊密的連結：印度種姓制度中的賤民就是清潔廁所和處理屍體的人；許多男人會覺得女人和血液或是其他體液的連結性更強（因為她們在性行為中屬於被動接受的一方，她們負責生育、她們有月經，這些都是一般認為的「髒污」標準）。

不過，這種延伸更常出自於純粹的幻想（如果一群人或是一個團體的屬性和噁心的原始物件有近似的地方——使人不快的氣味、黏黏濕濕的感覺、潰爛、布滿病菌、腐敗）。在絕大多數的情況下，這些投射並沒有任何事實上的根據。猶太人並不會真的黏答答的或是長得像蛆，但是德國的反猶分子（和希特勒自己）卻說他們是。非裔美國人身上並不會有什麼其他人沒有的怪味道，但是種族主義者也說他們有。而且，就算真的存在什麼實際上可以產生連結的因素，通常還是沒有真正的理由，把骯髒或污點投射在那些人身上。例如：甘地觀察到其實「賤民」的衛生習慣都比種姓階級高的人更好，所以他們感染霍亂的風險其實是比較低的：他們會在離住處很遠的田野中排便，而較高階級的人則都用便盆，然後再倒入窗戶外面的水溝裡清乾淨。因此，在這裡我們可以注意到「投射的嘔心感」包含雙重的幻想：幻想別人很髒，和幻想自己很純淨。兩方面的投射都是出於謬誤的相信，但也都有助於階級的政治。

社會有許多方式羞辱弱勢的少數族群。[23]嘔心感並不是污名化的唯一方法，但是它的確是一個有力而且重要的方法，一旦它不存在了（例如：當大家不再覺得和少數族裔的人有身體上的碰觸是一件令人反感的事），就會有其他形式的階級也跟著一起被捨棄。

嘔心感在性行為這個人生面向中占有重要的角色，這應該是很容易想像的事。性行為會包括體液的交換，而且它顯現出我們肉體的一面，而不是天使般純潔的那一面。所以，如果一個人很

23 參見 Erving Goffman, *Stigma: Notes on the Management of Spoiled Identity* (New York: Simon and Schuster, 1963)。

介意他存在著動物的本性和會死的肉身（而且這樣的人很多——就算不是絕大多數），那麼性行為很可能就會是他感到焦慮的對象。因此在性關係中，原始物件帶來的噁心感扮演了重要角色，因為人們在性行為中接觸到的身體物質（精液、汗液、排泄物、經血）通常都被認為是噁心的污染物。因此，「投射的噁心感」當然也會在性行為的領域中扮演顯著的角色。幾乎在所有社會中，人們都會把性關係中的某一群人說成是噁心和病態的——相較於性關係中「正常」和「純潔」的另一群人（當然包括說者自己和他們所屬的族群）。這種污名化的過程有很多種不同的方式。在多數文化中都會展現為對女人的厭惡，因為男人會把體液和女人聯想在一起，藉以擺脫他們自己所感覺到的不舒服（女人總是接受體液的一方，而同時男人會切斷體液和自己身體之間的連結）。[24]男人會將女人貶損為噁心的（有味道的、有東西流出來的、身體裡有很多有問題的體液），好讓他們和自己所帶有的獸性區別開來。的確就像甚具影響力的德國理論家奧托．魏寧格（Otto Weininger）在二十世紀初所提出的論點——該論點極清晰，雖然也很極端：（在這個文化幻想出來的虛構想法中，）女性只是男性的身體、「他的另一個——無法改變的——比較低等的部分」。[25]我們在這裡又可以看到這種雙重的幻想——一方面是別人的不潔，另一方面則是自己的純潔，這兩種幻想都出自單方面打的如意算盤，也都助長了有主從關係的政治。

再進一步地說，社會對於被歸類為噁心的性行為者，也還會再區分成不同的團體。我在後文將說明男同性戀不一定總是會被男異性戀視為令人噁心的對象。不過，在我們所謂昨日的美國

——表示那個時代離現在還不久，但是也慢慢遠離了——男同性戀（尤其是對其他男性來說）當然是主要會引起噁心和焦慮的客體。女同性戀則可能會令人覺得恐懼、在道德上引起憤怒或是引發焦慮；但是她們比較少會使人覺得噁心。同樣地，異性戀女性對於男同性戀可能會有負面的情緒——恐懼、在道德上感到憤怒或焦慮——但也一樣，男同性戀比較不會讓異性戀女性感到噁心。

既然這類噁心感還普遍存在著（雖然可能比起過去減少了一點），我們的調查就應該可以使用現在式。男性對於男同性戀大概是最容易產生噁心感的，他們覺得男同性戀會透過肛門彼此滲透。一想到精液和排泄物在體內混合在一起——這大概是男性所能想像到的最噁心的事之一了，因為對他們來說，不可穿透性築起了一道可以阻擋黏液、滲漏和死亡的神聖界線（穿透會造成污染可能是一個主要的想法，但是更普遍的，則是覺得男性的身體被體液污染了：而接近一個受污染的身體，自己也會遭到感染）。當一個男同性戀出現在附近的時候，會讓一個人覺得他本身的乾淨和安全受到了威脅——他可能要沾染到那些動物的產物了。之所以會有噁心感，其實是對於

24 對於此觀點深富洞察力的分析，可參見William Ian Miller, *The Anatomy of Disgust* (Cambridge, MA: Harvard University Press, 1997), 109-142。

25 Weininger, *Sex and Character*，其英文翻譯是根據德文版的第六版（London: W. Heinemann, 1906），頁三百（魏寧格是一位憎恨自我的猶太人和同性戀，他在一九〇三年自殺身亡）。

自己想像出來的穿透性和滲漏物感到噁心，也是因為如此，所以男同性戀既讓人覺得噁心，也讓人覺得害怕，因為他們同時還具有侵略性，會把別人也變得很噁心。就連看一眼這樣的男性都會受到污染——例如在軍隊中洗澡（雖然這是很極端的例子）。男同性戀的端詳本身就是一件骯髒的事，因為這像是在說「你要被滲透了」。表示你接下來會由排泄物、精液和血液（而不是潔淨的肌肉）所構成了。因此我們可以想像（對於男性來說），同性戀的性行為甚至比可以繁衍後代的性交還要噁心——雖然唯有後者才和死亡或世代循環有著密不可分的關係。因為在異性戀的性行為中，男性會想像（不是他，而）是次要的一方（被當作動物的女性）接收了體液的污染物；然而在對同性戀的想像中，他會被迫想像是他自己受到這種污染。這讓他覺得更有必要劃出彼此的界線。

保羅·卡麥隆和他的同路人就是釋放、接著又拉高了這種深層而普遍的焦慮。最近的重要研究發現噁心的感受和反同性戀的態度——尤其是關於同性戀的性行為和同性婚姻的態度——之間有著極高的關聯性。[26]卡麥隆精明地在這些混合的污染物中又加上了病菌和ＨＩＶ病毒，這讓他討論噁心感的說法在美國特別受到重視，因為美國是一個非常關注健康和恐懼病菌的國家。

有時候，訴諸噁心感的確可以讓某些政策獲得額外的支持（雖然這些政策還有其他更相關的措辭可以為它們辯護）。舉例來說：我們會覺得吃狗肉很噁心；不過要禁止飼養狗來作為食物，其實沒有必要用到這個理由，我們只要指出這對於狗過於殘忍，這件事本身就已經違法了。[27]所以，有時候訴諸噁心感並不會違背我們對於必須受有損害的堅持（就算操作噁心感的作法與受有損害是背道而馳的）。不過，我認為如果我們要說自身受到污染，或是說某件噁心的壞事是法律規定所指稱的損害，那麼，那個污染就必須是一個真正造成的損害，例如你別無選擇、被迫住在使用中的污水管旁邊。這種對於原始物件的噁心感——它還是構成了妨害行為的部分法律內容——在法律中扮演的角色其實很有限（我們將在後文討論，參見第三章和第六章）。[28]

相反地，「投射的噁心感」所指的污染就不是客觀、真實存在的物質了，而是想像的；如同我們在前文討論過的，如果要將噁心的感覺投射到次等團體，一般的作法就是羞辱他們帶有疾病、比較低等，然而，造成這種延伸想像的幻想是禁不起理性驗證的。我堅決認為「投射的噁心感」在法律制定時絕對無法發揮適當的作用，因為一般來說，這種情緒毫無理性可言，而且會帶來羞辱和階級感。

如果一個政策是因為訴諸噁心感而受到支持，我們也不能只因為這樣，就說它是錯的：因為

26 Yoel Inbar (Harvard University), David Pizzaro (Cornell Univesrity), Joshua Knobe (UNC-Chapel Hill), and Paul Bloom (Yale University), "Disgust Sensitivity Predicts Intuitive Disapporoval of Gays," *Emotion* 9 (2009), 435-439.

27 但是如果採用這個理由，我們就必須承認現在對於其他動物容許施用的許多政策，對牠們造成的傷害其實和我們禁止對狗做的事情並沒有兩樣：這時候，我們就知道其實是因為噁心感了。

28 參見*Hiding from Humanity*中進一步的論述。

可能還是有其他更好的理由在支持這個政策的制定。但是，如果一旦訴諸了噁心感，我們的確通常不會再去尋找那些更好的理由了，因為噁心感會讓我們誤以為這個政策已經過完善的辯證。如果一個政策有其他的方法證立其合理性，但是我們卻訴諸噁心感來證明它是正當的，這種作法將十分危險，因為這等於是叫我們不必再尋找其他方法、用理性來說明它應該制定的理由。而且噁心感這種情緒也會引導我們接受階級和界線，但是在出於平等尊重的政治傳統中，這些都是站不住腳的。

就算還是有些人認為只要依據噁心感就足以決定某些行為是違法的，但他們也必須退一步承認以下論點：也就是說，如果我們要限制由憲法保障的自由，或是傷害（同樣由憲法保障的）平等，光憑噁心感絕對不是個好理由。

4. 歷史中的噁心感：羞辱和次等

科學上對於噁心感的研究，讓我們有理由對於它是否適合作為制定法律的基礎抱持強烈懷疑。對於原始物件感到的噁心，至少某種程度可以帶領我們避開危險，並在這個範圍內給予我們一些根據，讓我們在制定與公共衛生、屍體處置等相關的法律時，可以避開一些東西以保護人民——如果人民對於那些東西感到的噁心真的是因為那個東西有害的話。但是「投射的噁心感」就不是這麼回事了。這種噁心感會與自我憎恨產生連結、會透過「同感聯想的魔法」繼續延伸，還會怪罪其他存在、但是本質遭到曲解的特性，這些都讓它在規範意義上看起來毫無理性、充滿矛盾，並且成了人性弱點的替罪羊。如果我們是因為錯誤判斷了即將發生的事，或是我們用來判斷什麼事值得認真以對的社會規範根本站不住腳，那麼我們的憤怒、恐懼和同情這些情緒，就很可能只是因為誤判而發生的。「投射的噁心感」（在這裡是指關於同性戀的社會爭議中的噁心感投射）看起來不一樣的地方，是因為它的主要例子總是涉及自我憎恨或是自我欺騙——或是根本拒絕面對到底是哪一種。因此，雖然利昂．卡斯說噁心感包含一種可以帶來啟發的「智慧」，但是我們不得不懷疑卡斯的論點。

不過我們還沒有回應德富林，因為德富林對於噁心感的辯護並沒有涉及他對道德的理解。他關心的只有社會穩定性，他認為如果我們遵照一般人會感到的噁心感，就可以保護社會免於瓦解。如果要回應德富林，我們應該轉過頭去看看歷史，看看某一些信賴噁心感的作法在社會上是怎麼運作的。它們大概多多少少會讓一個優勢的族群把弱勢團體居於次等的位置。如果這就是穩定性的話（而這樣的安排確實是安定的），那也不是自由民主社會要追求的穩定性——自由民主社會的理念應該是相信每一位國民都是平等的。

歷史為我們提供了因為噁心感而將對方居於次等地位的無數例子。我們已經討論過噁心感在男性對女性的支配地位中扮演的角色了。現在讓我們再舉出以下兩個例子（它們在前文也都曾經略為提及）：印度的種姓階級制度和德國的反猶太主義。

在印度長久以來的傳統中，將許多人歸類為「賤民」。如果這些人的職業（清掃廁所、處理屍體）是固定要接觸到會讓人覺得噁心的原始物件，他們就會被歸類為賤民。雖然（就如同甘地所說的）要說從事這些職業就代表這個人是不潔的、受到污染，這之間其實並沒有什麼合理的因果關係，但是我們至少還可以理解這個連結是怎麼來的。然而在「賤民」這個分類中的許多人，與污穢的連結甚至只是魔幻或是象徵的，賤民的職業包羅萬象；例如許多「達利特」（*dalit*）[29]人只不過是在田裡工作的人。有一段時間——現在也是如此——要判斷一個人是不是「達利特」，最可靠的方式就是看他的姓。所有印度人都知道哪些姓屬於「達利特」，所以他們立刻就可以用這種方式辨認出一個「達利特」。[30]然而因為幻想的威力，人們當真相信與這類人接觸是骯髒的，而且會受到污染，許多人可能到現在都還深信不疑。人們不願意接受由這類人準備或是供應的食物。與這類人的通婚在過去——而且在大部分地方，大概到現在還是——是完全不可想像的（在歧視非裔美國人的種族主義中，這類污名化和污染的概念也一樣扮演了核心的角色，例如種族主義者會不准被歧視的人靠近游泳池和自動飲水機，也禁止和他們通婚，足茲證明）。

我們在時間和地點上都離這種想法有一段距離了，所以我們可以很輕易地看出它們在規範意義上毫無理性可言，我們找不出這麼做的任何好理由，甚至還有很嚴重的壞處。認為賤民絕對不可以接觸的作法（雖然這在印度的宗教信仰中一度是非常核心的理念）已經被印度憲法禁止了，這當然是正確的作法。噁心感展現的不是智慧，而是踐踏人性尊嚴的駭人暴力。它可能維持了穩定的社會秩序，但那是一個階級化的、不公不義的社會，一個堅持平等尊嚴和價值的國家是絕對不應該容許的。

現在我們轉向第二個例子。要用納粹主義來抨擊噁心感當然是十分容易的，不過我選擇這個例子，主要是因為它已經有許多優質的學術研究了；其實也還有許多其他的例子可以導出同樣的結論。在一直以來對猶太人的印象中——這會出現在德國從中世紀以來的反猶太宣傳中——都將猶太人的許多方面形容得很噁心。猶太人一直以來都被描繪成「女性的」，因此，各種拿來貶低女性的特質——會發出臭味、黏膩、不潔——也都會被算在猶太人的頭上。甚具影響力的德國性學理論家奧托．魏寧格花了一整章的篇幅，把猶太人和女性拿來和他們這些潔淨、卓越的德國男性互相比較，最後作出了猶太人其實就是女性的結論。德國納粹甚至把這種形象又作了更進一步的發揮，把猶太人形容成噁心的昆蟲或是其他骯髒的動物，甚至還是病菌、癌細胞和「蕈狀腫瘤」。德國男性的身體被描述成潔淨而且強壯的，但是猶太人可以侵入其中、污染他們的身體、

---

29 「達利特」人是用來指稱「賤民」的比較適當的用語，「賤民」在過去被稱為「untouchable」，意思是「不可接觸的人」。

30 為什麼「達利特」人不改姓呢？在印度，要改姓是很困難而且麻煩的，很花時間，還需要公開。階級比較高的人會嘲笑「達利特」改名，而較低階級的人會批評這個人缺乏團結精神。

使德國人的身體開始腐爛（希特勒認為猶太人是「腐屍裡面的蛆」）。德國人對於猶太人的描述和保羅．卡麥隆對於男同性戀的描述非常相近，因為兩者都訴諸於一些會引起噁心感的主要想法，再加上傳染和墮落等想像。我們在這裡——回顧歷史的時候——又可以看到這些投射有多麼不理性，並且會帶來多少傷害。

這些例子並不是說噁心感就一定不合理性、而且有害。但是如果我們在看這些著名的例子時，把它們和針對噁心感的內容進行的實驗分析（以及其他研究結果）合起來看，就會覺得德富林的主張（和其他類似的主張）很值得懷疑。心理分析已經顯示卡斯是錯的了：噁心感並沒有智慧，反而是極為愚鈍的。歷史上的經驗告訴我們如果用噁心感作為法律的來源，常常會對人類尊嚴造成極大傷害，由它帶來的社會團結通常也是有害的。每當把這些例子和分析放在一起看的時候，我們就會發現這些傷害會一再規律地重複發生：「投射的噁心感」是因為個人自己強烈的嫌惡感而產生的，但是它會就近找到替罪羊。噁心感的主要操作就是把某些會引人作嘔的特質歸咎給某些人，然後把他們變成次等的人。

卡麥隆（和他的同路人）可能會反駁說對於男同性戀（和他們的性行為）感到噁心是不一樣的，因為這是一種自然的反應，無法避免。但是，歷史告訴我們：對於某一個團體會自然而然感到噁心，是因為一個人被教育成要有這種感覺。印度的種姓制度屹立不搖了幾個世紀，正是因為它看起來是很自然的，即使到了今天，它會在人身上留下污點和恥辱的形象還是發揮著不可小覷的影響力——雖然如果不是屬於這個文化的人，就完全不能夠理解為什麼一個姓「托拉特」（Thorat）或是「阿姆倍伽爾」（Ambedkar）的人，和姓「查特吉」（Chatterjee）或是「巴奇」（Bagchi）的人就完全不一樣。[31]所以在這裡也是一樣的：讓我們覺得自然的事物，其實是因為文化。

除此之外，在許多文化中——不論是過去或是現在——如果男性規律地保有同性的性行為，其實並不會讓人覺得噁心。古代的希臘人也會對某些行為感到噁心。口交就是一個例子，口交的雙方都讓人覺得噁心而且羞恥（但是以接受的一方為甚）。不過，男性之間的性行為——雖然對此還是有許多相關的倫理規範和警告——就其本身而言，並不被認為是骯髒或令人作嘔的事。其實，人們甚至還相信神明本身就很享受這類行為。[32]希臘人怎麼想或是怎麼做並不代表那件事就

31 姓氏是一個人分辨種姓的主要方式，也是唯一可靠的方式。前兩個是「達利特」的姓氏，其實也是兩位著名的「達利特」政治人物的姓氏：（印度獨立後第一任總理）尼赫魯（Nehru）的「法律和司法部」部長是B．R．阿姆倍伽爾（B. R. Ambedkar），他是一名「達利特」，但是後來皈依佛教；現任「大學撥款委員會」（University Grants Commission）❻的主席蘇哈建歐．托拉特（Sukhadeo Thorat）是「達利特」佃農的兒子，在他童年的時候，其他孩子總是當著他的面說要躲開他、說他應該感到羞恥（雖然當時印度憲法已經差不多制定了）。另外兩個姓氏則是屬於孟加拉地區的婆羅門（印度教的祭司貴族）的姓氏，在印度可謂眾所周知。

❻ 譯註：印度政府內負責管控、維護大學教育標準的組織，由其負責印度各個大學、學院的認可。

32 參見Dover, *Greek Homosexuality*。

是好的，但是這的確會引領我們思考。既然我們對希臘文化有某種程度的仰慕，也同意那是一個成功的文化，那麼我們其實應該內省一下：他們會感到噁心的反應和我們有什麼不同，尤其是我們還逕自宣稱接納同性關係會造成社會的腐化。

許多現代國家也已經不再認為同性間的性行為是令人作嘔的事了。大部分西歐國家都是這麼想的。[33]這甚至還和美國的內省更為相關，因為這些國家也都和美國一樣有著基督教傳統，所以可以確定美國對於性傾向的政治選擇，並不是出自宗教傳統想當然耳的本質。當代的基督教徒——就算是以「基本教義派」（**fundamentalist**）自居的教徒——總是會忽視《聖經》中的陳述。舉例來說：《聖經》中有更多的篇幅是在講要懲罰算命之惡（遠多於同性戀之惡）——只是《利未記》（*Leviticus*）[7]有部分經文將同性戀視為邪惡的，而且其中並沒有提到女性，只有針對某些男男之間的性行為。然而，現代的基督教徒則不思對算命加以法律上的制裁。同樣地，《聖經》對於貪婪的非難遠多於任何性方面的罪惡，但是現代的基督教徒通常也沒有呼籲要懲罰貪婪。歐洲帶給美國許多啟發，因為它與美國的差異彰顯出美國在使用《聖經》傳統時，通常只是選擇性地引用。我們應該問問自己為什麼會作出這種選擇。

那麼，到底是什麼讓反對同性戀的態度在美國政治中占了這麼重要的比重呢？這是一個很難回答的問題。我們可能會覺得是因為美國人對疾病、死亡和腐壞有著過度的憂慮。但是，這些因素還是不足以完整說明當人們在對待男同性戀和女同性戀時（尤其是對男同性戀），為什麼會這麼強調噁心的感覺。我們可能會發現美國人對於性的多樣性（或甚至是性本身）特別感到焦慮，而且在性的多個方面都比許多歐洲國家的人更沒有容忍力。[34]或許這說明了為什麼在性的領域中，噁心能夠在美國更進一步引發焦慮感。毫無疑問，如果我們反省一下為什麼我們向來認為男子氣概是一種優越的特質、絕對不能摻進其他雜質，這將有助於我們理解為什麼對於許多（其他的）美國男性而言，男同性戀具有如此大的威脅性。

不過這個推斷並不是本書主要關懷的焦點。本書最重要的宗旨是指出在一個講求平等的國家中，「投射的噁心感」絕對不是一種好的法律來源，因為它是來自於不合理性的幻想，而且將帶來不符合公平的階級觀。

在我們今天反對同性戀的政治中，噁心感到底具有多大的威力呢？噁心感就像是種族仇恨：它絕對不會風度翩翩地現身。保羅．卡麥隆十分直接、而且公然挑動噁心感，而且他現在在某些圈子裡還是很有影響力。然而，其實有許多人雖然支持他所說的原因，但是在表達時卻使用了其

33 相較之下，波蘭就還是有激烈反對同性戀的情緒，俄國也是。

❼ 譯註：為《摩西五經》中的第三本，其內容主要是記述有關選自利未族的祭司團所需謹守的一切律例。

34 早自佛洛伊德（Freud）就已經提出過這個差異了（佛洛伊德在美國教學時觀察到的）。他認為美國人的生命力都集中發揮在賺錢，而沒有投注在需要顧及許多面向的成人發展。可參見Henry Abelove, "Freud, Male Homosexuality, and the Americans," *Dissent* 33 (1985-86), 59-69。

他的論點：例如反對「特殊權利」、宣稱會危害到兒童，或是認為事涉「公共道德」、擔心異性戀婚姻會受到貶抑。我們會在後面的章節中繼續討論這些論點。但是我們會發現：如果不訴諸其背後的噁心感，這些論點其實都太脆弱，無法達到什麼目標，或者，它們只是訴諸噁心感的政治用來偽裝的假面具而已。

第二章

同理的政治

宗教、種族、性別、身心障礙

那種感覺並沒有像我以為的那樣就過去了。它們還在，這讓我開始覺得害怕起來。在一開始的時候，那個標籤是很負面的。這是發生在我十五歲時候的事情。我試著做一些讓我可以變成異性戀的事，像是盯著女孩子看、想著她們的胸部，還有跟她們約會。我在那一年把《聖經》讀了六次，想要找出方法來擺脫我目前的困境。而到了高三的時候，我終於放棄了。

我幾乎可以說是讀了所有與同性戀相關的教材，其中的描述是很正向的，還說他們有自己的文化、自己的英雄和典範。所以是在那個時候，我開始能夠對自己說：我就是個同性戀。

——出自里奇．沙文—威廉斯，《……於是我就成了同性戀》（*...and then I became gay*）中的兩位受訪者

我們認為下面這些真理是不言而喻的：人人生而平等，造物者賦予他們若干不可剝奪的權利，其中包括生命權、自由權和追求幸福的權利。

——《美國獨立宣言》

1. 對於人與自由領域的尊重

什麼是同理的政治？其核心價值就是平等尊重的政治。美國建立的基本概念就是所有國民都（以其國民的身分）具有平等的價值和尊嚴。美國的祖先丟棄了他們在歐洲經歷過的封建制度和君主政體，也拒絕接受所有的頭銜、地位和世襲榮譽。一個人的出身、財富和地位，與他的政治機會和應得的權利都無關。在這個意義上，美國革命是絕對基進的，它拋棄了先前所有的社會組織模式，決意要建立一個全新的社會組織，而且根據的理念是所有人都有相同的人性尊嚴和平等的自然權利。[1]新政治秩序的主要理念是要擺脫支配：政治中極為不可取的就是在制度上讓某些國民相較於其他人是次一等的。[2]因為所有國民都是平等的，所以不論是基於階級、宗教或是其他原則的支配，都是絕對不可取的。

然而我們的祖先卻沒有貫徹這些原則。雖然他們一邊宣示要擺脫支配的一般性原則，但是卻容許蓄奴，也坐視因種族之分而帶來的粗暴統治——無視於奴隸制度和奴隸買賣在大部分歐洲地

1 參見Gordon Wood, *The Radicalism of the American Revolution* (New York: Vintage, 1991)。有關許多美國思想家對羅馬共和主義的借用，可參見Wood, *Radicalism of the American Revolution*與拙著*Liberty of Conscience: In Defense of America's Tradition of Religious Equality* (New York: Basic Books, 2007), chap. 3。

2 參見Philip Pettit, *Republicanism: A Theory of Freedom and Government* (New York: Oxford University Press, 1997)。

區都已經被嚴格禁止了。他們也沒有對美洲原住民族付出平等的尊重，或是反思「男性」之間的平等也應該及於女性——雖然在法國和英國，主張自然權利一律平等的人早就對這種優越性的基礎提出了質疑。

不過，美國的祖先要表達的一般性原則還是被堅守了許多年，甚至當日後有人要挑戰這個一般性原則最初適用的範圍過於狹隘時，也還是引用這個原則。因此亞伯拉罕・林肯（Abraham Lincoln）在〈蓋茲堡演說〉（Gettysburg Address）❶中，可以情真意切地說《獨立宣言》所承諾的自由與平等是發起這場戰爭的道德基礎。同樣因為如此，當一百年後的馬丁・路德・金恩牧師（Martin Luther King Jr.）提到《獨立宣言》時，說它：

> 曾經向每一個美國人許下了諾言。承諾給所有的人——是的，所有的人，黑人與白人——「生存、自由和追求幸福」這些「不可剝奪的權利」。對於有色國民而言，美國顯然沒有實踐她的諾言。[3]

也因此，女性同樣可以訴諸美國在建國宣言中的承諾——其中強調所有人皆平等——質疑她們何以被排除在政治的平等權利之外。蘇珊・布朗奈爾・安東尼（Susan B. Anthony）在關於投票權的著名演講中，也提到了憲法的序言，她說：

> 組成聯邦的是我們人民，不是男性白人，也不是男性國民，而是全體人民。我們組成聯邦，不是為了賜予自由幸福，而是為了確保自由幸福；不是為了確保我們之中一半的人及子孫後代一半的人的自由幸福，而是為了確保全體人民的自由幸福——女人和男人都包括在內。參加投票是這個民主共和政體所提供的確保自由幸福的唯一手段。因此，一方面奢談婦女享有自由幸福，另一方面卻又剝奪她們的投票權，這是一個極大的諷刺。[4]

這其實是將美國的建國文書中對於人類平等的整體承諾，擴大理解得更符合平等主義了，超出在它們起草當時的特定時空中對於平等的理解。

這些建國文書——以及希望不存在任何支配關係的核心理念——並沒有提到要當一個好人，或甚至是當一個講道德的人。平等的自然權利是我們所有人與生俱來的權利，並不是我們正直善良或是遵守某些社會規範的報償。只因為一個人出身高貴或是家財萬貫，並不代表他就能享有比較多的政治權利，一個品行高尚的人也不能比一個吝嗇小器、脾氣暴躁（或是愚蠢、懦弱、任

---

❶ 譯註：美國內戰中的蓋茲堡戰役結束四個半月後，當時的美國總統林肯最著名的演說，訴諸《獨立宣言》中主張的「人皆生而平等」，將這場內戰重新定義為「自由之新生」。

3 Martin Luther King, Jr., "I Have a Dream," August 28, 1963, https://www.americanrhetoric.com/speeches/mlkihaveadream.

4 Susan B. Anthony, "On Women's Right to Vote" (1873), http://www.historyplace.com/speeches/anthony.htm.

性、不公正）的人多投幾張票。

即使大多數人都認為某個人不是個好人，或是十分不守規矩，但是他的基本政治權利仍然不應該受到限制。當然，所有人都一樣受到刑法的規範，如果有人觸犯了刑法，他的權利也可能暫時受限（然而如果一個人的行為並沒有傷害到其他人，那麼刑法可以在多大的程度內對他作出有爭議的道德判斷或是懲罰行為人，這是我們在後文會討論的問題）。不過，所有人和國民都有平等的出發點——享有基本的平等，並具有公平的政治權利。平等地尊重其他國民並不表示要同意他們的選擇，但是確實表示要根據尊嚴平等和權利平等的原則，尊重他們有作出某些選擇的權利。

《獨立宣言》中提到「追求幸福」的權利也是所有人不可剝奪的權利之一。雖然美國憲法中並沒有這個明文規定，但是憲法中有許多其他具體的方式，其實也就等於承認了人民有追求幸福的權利——包括承諾要「確保全體人民及子孫後代的自由幸福」（如同在序言中所說的）。整體來說，要以憲法承認對每一個人都有平等的尊重，就必須保護一個人可以享有廣泛的自由，讓每一個人都可以從事具有意義也具有重要性的行動，這會形成他們追求幸福的過程中重要的部分（如言論、宗教信仰和行動等）。並不是只有好人才享有這種自由，就如同也不是只有富人才能夠得到。這是所有人都平等享有的自由。

男同性戀和女同性戀並沒有被剝奪過投票權，也不曾遭受過奴役。但是在另一方面，在某些情況下，他們的確沒有平等的投票權（科羅拉多州的憲法第二修正案就不承認他們有權透過法律，要求當地保障他們在就業和住居上可以免受歧視），也的確被平等追求幸福的權利排除在外。一般來說，異性戀有許多方式追求性方面的滿足——這與他們是正派人士還是玩玩就好、對感情究竟負不負責任無關。然而，與此相反，在「勞倫斯訴德克薩斯州案」（*Lawrence v. Texas*）❷之前，有許多州的男同性戀和女同性戀如果用他們自己的方式追求性愛的滿足，甚至還可能被送進牢裡。[5]結婚也是一種「基本權利」，但是在大部分的州，同性伴侶在過去一直——即使到現在也還是❸——無法享有這種基本權利。

本章想要說的是：美國的憲法傳統允諾我們所有人都享有平等的自由，這應該足以讓我們徹底重新思考一下過去二十年來，美國一直貫徹的性傾向方面的政治選擇是否正確。對於人性尊嚴和所有人的自然權利的平等尊重（這是十分重要的美國價值）會讓我們覺得性傾向的法律處置有許多值得批評之處，就像在早年，我們也是本著這種核心的價值觀，對宗教、種族和性別等議題

---

❷ 譯註：美國最高法院在該案中推翻先例，宣布各州政府不得禁止成年人在相互同意的前提下進行同性性行為，這使同性戀在美國正式地非刑事化。

5 如同我們將在後文討論的，反雞姦法的用詞通常是中性的，同時禁止異性戀和同性戀進行某些行為。但是它們通常只針對同性戀執行。除此之外，它們還限制了同性戀追求性愛滿足的方式，但是異性戀就可以有許多選項。

❸ 譯註：這是指本書出版的二〇一〇年當時的情況。

展開了反思。如果我們想要知道平等尊重的政治需要些什麼，早年的那些反思一定可以告訴我們答案。某些領域的法律傳統曾經較為徹底地重新思考過平等的尊重和平等的自由這些理念，思考一下這些領域的法律傳統，將有助於我們找出在性傾向這個領域，平等的尊重究竟意謂著什麼。

在充分做過這些比較之後，我們還是必須回到憲法的條文和傳統。那是後面的章節要進行的事。不過，這提醒了我們必須整體地思考一下憲法的基本價值何在。這樣的方向對於引出我們的結論十分有幫助。有時候我們其實應該跳脫還存在爭議的主題，思考一下其他或許可以類比的情況，然後再回到主題本身。

2. 尋找生命與自我的意義：性傾向及宗教

來到美國殖民地這個新世界的第一批開拓者，有許多是為了追尋宗教自由而來的。對於英國國教的正統信仰抱持異議的非國教派（但是他們之間也存在著許多不同的形式——天主教徒、浸信會教友〔Baptist〕、喀爾文教徒〔Calvinist〕、貴格會教徒〔Quaker〕等）前來此地，一方面追尋可以表達信仰（而不必擔心會受到處罰）的自由，一方面也要追求可以貫徹他們所選的敬神方式的自由。在他們的追尋過程中，卻通常忽略了可以包容不同意見的尊重和寬容。因此，在殖民地建立的許多州教會都會對宗教上的弱勢者加諸各種不利益——從嚴重的監禁、驅逐，到比較輕微的（對領頭教堂的支持者加以）課稅。

不過，（通常是在物質很艱困的環境中）與不同宗教信仰的人一起生活的經驗，讓許多殖民地的開拓者漸漸了解到一個好的公眾生活（也或許是生存本身）需要保護每一個人的宗教自由——而且要公平。這樣的政策也有實用的根源：如果人們想要在新的土地上成長茁壯，就會需要其他人的幫助。他們也開始注意到即使是有著不同宗教信仰的人，也可以和其他同住在一起的夥伴一樣，互相幫助、扶持向上。他們開始注意到只要大家有一些道德上的共識——同樣認同像公平、誠實和無私這些價值觀——即使各自在神學上承認的「第一原理」[4]並不相同，也可以無礙地住在一起。在像是羅德島（Rhode Island）和賓夕法尼亞（Pennsylvania）這樣具有包容性的殖民地，靠著大家的互相尊重，信仰和作法差距極大的人們也和平地住在一起。以羅德島為例，它不僅歡迎非國教派的清教徒，也歡迎浸信會教友、貴格會教徒、羅馬天主教徒、猶太教徒和（至少在表面上還有）穆斯林，這些人也與當地的原住民族建立了良好的關係（因為他們秉持公平的原則，願意尊重當地人的財產權）。殖民地的創立者羅傑・威廉士（Roger Williams）[5]甚至堅持

[4] 譯註：first principle，指最基本的命題或假設，不能被省略或刪除，也不能被違反。

[5] 譯註：英格蘭的新教神學家，他在北美創立羅德島殖民地，成為少數宗教團體的避難所，他還開創了美洲第一所浸信會教堂。

要把無神論者也納入這個新團體中，讓他們享有與其他人一樣平等的權利和恩典。[6]

大家住在一起的這個經驗，讓支持宗教自由的趨勢浮現出來。它還有一個抽象的基本原則——「**良心**」（conscience）——有許多（即使不是大多數）新移民是帶著這個理念前來的。這個理念最初的形式來自於新教徒，但是的確深受羅馬斯多噶學派（Roman Stoic）的哲學影響（對於許多殖民地的開拓者而言，斯多噶學派的哲學都是十分重要的）。[7]我們今天可以在世界上大部分主要宗教和許多世俗人類的想法中看到類似的理念。這種觀點認為所有人類都有能力（為了生命的意義，而）探尋生命最終的含義和道德基礎。擁有這種能力是我們生而為人、可以享有尊嚴的主要原因。不論宗教信仰為何，所有人都有一樣多的良心。這其實也是我們可以生而平等的主要源頭，任何像樣的政治秩序都必須承認與尊重這種平等。良心常常會走偏：其實大部分的時候它都是偏離的。但是一個人偏離了正道並不表示他就沒有和其他人一樣發揮良心的能力。我們應該尊重的是他的這種能力，而不是他表現出來的這種（或那種）模樣，也就是說，對所有人都要有同等的尊重。

早期的移民其實並沒有現在許多（即使稱不上大多數）美國人所擁有的觀念，早期移民並不會認為許多（甚至是全部）宗教都是救世的正統途徑。其實，移民中大概沒有人有這種想法。他們會覺得一同前來的許多人都很糟糕。他們也不尊重這些人的信仰或是作法。這些移民不會說「或許他們是很糟糕吧，但是他們也很努力了，因此值得我們的支持和尊敬」。例如：羅傑・威廉士就說美洲原住民族的宗教根本是在「崇拜撒旦」——雖然他對這些原住民族一直展現出高度的尊重和友誼。宗教崇尚的尊重和公平漸漸成為殖民地的主流價值觀，並且形成了美國的憲法，但是我們不應該欺騙自己說：這是源自對不同的宗教信仰和作法的尊重。應該說它們是受到對人的尊重這種更基本的想法所啟發，因為美國國民都具有人類的尊嚴和良心。就算我們覺得其他人誤入了歧途，但是他們內在的良心依然值得我們用法律和制度加以尊重。因為人類的價值都是平等的，良心也都值得同等的尊重。

平等地尊重每一個人的作法，也可能包括讓每一個人都不具有足夠的自由。但是，美國的傳統認為對良心的尊重，是要讓每一個人都享有足夠的自由，在良心的範圍內追求他（或她）自己要走的路。羅傑・威廉士用了兩個深具啟發性的比喻。他說良心絕對不可以受到禁錮——這表示人們應該享有足夠的空間實踐他們的信仰（包括他們的良心所要求的敬神行為）。威廉士嚴厲地稱呼某種（比禁錮更令人憎惡的）行為是「靈魂的強姦」——它侵犯了一個人的信仰所要求的內心世界、違反了個人內心良知的要求。因此，一個尊重良心的世界會讓所有人都享有平等的自

6 有關威廉士的事跡，可參見Nussbaum, *Liberty of Conscience*, chap. 2。

7 有關斯多噶學派對殖民地創立者的影響，可參見Wood, *Radicalism of the American Revolution* 以及Nussbaum, *Liberty of Conscience*, chaps. 2 and 3.

由，追求自己認可的信仰和行為。

移民們都知道人可能因為受到強迫而改變信仰。他們一直以來看過了太多這類的事。而且即使第一代並沒有屈服於這種強制，但他們也知道隨著時間的流逝，一群人之間的同質性就會越來越高、差異也漸漸消失。他們知道宗教是個人的選擇，並不是什麼永遠不變的特徵。但即使大多數移民都知道宗教並非不可改變的，也不表示他們認為可以強迫一個人改變宗教。這中間還要面對的是對良心的尊重：在人們追尋生命的終極意義這條路上，我們沒有權力強迫他們做（或是不做）什麼。

隨著殖民地開拓者經歷了許多不同形式的政治秩序，他們也漸漸洞察到羅傑．威廉士對於（平等的）自由的另一個理解是對的：如果要世界平等地尊重每一個人的良心，就不能設立一個國家的教派——即使是一個不會有威脅性或是束縛的溫和教派。美國早期對於建立國家的主要想法是由詹姆斯．麥迪遜（James Madison）❻奠定的，直到現在，在美國的憲法解釋傳統中，麥迪遜的主張還是持續有著高度的影響力——麥迪遜堅持認為如果建立起一個正式的國家教派，就會對所有國民的平等造成威脅，因為這將使得某些形式的宗教變成「我們的」，而其他形式的宗教就只是可容許的，因此會在國民之間形成階級。[8]平等地尊重每一個人的良心，表示我們應該很警醒地讓政府不要參與製造出任何小團體（並因此而區分出不屬於這個小團體的人），尤其在宗教的領域。

現在讓我們來想一下性。現在大概已經沒有什麼美國人會覺得性的愉悅感是一件不重要的小事了。對於許多（如果還不是大部分）人來說，那是一個人在追求生命的意義時一個重要的部分。即使性在許多方面都和宗教不太一樣，但兩者還是有共通的部分——它們都很個人、都與生命最終極的意義有關，而且極為重要。性也和宗教一樣，它的真實性（或是與良心的關聯）是很核心的。我們知道它與一個人對自己的定義——他對自我的尋求和自我的表達——密切相關。

如果我們再繼續類推下去，就應該看到一幅互相尊重的人生圖像，其中的人們應該互相尊重彼此的人性尊嚴，而且如果要求所有國民都只能有一種特定的性行為，這勢必是錯的。一個人喜歡用什麼方式來表達性，和用什麼行為來表達信仰，都應該存在著許多自由空間——當然會有限制（就和宗教領域一樣），限制就是為了要保障其他人的合法利益。今天的性就像是共和國（美國）早年的宗教一樣：許多人認為其他某些國民的作法引起了他們深深的嫌惡。但是他們應該尊重做這些事的人、同意他們和自己是平等的；而既然雙方是平等的，他們就應該承認不讓這些人有機會用自己的方式尋求意義，這是錯誤的作法。

❻ 譯註：美國第四任總統，亦被某些人視為「美國憲法之父」。

8 關於對麥迪遜提出的《紀念與告戒》（*Memorial and Remonstrance*）的討論，可參見Nussbaum, *Liberty of Conscience*, chaps. 3 and 6。

在今天，追求性的幸福當然在許多重要的層面上已經和宗教不同了。很多人會覺得把兩者拿來比較是很唐突的。我並不是要說其中包含的價值觀，或甚至是兩者的重要性是一樣的。不過，會將兩者拿來類比，表示大部分的美國人認為在追求快樂的過程中，性的幸福是一個非常深入而且重要的部分，會碰觸到自己最核心的內在。這也不只是一種成人的癖好：我們有很充分的理由相信性的表達和一個人最內心的認同及性格是有密切關係的，也與爭取和尋找最私人一面的意義密切相關。這讓我們足以認為人應該可以自己選擇他想要的性生活——不必受到國家的干預（除非侵犯到別人的權利）。這個想法是我們的憲法在這個領域所展現的傳統中一個很重要的部分，這點我們將在後文討論（如果我們遵從譬如「自由行使條款」〔free exercise clause〕，[7]我們就不會只要求某些自由，我們會要求所有人都可以享有條件平等的自由）。

這是對於「自由行使」這個面向的類比。但是「建立」（establishment）的那一面又是如何呢？國家可不可以在給予每個人充分的性自由之後，依然宣布某種特定形式的性交是比較好的，我們要用各種公共政策來支持這個優先的選項，更甚於國家在保護兒童福利方面的正當利益呢？至少，拿宗教來類比，會告訴我們這個問題的答案是「不可以」。國家只要「建立」起某一種特定（而且優先）的性形式，也就等於表示沒有採用這種形式的人是次等的。

在關於同性婚姻的激烈爭議中，我們拿來類比的「建立」這個面向也受到了許多討論。和自由的面向不同（關於自由我們已經算是有廣泛共識了），在性議題中，不論是在公眾生活或法律領域中，「不可建立」的想法都還沒有獲得共識。

拿宗教來類比是一個很好的作法，因為它讓我們發現如果是在道德上深具重要性的事項，我們就很可能會覺得其他人是錯的或是有罪的——即使我們都同意要把他們當成平等的國民予以尊重，就意謂著要讓他們在想法和行為上都享受到廣泛的自由。那也表示我們不應該塑造出所謂的正統，讓某些國民凌駕於其他人之上。

3. 體系性的不利益：性傾向與種族、性別、身心障礙

美國歷史中一直不間斷地在為爭取平等而奮鬥，最後終於漸漸終結了非裔美國人和女性在體系上的從屬關係——至少在法律上是如此——也開始保障身心障礙者的平等。美國憲法中對於法律要保障種族、性別和身心障礙者一律平等的想法，帶給我們的不僅是（和宗教一樣）一般性的啟發，也是在法律上告訴我們這可以適用於性傾向。

❼ 譯註：指美國憲法第一修正案，該條規定「國會不得制定確立某種宗教為國教或是禁止自由信仰宗教的法律」，一般都將此規定的前段稱為「建立條款」（establishment clause），後段稱為「自由行使條款」（free exercise clause），即前段禁止政府授予某一宗教特權或是強制國民信仰（或不信仰）某種宗教，而後段則規定政府不得干涉人們的宗教或宗教信仰形式。

《美國憲法第十四修正案》的「法律平等保護條款」（Equal Protection Clause）在早期發揮了極大的影響力，對此條款的理解之一就是所有人民在法律之前都可以得到同等的對待。如果A族群受到的對待和B族群一樣，那麼就沒有法律平等保護的問題了。實行種族隔離的學校常常用這個方式來為自己辯護：因為「隔離但是平等」的設施就不算有不平等的問題。然而在「布朗訴托皮卡教育局案」❽中，[9]美國最高法院明確否定了這種解釋。最高法院堅信種族隔離會對自尊和人類的發展造成影響，因此在其意見中寫道，隔離教育會「使得（少數民族的學童）產生一種『自己是次等的』的感覺，這種感覺會傷害到學童的心靈，造成永遠無法磨滅的痕跡」。兩者的機會在實際上是不對等的，但是卻以法律上平等對待的形式粉飾了外觀。法律平等保護禁止多數派在體制上對少數族群加諸不利益的條件，讓後者在實際上只能居於次等的地位——就算該政策在表面上很明顯是中立的。

與性傾向有關的憲法也有類似的問題，也很值得注意，反對種族通婚的法律在一九六〇年代遭到質疑，而同樣地，為這類法律辯護的人也主張它們在形式上是對等的：黑人不能與白人結婚，然而白人也同樣不能與黑人結婚。[10]維吉尼亞（Virginia）州就認為這種對等的種族通婚法律「並沒有對任何種族造成不公平的歧視」。[11]然而最高法院看的是（表面上的）形式對等之下的東西，法院要問的是禁止種族通婚對人民的實質平等、機會和他們整體的社會地位有什麼意義。最高法院最後認為這樣的禁止並非真正的對稱，因為這還是一種白人優勢地位的體現：這依舊讓黑人的權利在體系上是不平等的，也是一種「不對等的種族歧視」。最高法院認為法律平等保護需要的不只是形式上相同的對待：至關重要的是，它不能存在優勢和次等的關係。

還有另外一個法律平等保護的案件——「合眾國訴維吉尼亞州案」（*United States v. Virginia*）❾——也同樣引起了共鳴，那是性別領域的案件，它使得「維吉尼亞軍事學院」（Virginia Military Institute, VMI）對女性打開了大門。[12]這個案件也一樣具有形式上的平等外表，因為維吉尼亞州為女性提供了替代的選項——「瑪麗・鮑德溫學院」（Mary Baldwin College）。不過最高法院仔細調查了這兩種課程各自開放給學生的機會，最後認為如果要符合憲法的規定、取得令人滿意的結果，州所提供的替代課程必須要讓女性的「地位不會受到任何歧視」。然而因

---

❽ 譯註：美國最高法院在該案中決定，原告與被告所爭執的「黑人與白人學童不得進入同一所學校就讀」的種族隔離法律，必須排除「隔離但平等」先例的適用，種族隔離的法律剝奪了黑人學童的入學權利，因而違反了《美國憲法第十四修正案》所保障的平等權，故而違憲，學童不得基於種族因素被拒絕入學。

9 *Brown v. Board of Education of Topeka*, 347 U.S. 483 (1954).

10 *Loving v. Commonwealth of Virginia*, 388 U.S. 1 (1967).

11 引用自*Loving*案的多數意見。

❾ 譯註：美國最高法院於一九九六年作出的標誌性裁判，在該案中，最高法院以七比一否定了維吉尼亞軍事學院僅限男生的招生政策是合憲的。

12 *United States v. Virginia*, 518 U.S. 515 (1996).

為「瑪麗．鮑德溫學院」的課程只不過是VMI「蒼白的影子」（pale shadow），因此這個情況其實足以構成違反憲法的（性別）歧視。

因此，我們所理解的法律平等保護應該是不存在主從關係的，並且要能夠回歸到美國的建國基礎。[13]法律應該試著找出明確對稱的機會，也要仔細考查各個不同族群的市民在追求生命中重要的東西時，各自擁有什麼機會，唯有如此，這樣的法律才能稱得上有真正平等的尊重（在過去，這種關於法律平等保護的想法在最高法院的論據中是根深柢固的，但是現在則弱化了；在對劣勢種族的補救中，它甚至成了少數派的立場）。

如果要把「法律平等保護條款」適用到性傾向的案例中，勢必得面對一些具體的憲法問題，但是，即使我們不要貿然開始鑽研這些憲法問題，也看得出來在種族（及性別）的案件和此處的案件之間，有著重要的相似性。從這三種領域的歷史發展中，都看得出來某些將人分類的方式會特別彰顯出偏見，並且形成階級，危及國民之間的平等。我們在後文會更進一步拆解這樣的類比，找出性傾向是依據什麼標準和種族（以及性別）連結在一起的——而不是其他特徵（例如抽菸或是開快車）。不過，我們已經可以看到在這三種——種族、性別和性傾向——案例中，都會處理到人的一些深層特徵，就是這些特徵充滿了人的生活，並且常常成為他們的恥辱和被視為次等人的原因。不存在從屬關係的想法當然對於思考性傾向是十分有助益的。

因此，禁止同性之間的性行為（但是卻不限制異性之間類似的性行為）的確會對法律的平等保護造成問題，而造成的問題和禁止黑人與白人之間的性行為並無二致。許多人也認為如果法律禁止同性婚姻（然而卻容許異性婚姻），就和法律禁止不同種族的人通婚是一樣的；我們將在後文討論：雖然這樣的類比仍然存有爭議，但是法律有時也贊同這個觀點。更概括地來說，我們會認為性傾向的案件看起來和性別及種族有類似之處，是因為這三種案件都是依據人的特徵將人加以分類，某些人會因為他們的特徵，被更多重要的機會拒於門外。

以宗教為例，不讓某個族群的人受到體系上的不利益，並不是因為大多數人都喜歡這個族群，或是覺得他們的信仰（或所作所為）是好的。厭惡女性的人和種族主義者還是可以支持由「布朗（訴托皮卡教育局）案」和「洛文（訴維吉尼亞州）案」[10]所開展的法律機制，性別案件也是如此——就像有些人即使覺得其他宗教團體的成員都信服「撒旦」，但還是支持平等的宗教自由——只要他們的基本觀點認為所有的國民都是（也應該是）法律之前平等的。的確，只要一個人有基本的美國精神，我們就很難想像他會對（「布朗案」和「洛文案」中呈現出來的）反對主從關係的機制表達出不贊同之意——除非這個人滿腦子就只有骯髒和恥辱的想法（典型的種族隔離主義者和——尤有甚者——反對種族通婚的法律大概就是這樣的），讓他（或她）甚至無法清

13 參見 Pettit, *Republicanism*。

[10] 譯註：*Loving v. Virginia*，最高法院在該案中認為維吉尼亞州政府禁止白人與不同種族通婚的法律違憲。

楚地專注在平等真正的意義上。

對於「法律平等保護條款」的目的而言，徹底根除體制上的不利益的確是十分重要的，如果法律處理的是某些與階級和歧視特別有關的分類——這種把人分類的方式叫作「可疑的分類」（suspect classifications）[11]——那麼，解釋學的傳統就認為它們應該要受到更詳細的檢查，也就是說，這些分類必須經過特別強力的辨證，它們不僅應該通過合理依據的審查——這並不是一個高要求的標準（幾乎只要立法機關認為有好理由的話，就算是有合理的依據了）——還要通過更徹底的檢驗。因此，除非國家可以證明依據種族進行分類對追求重要的國家利益而言是必要的，否則，涉及種族的法律分類就無法被證明是正當的。涉及性別的分類適用於中級標準的審查，有時候這會被稱為有「準嫌疑」（quasi-suspect）的分類。

我們將在後文詳細討論加強審查的標準，因為性傾向到底算不算是「可疑分類」，其實存在許多爭議（如果算是的話，又是根據什麼標準而認為算是的呢？）。但是，即使不進入法律的討論，我們還是可以看到嚴格審查的一般性精神，其實很適合拿來思考反雞姦法、同性婚姻和其他相關問題。有些將人分類的方式使階級的遺緒又復活了，因此在「法律平等保護條款」之下是不會受到允許的——除非有非常重要的國家利益需要做此限制。

我們需要考量的還有另外一個族群的平等，在日後要思考性傾向領域中的法律平等保護法時，這是十分有用的。這個族群就是各種不同的身心障礙族群。這些人也和（種族上的）少數族群及婦女一樣，在美國社會中長期以來都得不到完全平等的法律權利，缺乏理性的恐懼和偏見還常常使這些不平等升溫。有兩個案件的內容都是不讓身心障礙的兒童進入公立學校，而法院也都認為這違反了法律的平等保護。「米爾斯訴哥倫比亞特區教育局案」（*Mills vs. Board of Education*）⓬甚至引用「布朗案」作為先例，主張如果在體系上以法律排除有身體或心理障礙的兒童與其他人一起接受教育，基本上就否認了他們在法律之前的平等。[14]本案並沒有討論嚴格審查的議題，但是法院的確表明，如果政府為了教育有身心障礙的兒童而使成本增加，這並不是什麼充分的國家利益，也不足以讓排除學童受教育的政策被認為是合法的。

也大約在同時，最高法院宣布德克薩斯城（Texas city）通過的一項排他的分區法令違反了「法律平等保護條款」，甚至無法通過合理依據的審查。在「克利本市訴克利本生活中心案」（*City of Cleburne v. Cleburne Living Center*）[15]中，法院宣示如果拒絕許可成立智能障礙者的收容

⓫ 譯註：指分類建立在一種似乎與既定憲法原則相違背的特徵上，例如種族、性別等，所以使用這種分類時，都可以被認為是值得「懷疑」的，法院在確定這種分類的合法性時，也應該依照「法律平等保護條款」適用「嚴格審查」（strict scrutiny）的標準。

⓬ 譯註：最高法院在該案中判決各類身心障礙兒童都有接受均等教育機會的權利。

14 348 F. Supp. 866 (D. DC 1972).

15 473 U.S. 432 (1985).

中心，是無效的。（既然復健醫院、老人院、療養院都不需要許可，如果只是供膳的宿舍、互助會和婦女聯誼會會所、集體宿舍、醫院和旅舍，當然就更不需要了：只有「精神病患者、智能低下或是酒精或藥物成癮的人」居住的地方才有需要。）拒絕發給許可顯然是因為住在附近、擁有產權的人會感到害怕或是有其他負面態度，才造成了這樣的結果。

身心障礙從來沒有被認為是「可疑分類」，而且在「克利本市訴克利本生活中心案」中，也明確地否認了它是。[16]但有趣的是，最高法院認為分區的法令違反了合理依據審查中（寬鬆得多）的標準（該標準認為法律必須「與合法的政府目的有合理相關」）。最高法院宣稱：「在我們看來，如果沒有相關的話，在此案中要求許可似乎就只是出於對智能障礙者的不合理偏見。」[17]最高法院的結論是市議會通過了這樣的法令，等於是屈從了產權擁有者的「負面態度」。「但如果只是負面的態度或是恐懼——而這不是分區的過程中可以適當承認的因素——我們不可以用這些作為基礎，就認為智能障礙者的住居有別於其他公寓住宅、多戶住宅等。」[18]值得注意的是最高法院強調：即使一個法律反映出民主社會中大多數人的意願，也不能不顧「法律平等保護條款」的限制。「很顯然地，選民整體——不論是透過國民投票或其他方式——並不能指揮市作出違反『法律平等保護條款』的行動。」[19]最高法院認為「法律平等保護條款」禁止法律的制定僅依據厭惡或噁心的感覺（就算大部分人是這麼希望的）——這是最高法院在「美國農業部訴莫雷諾案」（*Department of Agriculture v. Moreno*）[20]中所期望的結論，這樁案件認為聯邦的「糧食券」

（food stamp）計畫規定是在歧視不屬於傳統定義下的家庭。我們將在後文討論：「克利本市案」和「莫雷諾案」是重要的先例，它們為最高法院關於性傾向的指標性案件之一——「羅梅爾訴埃文斯案」——開了先河。

4. 想像力之必要

在這些不同的憲法領域中，共同浮現出的是根據更為基礎的平等想法所產生的法律理解。不過，如果不能夠想像另外一個不同社會族群的人的處境，並且從那個人的視角進行評價，不論是平等或平等的尊重，大概都不可能存在，或不可能持久。對於麻塞諸塞州的清教徒來說，其他信仰的人看起來就像是女巫或惡魔、潛伏在我們之中的撒旦使者。因為清教徒憎恨這些人所選的

---

16 事實上，最高法院不認為它應該適用「中級」審查的「準嫌疑」分類（譬如性別就屬於這個分類）——例如美國聯邦第五巡迴上訴法院（The Fifth Circuit Court）的見解。

17 473 U.S. 450 (1985).

18 同上註，頁448。

19 同上註。

20 413 U.S. 528 (1973)，參見第四章。

路，所以他們就看不到這些人也在尋找好的信仰、探索生命的意義。其他移民很快就對事物有了（或開始有）不同的看法：雖然他們還是會抗拒其他人（不論是猶太教徒或浸信會教友、美洲原住民族）的作法，覺得那是有罪的、不好的，但是這些人越來越具有想像力和理解的精神了。從那樣的觀點來說，他們看起來在重要的點上是類似的。「我在一個非常神祕的世界中尋找意義；而你也是。我覺得我是對的，而你是錯的，但是我們都在追尋，都跟隨著自己的良知，那的確可以彰顯出我們對於另一個人的尊重。」羅傑·威廉士向「仁慈而富有同情心的讀者」發表了他對宗教平等的看法，他說這些讀者勢必知道不要將其他人看作撒旦的代理人，而且要理解他們也和自己一樣，正在這個複雜難懂的世界中努力解決困難的問題，這在他所描述的宗教尊重的政治信條中是不可或缺的（要注意的是這種方式和認為美洲原住民族的宗教習慣像撒旦所作的事——和威廉士一樣——兩者是完全不相違背的）。

訴諸噁心感和恐懼的政治在過去主宰了宗教事務。人們會避免接觸到（據說）很污穢的撒旦使徒。對於接觸到別人時會感到作嘔的那些人，你無法只是對他們說：「你應該尊重其他人。」這些人就是不會尊重別人，因為他們沒有辦法真正地——或是完全地——把別人當作一個人。噁心感削弱了尊重，讓「那種」人看起來很卑下，比較像是動物或魔鬼，[21]而沒有人類完整的尊嚴。對於良知的尊重（至少）必須要能夠把其他人當人看——一個有良知，也在追尋良心的人。能夠想像其他人在追求的是什麼，而且的確是一個人（而不是魔鬼）在追求這個東西——在達成平等自由的這條路上，這種能力是不可或缺的。而在美國的傳統中，平等的自由已經漸漸成了人們核心的價值。

人們必須要先能夠想像男同性戀和女同性戀在追求什麼，並且同意他們所追求的和我們要追求的人（以及性）的完整性和表現力十分類似，這樣，我們才能在性傾向的事務上做到尊重。或許人們還是不同意其他人所作的事：他們還是會覺得男同性戀和女同性戀是有罪的，他們被帶入了歧途或是違反了上帝的旨意。但是他們還是跨出了邁向尊重的重要第一步。

值得注意的是，要能夠想像其他人在追尋什麼，這樣的能力在現代對於法律平等保護的理解中，也扮演了重要的角色。不論是依據性別或種族作出區分，分開但平等的設施從形式上看起來都很公平。我們怎麼知道這類設施並沒有顯示出平等的尊重呢？在「布朗案」中，我們必須願意努力想像一下在一個聲稱平等的黑人學校中，孩子們會遭遇什麼樣的阻礙。只有根據歷史和社會狀況作出的想像，才能夠告訴我們這些學校並不是真的平等，種族隔離加諸的恥辱帶來了不對等的傷害。

看看「洛文案」，我們可能會覺得要有移情作用（empathy）應該是很容易的：畢竟這些人想要的只是結婚，而那看起來是很容易理解的人類目標，也和每個人自己會關心的事有關。然

21　所以魔鬼常常以動物的形體出現（那樣會帶來噁心的感覺），像是蝙蝠或昆蟲。

而，種族主義者卻不是這樣看待種族之間通婚的。在他們眼裡看到的不是一個男人和一個女人在尋找終身互相承諾的幸福，而是什麼噁心和骯髒的東西、他們感覺自己一定要躲開的東西。不是追求幸福，而是血統的污染；沒有熱情和承諾，只不過是邪惡和污穢的生理反應。法官必須要能超越這樣想事情的方式，要能夠看到米德芮・潔特（Mildred Jeter）和理查・洛文（Richard Loving）的目標、他們與其他人的結婚目標並沒有什麼不同（雖然其他人是和同種族的人結婚，而他們是要和不同種族的人結婚），這樣的話，法官才能確實了解到反對種族通婚的法律，只不過體現了白人至上的優越感。

同樣地，在「合眾國訴維吉尼亞州案」中，我們必須先了解女性在高等教育和受僱機會中的合法利益，才能知道「瑪麗・鮑德溫學院」的替代課程看起來並不充分。好幾個世紀以來，女性都只能就讀家事學校，而不能夠進入學院和大學，這看起來也沒有被當成是不平等的。如果要看出其中存在的不平等，我們必須要先看到（女性的）人本身，而不是只把人當作為男性服務的便利物件，她們是與我們同樣平等的國民，她們在美國社會中也有各種想要達成的目標。對女性的尊重必須、而且也端看是否有能力看出她們的目標和男性並沒有什麼差別；而這需要想像力。[22]

憲法的判決需要想像力，但是不會讓法律變成「理解一切隨之寬容一切」（*tout comprendre c'est tout pardonner*）的柔性道德。的確，我們可以注意到在前文討論過的案例中，想像力會被用在事情的兩面。法官必須要找出是什麼驅使反對種族通婚的法律出現，而這需要法官先弄清楚我們對於骯髒和污穢的想法究竟是什麼，為什麼會形成「白人至上」的觀念，然後，法官才能釐清法律機制的全貌。在「克利本市案」中又更清楚了，該案必須要決定德州大多數人的態度究竟是反映出一個理性的論點，或只是恐懼和不理性的嫌惡感。那種審查也是對其他國民展現尊敬的方式：我們期望他們對自己通過的法律有理性的理解，但是如果他們沒有，我們也不容許他們——即使是民主的多數——用這些法律作為對其他人加諸不利益的工具。

對其他國民有平等的尊重，並且認真地用同理心想像他們想追求的利益，這兩者結合在一起，就是我所謂的同理的政治。我在本文中已經提出我認為「想像」是達成尊重的前導物，它是很重要的（甚至有可能是必要的）。不過我們現在還應該更進一步探問它是否和尊重更緊密相關，或是直接就尊重應該要包含的內容。要給予另一個人平等的尊重，表示要遵照某種方式來對待他：視他為目的，而不只是手段，視他為一個人，而不只是一件東西。這種待人的方式要賦予他人生命和目標，而不是塵垢及渣滓，要給予人性的尊嚴，而不是污穢之物。尊重應該包括努力地想像，這並不只是一個自由派的想法。其實查爾斯．弗里德（Charles Fried）——他曾任前

22　這些主題在拙作“Foreword: Constitutions and Capabilities: ‘Perception’ against Lofty Formalism” (*Harvard Law Review* 121 [2007], 5-97) 中有更進一步的討論，其中也一併討論了在二〇〇七年最高法院的庭期中，某些（在性別和種族領域中）明顯缺乏想像力的失敗案例。

美國總統隆納．雷根（Ronald Reagan）的司法部副部長（Solicitor General）——在最近的一本書中，還雄辯滔滔地討論這個概念。弗里德注意到許多異性戀覺得男同性戀和女同性戀的性生活是很奇怪的。如果他們是這麼想的，那麼要求他們想像那樣的生活，就好像是要人們想像一個他們從來沒有見過的顏色一樣。不過，弗里德又繼續說道：

如果我們想要對同性戀的人性和自由表示尊重，這樣的努力在道德上還是必要的。否則就是否認他們的人性，那就太駭人聽聞了，我們所說的，是要想想、感覺一下那些的確就是我們兄弟和姊妹的人。我們要做的努力——而那也的確是做得到的——只是要承認同性戀對於性的渴望和異性戀並沒有什麼不同，而那些渴望在兩者的心靈中占據的位置，是完全可以互相類比的。畢竟，那樣的想像比起一個男人要理解一個女人對於性的渴望，或許也只多出了一些移情，而這樣的移情便成就了完美的性愛。[23]

這種要求本來就是一些道德想法的核心，是這些道德的想法在背後推動著世界上許多（就算不是大部分）偉大的宗教和許多世俗的道德規範：我們必須要學著去看、去愛我們的鄰人如同我們自己。照這樣說來，這種要求既新穎又老式，既有由來已久的歷史，又十分基進。[24]

如同我在前文所說的，同理的政治並不意謂著對其他人所作的選擇都表示同意，甚至可能也不必尊重他們的行為。只要把別人也看作是一樣有尊嚴的人，也一樣有權利追求各種人類的目標。在某些情況下，那些目標會真的對其他人造成傷害。如果是這樣的話，我們可能就要合法地限制人們追求這些目標的自由了。不過，堅守同理政治的人絕對不會自己退居到一個看不見其他人也同樣具有人性的位置。

我認為之前的法律機制應該從這樣的制高點去看待男同性戀和女同性戀的性生活。在「鮑爾斯訴哈德威克案」（*Bowers v. Hardwick*）[13]和「勞倫斯訴德克薩斯州案」之間，美國的憲法思想發生了一個重大的轉變；而這個轉變就是因為想像力的扭轉而帶來的。

---

23 Charles Fried, *Modern Liberty* (New York: Norton, 2007), 140. 不過我們要注意到弗里德也沒有完全擺脫比較舊式的噁心感政治的想法：因為他也馬上告訴讀者「對於想像所作的努力，使得異性戀抽離了同性戀的性表現在身體方面的細節，轉向對性比較一般式的概念」。

24 是否也有哪一種噁心感的作用就像這種富有同理的想像呢？例如對於不寬容或有偏見的人感到噁心？這是一個長久以來複雜的問題，我在拙著 *Hiding from Humanity: Disgust, Shame, and the Law* (Princeton: Princeton University Press, 2004), chap. 2中做了許多討論。簡單來說：(a) 在許多這樣的例子中，「噁心感」這個詞的使用都很不嚴謹，其實它真正在說的是憤怒的情緒，會與危害和糾正有關的情緒。(b) 當它沒有用得那麼不嚴謹的時候，噁心感並不是一種對社會來說有用的情緒；它會告訴我們要避免與壞人接觸、把人污名化、不承認他們與我們是平等的，同時又告訴自己：我們是純潔的、不會犯錯。在一個不會同意這些想法的平等國家中，這些傳遞出來的訊息都是政治生活中很糟糕的基礎。

[13] 譯註：該案的判決支持喬治亞州的法律將雞姦定性為犯罪行為。

第三章

反雞姦法

噁心感與侵犯

雖然「人皆生而平等」這個原則的涵義並不總是很清楚，不過其中當然包括要讓每一位自由的國民在社會中大多數成員共享的「自由」中，都享有同樣的利益。從個人的觀點來看，在決定自己要過怎樣的生活方面——更具體地來說，是指要怎麼處理自己和同伴之間的個人關係，以及他願意經營的關係——同性戀和異性戀當然都有同樣的利益。國家如果要侵入其中任何一種私人行為，都一樣是不受歡迎的。

——史蒂文斯（Stevens）大法官，

「鮑爾斯訴哈德威克案」的不同意見

我請托里克（Torick）警官離開房間，好讓我們穿好衣服，然而他說：「沒有這個必要，因為我已經看過你們最私密的部分了。」

——邁克爾．哈德威克（Michael Hardwick），

說明他在自己的臥室遭到逮捕的過程[1]

1. 兩種社會圖像：德富林與彌爾的對比

反雞姦法會帶來侵犯。在反雞姦法的法律規定下（過去每一州都有這項規定），即使是兩個人在雙方同意之下躲起來做的事——而且這件事不會對第三者造成任何損害，甚至不會有第三者知道——都會成為他們受到刑事起訴的原因，而且還常常遭到嚴厲的刑事處罰。以公權力對個人的性行為執法，一度是英國和美國的規範方式。但是到了今天，大部分美國人都會認為如果警察有權利進到一個人的臥室，看看他在那裡做了怎麼樣的性行為，這是十分荒謬的。托里克警官對邁克爾．哈德威克那禮貌性的請求所作的回應（當時托里克站在哈德威克的臥室，出示了對公然持有酒精類的搜查令，但是那紙搜查令也早在十天前就失效了），讓我們大部分人的腦海裡都浮現了警察國家的幽靈，但是我們明確知道那並不是我們想要的。

並不只是因為失去了行動的自由，才讓托里克警官的話聽起來如此駭人，還有其他更深層的理由：對人性尊嚴的侮辱讓人聯想起監獄甚至是集中營，在監獄或集中營裡，剝奪人身體的隱私是用來告訴某些人：他們並不是完整的人。

---

1 出自Hardwick in Peter Irons, *The Courage of Their Convictions* (New York: Free Press, 1988), 396中對哈德威克所作的訪談。

雖然大多數美國人大概都不會同意讓執法人員作出如此具有侵犯性的行為，但最後還是走過了一條漫長而艱難的路，才根據美國的憲法傳統，決定抗拒政府這般監督和強行控制的行為——尤其是對這種經雙方同意的親密行為。邁克爾．哈德威克於一九九一年離世，還來不及看到法院證明他的確有權擁有親密關係。

對性行為的法律規定涉及的是更深刻的問題：我們到底想要擁有怎麼樣的社會。派翠克．德富林勳爵想要的社會圖像是以團結作為核心價值。德富林也承認個人的自由是重要的，但是只要會讓大多數人產生夠強烈的噁心感和嫌惡感，這件事就比個人自由更重要了。訴諸噁心感的政治基本上就是基於這樣的想法。

在德富林的論點中，最重要的是反對十九世紀的英國哲學家約翰．史都華．彌爾所支持的社會概念。彌爾生活的英國甚至比昨日的美國更會干涉人民，也更要求禁慾。彌爾在年輕時，曾經因為在倫敦的貧民窟散播避孕資訊而入獄。在成年之後的長期歲月中，因為他與已婚的哈莉特．泰勒（Harriet Taylor）之間的親密友誼——雖然泰勒自己的丈夫並不反對，而且直到她的丈夫過世、彌爾和泰勒結婚之前，他們之間也幾乎可以確定並沒有發生性關係——彌爾一直被許多人視為受到社會遺棄的人。出於這個和其他的經驗，彌爾對於大眾擅自對個人選擇加諸的觀點感到十分厭惡。彌爾在他著名的論著《論自由》（*On Liberty*）中，提出只涉及參與者利益的行為（他將這稱為「事涉自己」〔self-regarding〕的行為）絕對不是法律規定的合適對象。賭博、飲酒、非常態的性行為——這些都可能是大多數人在道德上無法接受的，但是它們也不適合受到管制，因為它們只和自己（選擇做這些事的人）有關。彌爾認為可以受到法律規範的行為只有那些「事關他人」（**other-regarding**）的行為，因為它們會干涉到未曾同意的其他人。

在彌爾所作的區分背後，有著關於人的深層信念：人需要保有自由地帶，才能夠解決自己的生命課題，而且這些自由地帶應該要——這也是最重要的——能夠保護到某些權利，好讓個人能作出關於自己的決定和個人想要締結的關係。彌爾相信能夠保護好這些自由地帶的社會——比起坐視傳統規範凌駕於個人自由之上的社會——對個人而言是比較公正的，這個社會的整體也是比較健全的。在思考宗教和性表達之間的類比時，我們要好好研究這個概念。

性行為可能會以三種方式對其他人的利益造成影響，如果我們想要釐清德富林和彌爾之間在爭論什麼，就必須對這三種方式作出區分。首先，它可能包含了某種類型的暴力或是脅迫。而不論是德富林或彌爾，都同意這類行為（例如強暴或虐待兒童）必須由法律加以規範。[2]

2　彌爾認為所有動物都是應該受到正義保障的對象：因此，如果有任何行為對現存的動物造成傷害，都是可以加以規範的。他所主張的原則可以輕易延伸到未來的人類和動物。是不是可以用彌爾的原則來保護瀕臨絕種的物種和環境惡化（這也會傷害到人類或動物），其實不是那麼清楚的。我在下列拙作中對此加以討論：Nussbaum, *Frontiers of Justice* (Cambridge, MA: Harvard University Press, 2006), chap. 6。其中我同意彌爾認為正義的問題只適用於有感覺能力的生物，但是我認為其他原則——智識、美學、科學——可以用來證立保護物種和環境的法律。雖然彌爾並沒有寫到動物

第二種方式可能包含直接的侵害，因此有可能造成傷害或是侵犯到權利。我們可以想一下法律定義中的妨害行為，那就很容易了解這種分類了：如果從鄰居那兒發出了噁心的味道或是聲音，侵犯到我能夠享有的快樂，那就讓我有理由發動法律行為了。在這裡，我們看到的是這種妨害行為直接侵犯到權利，而方式就很像是毆打或暴力攻擊。[3]必須注意的是這種侵害（其中也涉及到噁心感）與引起噁心感的原始物件有關，而不是投射的噁心感。

如果我們跳脫像噪音或氣味這類簡單的例子，其實很難想清楚侵犯究竟包括什麼，不過至少看起來，某些性行為的確可以算得上是侵犯行為。如果有一個人在巴士上公開手淫，或是在大街上裸露身體，至少這些看起來的確像是妨害的行為，而且，我們也會覺得它不是彌爾所謂的只涉及自己的事（在許多類似的例子中，我們知道其目的通常是要對不願意接受的觀眾做這個行為：裸露癖的目的常是為了嚇人或讓人覺得不舒服）。如果這種行為對兒童造成了影響，我們就會很明確地判斷這種行為不是只涉及自己，不過如果它對成年人也會造成像第一種類型中的傷害，我們就會同意它對成年人也是一種傷害。如果還有引起噁心感的原始物件，情況就會很清楚了：因此，當眾大小便——那會發出令人不快的氣味，可能還有健康問題——比起當街裸露，就是一個比較明顯的直接侵犯的例子，人在那樣的狀況下會產生的任何噁心感，大概都可以由社會的想法加以解釋。彌爾並沒有明確討論過這類案例，不過很明顯地，這並不屬於他盡力想要保護的自由範圍。

要處理法律中（我所謂的）直接侵犯時，我們必須很留意當下的環境和行為人的屬性。因此，一個幼幼班的孩子在大眾遊樂園裡大便，不應該受到法律的處罰，但是在同樣的遊樂園裡，如果是一個大人在那裡大便，可能就會受到處罰了。在制定和執行禁止侵犯行為的法律時，我們必須要讓大眾（對於原始物件）的噁心感發揮一定的作用，但是我們又必須對特定的環境足夠敏銳。依這個邏輯來看，如果是一名流浪漢在火車站撒尿，對他的處置就應該比做了同一件事的股票經紀人寬大一些。但這也並不是用經濟能力來看的：如果是一名長跑運動員於馬拉松途中在一條小巷裡大便（就算他是一個股票經紀人），和同一個人吃完午餐後在公共建築裡大便，兩件事情的處置就不應該是一樣的。[4]

的性行為，不過我們應該可以用他的原則來作為反對獸姦的理由——因為動物絕對沒有用（在性侵害的規範中）最符合法律概念的同意方式加以同意。但是，如果我們一旦認為對動物的性行為是一種傷害，那麼我們也得同時問一下，對動物還有什麼其他行為也得受到這種非難：這也就是為什麼根據傷害定義的政治信條比較需要進行探索，而根據噁心感的政治則繞過了理性的論證。

3 參見Nussbaum, *Hiding from Humanity: Disgust, Shame, and the Law* (Princeton: Princeton University Press, 2004), chap. 3中對關於妨害的法律的討論。

4 當芝加哥市在冬天（為了節省清潔費用）把位於馬拉松路徑旁的公共廁所鎖起來時，跑者就常常適用這個原則。他們一般的作法是使用被鎖住的公共廁所後面那塊地，這樣做的意思是說：如果公共廁所沒有被哪個蠢人鎖起來的話，我就會在那裡大小便了。

在規範這種直接的侵犯時，我們堅持其中所謂的噁心感，在某些方面必須要限定為原始的物件：因此如果是不同種族或是同性的愛侶當眾展現他們之間的愛意，這並不構成法律上要加以干涉的傷害，因為這種噁心感是投射式的，並不是直接來自於原始物件（像是體液、氣味等）。直接的侵犯可以由法律加以管制，但必須是因為該物件造成了某種傷害，如果其中不包括原始的物件，這樣的管制就沒有正當性了。

最後，有某些案例的行為是經過雙方同意、而且是在私底下發生的（絕對沒有直接侵犯到任何第三者），但是當其他人想像那件事正在發生時，卻會感到十分不舒服。這是彌爾所謂的「僅憑推定的」傷害：人們想像如果他們就在行為現場的話，會有多麼不舒服，而在這個想像的過程中，他們漸漸激動了起來，開始覺得噁心和憤怒。我們必須注意到其實這些案例中的噁心感都是投射的：並不存在原始物件，而且其實一個人在這當中的幻想也不是真的聚焦在這些物件身上，而是它們和（被想像在）做這個行為的人之間的連結（主張有傷害的人會說這個連結是存在的）。（因此，人們通常不會因為想像一個人在他自己的浴室裡大小便而感到激動；但是，如果想像兩個人發生了性行為（而在他們的幻想中，這兩個人被認為和糞便或其他會令人感到噁心的東西有連結），就會令他們激動起來。）許多經過雙方同意、私下進行的行為都會引起其他人的強烈情緒（如果他們想像這類行為正在進行）。除了同性間的性行為、通姦、私通和手淫之外（這些過去都曾經是法律規範的對象，而在許多州，有些到現在都還是），我們還可以舉出的有：在私人俱樂部裡跳脫衣舞、在私人沙灘上脫光衣服、在非公開的性愛俱樂部裡進行雙方同意的性行為，以及——如果要舉一些與性無關的其他例子——在私人場合裡擁有及飲用酒精性飲料、在隱蔽的地方或私人俱樂部裡賭博等。有些法律管制的就是這種「只涉及自己」的行為，而許多這類法律目前也都還留在法典中。就連直到一九九一年，美國最高法院都還支持印第安納（Indiana）州的一項法律（該法禁止在私人俱樂部裡跳脫衣舞），最高法院認為如果考慮到公眾道德，這類法律並不違背憲法——也就是否決了美國聯邦第七巡迴上訴法院（The Seventh Circuit Court of Appeals）那充滿激情的見解（該見解認為舞蹈是受到《美國憲法第一修正案》〔First Amendment〕保障的表達自由）。[5]

德富林和彌爾之間的爭論就關乎這最後一組的案例。德富林認為只要社會中的一般成員會產生「推定的」噁心感，就構成用法律來規範「事涉自己」的行為的理由了——就算該項行為既不會造成傷害，也不是直接的、類似妨害的侵犯行為。而對於彌爾來說，擁有這類私下和個人的自由空間，才足以構成一個自由和健全的社會。

5 *Barnes v. Glen Theatre*, 501 U.S. 560 (1991). 值得注意的是，雖然主要意見書只著眼於德富林式的考量，不過蘇特（Souter）大法官的協同意見認為跳脫衣舞並不只有涉及自己，因為它會營造出一種剝削和犯罪活動的氣氛。他對這個案例的分析與彌爾的主張（暫時）很類似，彌爾也認為賭場的經營者或許的確應該受到法律的規範。

當我們從訴諸噁心感的政治轉移到同理的政治時，這意謂著有更多人在問：我們到底希望擁有怎樣的社會？從本質上來說，這其實是集體主義支持者和個人自由的幾個重要領域支持者之間長久以來的爭辯。這並非左右派之爭。馬克思主義運動對於性議題也有許多繁瑣的介入，甚至和最激烈的宗教保守派可謂不相上下。在一九七〇年代，校園裡的左翼運動也會規定男性和女性應該有什麼正確的性行為、好男人和好女人應該穿什麼樣的衣服、什麼時候應該結婚、什麼時候不應該，諸如此類。他們反對的只是（與他們對立的）保守派規定了什麼事，而不是應該做規定的這件事本身（即使規定會對人造成侵犯）。在「中間」——但那也不是真的中間——的是如坐針氈的彌爾派，因為兩派人馬以如此傲慢的方式對待個人自由，的確讓他們感到錯愕不已。

所以我們必須要問的，並不是到底左派好還是右派好的問題。如果把這個議題描述成學院左派和保守的普羅大眾之間的對立，是完全錯誤的。[6]其實問題應是我們究竟是否覺得在政治組織的最基層、基礎的政治單位（權利的主要擁有者）應該是個人或團體。個人是否有一些自由地帶、有一些權利是不能夠被團體意見所剝奪的？或者說，團體的利益就一定高過個人的權利嗎？

在宗教這個領域，美國（遠比歐洲）更是一貫反對集體主義的價值觀，還贊成要盡可能尊重個人的自由地帶。例如：如果以法律禁止穆斯林在某些公共場合（公立學校、政府工作）包頭巾，或是禁止猶太人戴他們的圓頂小帽（yarmulke），大多數美國人都會感到十分驚訝和詫異（但是現在歐洲許多地方的確是這樣規定的）。[7]不過一般來說，在與性相關的事項中，美國和英國（相較於歐洲大陸）就比較傾向於集體主義的立場了，美國和英國都贊同要對「道德」進行大量的公眾監督，相較於此，歐洲大陸對於個人就比較保護。（以法國為例，禁止成年人間（經雙方同意的）性行為的法律，早在二十世紀初就遭到廢止了——但是在同時，不論是異性戀或同性戀的肛交，在英國都還是死罪。[8]）美國人很重視良心的自由，但是一直到最近，美國都還沒有把性的選擇視為良心的議題，也不認為那只是相關的個人自己的選擇。

雖然歷史各自不同，不過現在似乎也該是時候了，我們都該同意某些親密的人際關係並非警察可以控制——甚至是監看——的對象。

2. 歷史：理論與實務中的反雞姦法

反雞姦法的歷史悠久。它們是英裔美國人（Anglo-American）的法律傳統之一，而且曾經有一段時間，美國的每一個州都承認反雞姦法（但是有各自的形式）。到一九六一年之前，所有五

6　史卡利亞（Scalia）大法官便總是如此（尤其在這個法律領域）。

7　法國禁止在公立學校穿戴面積較大、明顯可見的宗教服飾，這是較為著名的；然而也有一些比利時和荷蘭的個別城市通過了相關法律——例如禁止政府僱員穿戴這種服飾。

8　彌爾為了表達他對這種差異的態度，還堅持死後要葬在法國。

十州的法律都對雞姦作出了某種描述，並且宣布那是不合法的。在一九八六年發生「鮑爾斯訴哈德威克案」時，還有二十四個州有這條法律。

反雞姦法有兩個明確的目的。其一是要管制不具有生殖能力（不論是異性戀或同性戀）的性行為：最重要的就是肛交和口交，不過有些法規還加進了相互手淫和用有形的物體插入。以下試舉出幾個法律的例子（不限制行為人的性別），它們都是在「鮑爾斯訴哈德威克案」發生時，在法典中有的例子：

馬里蘭（Maryland）州：雞姦是一種重罪。把另一個人的性器官放進自己的嘴巴裡，或是把一個人的性器官放進另一個人的嘴巴裡，或者與另一個人進行任何其他不自然或變態的性行為，也是一種重罪。如果是用本條款加以起訴，不需要列舉出這類不自然或變態的性行為的特定方式。

佛羅里達（Florida）州：任何人如果與另一個人發生了不自然和猥褻的行為，都是犯了品行不端之罪。但是母親對她的嬰兒哺乳則不違反此條款。

奧克拉荷馬（Oklahoma）州：犯下違反自然的、可憎及令人厭惡的罪行是一種重罪。任何與性有關的插入行為（不論多麼輕微），都足以構成違反自然的犯罪。

亞利桑那（Arizona）州：一個人如果是故意地、非受強制地以任何不自然的方式，對

（／與）一個男性或女性成年人的身體或其他部位、性器官犯下了淫蕩或猥褻的行為，且其意圖是在引起、訴諸或滿足其中一方的性慾、激情或淫慾，這都是犯了品行不端之罪。

被禁止的行為可以列出一長串清單（這點也令人感興趣），雖然法律的脈絡是想明確地限於同性間的行為，不過也有像以下的法律（出自密蘇里〔Missouri〕州）：

脫離常軌的性交是指一個人的生殖器與另一個人的嘴巴、舌頭或肛門之間的動作，或是以手指、工具或物體（即使是輕輕地）插入男性或女性性器官的性行為，其目的是要引起或是滿足任何一人的性慾。

這類法律的模糊性就和它們的侵犯程度一樣引人注意。立法者大概想要避免他們認為會令人反感的語言；他們也想要避免會讓人們有所想像。而其結果，就是對於到底要禁止什麼非常不明確。在解釋諸如「猥褻」、「不自然」和一再提到「任何其他」時，執法者可以有極大的自由空間。馬里蘭州的法令甚至支持起訴書本身的模糊性。密蘇里州的法律算是不尋常地明確規定了用手指插入陰道或肛門，或是使用任何物體讓他人感到性的刺激感，都算是犯罪行為：不過其他法令（也包括許多性別中立的法令）可能就只想要把這類行為放在一個模糊的「任何其他」大分類之下了。法律不明確的程度在佛羅里達州的法律中最為明顯，佛羅里達州的法律甚至認為有必要提醒執法者不可以把哺乳的母親視為正在做「不自然的性行為」，而加以逮捕。如果立法者甚至可能認為哺乳也構成法令中規定的要件，那麼我們可以想像該法令有多麼不明確。

因此，雖然反雞姦法後來是針對同性間的性行為，但它原本其實只是針對一般的性行為，是一種具有高度侵犯性的規定（它所規定的性行為可能是數百萬美國人都會做的事）。英國法中的「雞姦」罪也一樣包括了這類男女和兩個男性之間的性交（雖然只限於肛交）。和美國法一樣，這些早期的反雞姦法也很清楚地瞄準了不具生殖能力的性關係，雖然最後它們的執行對象不可避免地成了有婚姻關係的夫妻。[9]

這類法律的第二個目的尤其是要防範同性間的性行為——這在英國歷史已久，到了十九世紀晚期，歐洲的其他國家也已經出現了（只是程度比較輕微），而在發生「鮑爾斯案」時，也有少數美國法中有這類規定。英國法似乎從來不擔心女同性戀，她們之間可能發生的性行為也從來不曾入罪[10]（英國也從來不管制口交，或是異性戀和同性戀女性在性交時使用物件）。但是，男性如果觸犯了反雞姦法（或用比較現代的用語「性悖軌法」），就會被認為有必要全面掃除，但是目前做得還不夠——雖然雞姦（在一八六一年之前是死罪）也還是可能被處以十年到終身的監禁。由亨利．拉布歇（Henry Labouchère）提出、並在一八八五年由國會通過的新法令，進一步擴充了被宣告為違法行為的同性性行為，這是當時另一項受大眾歡迎的法規修正案——該法規為了保護女性免於成為非法交易的對象，將同意的年齡從十三歲提高為十六歲。「拉布歇修正案」中規定：「任何男性在公開場合或是私底下，若是……與另一名男性從事任何粗俗的猥褻動作，均應論以品行不端之罪，並據此加以判罪，處以……兩年以下的監禁，另附加（或不附加）懲役。」[11]

在那個時候，立法者看起來不太擔心男性之間和女性之間的肛交（雖然一直到很久之後，散播避孕用具和避孕知識都還是有罪的，彌爾也因為犯下這個罪，在很年輕的時候進了監獄）；英國也從不擔心女同性戀。但是對男同性戀的反應卻稱得上歇斯底里，還因此造成了大量的逮捕和判罪，其中也包括將奧斯卡．王爾德（Oscar Wilde）定罪的著名事件。昆斯貝理侯爵（Marquess of Queensberry）在王爾德出入的地方留了一張紙條，說王爾德「是一名雞姦者」（只是他把「雞姦」拼錯了），於是王爾德便告昆斯貝理誹謗，但是這個舉動不太聰明。昆斯貝理贏了誹謗的官司，使王爾德反而遭到起訴——但是根據的是「拉布歇修正案」，而不是雞姦的法令，因為王爾德偏好口交，所以沒有證據顯示他曾經和任何人有過肛交的行為。陪審員在第一次的審判中意見

9 禁止「雞姦」的法令在某些過去屬於大英帝國管轄的地方還是有效的；例如在香港，同性和異性的「雞姦」法都還寫在法典中，雖然它們已經在二〇〇五年被認為違憲了。

10 不過，穿異性服裝和使用人造陰莖就被認為是欺騙行為了：參見Louis Crompton, “The Myth of Lesbian Impunity: Capital Laws from 1270 to 1791,” *Journal of Homosexuality* 6 (1980), 22-26。

11 在原本的草案中，最高刑度為一年，但是立法者認為應該加重刑罰。

分歧，無法作出一致的裁斷，但是第二次就做了有罪判決，並且判處最高刑期。王爾德的健康因此受損，最後以四十六歲之齡死於法國。

對王爾德的判刑就是一個噁心感政治的典型例子。威爾斯（Wills）大法官說：

> 奧斯卡．王爾德和阿爾弗雷德．泰勒（Alfred Taylor），使你們被判有罪的罪行是如此糟糕，以至於每個人都必須嚴格地控制自己，才能不用其實我不太願意使用的語言，來形容此刻（當他們聽到這兩件糟糕的審判時）充斥在每個人心中的情緒……我對你們說這些話是沒有用的。能夠作出這種事情的人全然不知羞恥，一死無以謝罪，做什麼對他們都是沒有用的。這是我審判過最糟糕的案件。

這就是德富林式的國家，雖然法官選擇不說出他的「情緒」，但是他斷然否定了兩位被告，也等於很明顯地表達了他覺得噁心的感覺。我們的確可以說他的通篇演講（當然比這段長得多）比起司法論述，更像是在口出惡言。這位法官坐在法官席上處理殺人、強暴和其他許多嚴重的犯罪已經有一段時日了。而王爾德到底做了什麼，竟然堪稱是「最糟糕的案件」呢？他和幾名男妓有過口交的行為（只有一名不是男妓，而這發生在他二十幾歲的時候，而且對方對王爾德熱切追求，所以這也無關乎「年少時期的墮落」）。王爾德對他的所有伴侶都極為和氣而且慷慨，還會送給他們一些昂貴的禮物——其中的一些東西（像是雕刻的銀製菸盒）後來卻成為讓他被定罪的幫凶。那些性行為都是在私底下發生的——通常是在高級旅館中，所以也不會對旁觀者造成直接的侵犯。看起來把這稱為「最糟糕的案件」是沒有任何道理的。但是在維多利亞時代的英國，社會整體的氛圍就是這麼想的——這其實有些過份誇大的虛偽成份，因為在精英男性的「公立學校」中，男男之間的性行為和施虐般的暴打其實是一種常態。

也就是說在英國，對異性戀的雞姦加以嚴格管制，然後便漸漸廢止了——但是沒有訴諸公眾的強烈噁心感。而對於同性戀的性行為，則是訴諸噁心感的政治占了上風，而且直到沃芬登委員會的報告在一九五七年出爐之前，都不曾受到挑戰（德富林也在那時對噁心感作出了一次著名的辯護）。

事情在美國也差不多：最早期的法令規定許多性行為都是違法的，原本管制的是大範圍（但是稱不上明確的）不具生殖能力的性行為。不過，隨著時間過去，其中的狂熱者開始著魔般地專注於管制（尤其是男性的）同性戀。美國法掃蕩的範圍遠比英國法更甚。差不多都有包含口交和肛交；值得注意的是除了異性戀和男同性戀之外，也適用於女同性戀；還包括許多異性之間常見的各種性行為。有些規定實在是太模糊了，甚至可以解釋成連對自己手淫都適用（例如亞利桑那州的法律就沒有要求「另一個人」，而只是要求一個「成年人男性或女性」）。不過，單獨一個人或是結婚的兩人被依這類法律起訴的可能當然是很低的，即使依這類法律將未婚的異性戀男女起訴，通常也只是在通姦或私通的指控之外，再另外加上的犯行。隨著時代的演進，就連通姦和私通的法律也遭到廢止了，熱心守護道德的人只好把焦點集中，而且漸漸地——就像在英國一樣——轉移到同性間的性行為（尤其是兩名男性之間的性行為）。

這個轉變的理由其實並不容易察覺。維多利亞時代的道德在各方面都很嚴格（和美國一樣），以今天的角度來看，我們有點難以理解為什麼當時會對男性之間的同性性行為感到特別焦慮。我還記得在我小時候，當人們提到男同性戀時，總是會有一種感到特別噁心的退縮反應，但是那時候的人們卻覺得異性戀之間的口交沒什麼；不過為什麼在英國和美國會產生這種噁心感不對稱的狀況，理由卻是很難釐清的。不過，或許是男性全然的支配和優勢地位升高了這種焦慮，因為社會想要避免讓他們的性行為轉向一種不具生殖力和非家族長制的方式（例如社會對於像王爾德這樣選擇公開過著「不正常」生活的男性，就付出了非比尋常的關注，這種現象應該可以支持這種詮釋方式）。[12]雖然歐洲大陸的迫害情況在許多方面都算是比較少的，但是德國也走上了這個趨勢，在一八七一年，德國首次將同性間的性行為宣告為犯罪[13]（和在英國一樣，如果是女性之間有這樣的行為，就從來沒有被規定為違法）。

對於反雞姦法，我們可以舉出三個明顯的問題。首先，它們對人的侵犯到達了一個難以忍受甚至荒唐的地步了。我要把手指放在哪裡，或是更一般地來說，我要和兩情相悅的愛侶做些什麼，這究竟關國家什麼事？到了今天，大部分美國人甚至反對將通姦制定為犯罪，雖然即使是根據彌爾式的觀點，也會覺得通姦違反了契約，而且會影響到伴侶的利益（但是違反契約是民事責任，而不是刑事的）。時至今日，大多數美國人的確會抗拒國家介入——甚至是管制——所有經雙方同意的性行為，而如果是異性戀的性行為，抗拒國家介入的歷史就更長久了。第二點是許多這類法律都實在太過於模糊了，為政府方面負責解釋的單位太多裁量空間。而模糊不清的用語一向會帶來憲法問題。第三點，這些法令要不就是在文字規定上過於歧視，只把同性間的行為入罪，而對於異性戀之間的類似行為就置若罔聞，要不就是在適用或執行時十分歧視（至少在最近是如此），只針對同性戀。我們或許還可以認為他們對同性戀的侵犯比對異性戀更甚，因為異性戀如果夠小心謹慎的話，就算不放棄性，也能夠當一個守法的國民，但是同性戀基本上卻必須完

---

12 不過其實王爾德也有結婚，並且育有兩個孩子。

13 德國刑事法第一百七十五條的歷史十分複雜，因為德國有某些州之前就已經制定、但是又廢除了反雞姦法（其中一個理由是要改為制定全國性的立法）；德國人有比較寬容的一面，例如社會民主黨（Social Democratic Party）幾乎立刻就想要廢除刑事法第一百七十五條，而且有許多（不論是同性戀或異性戀的）藝術家和知識分子（包括作家湯瑪斯·曼〔Thomas Mann〕、哲學家馬丁·布伯〔Martin Buber〕、詩人萊納·瑪利亞·里爾克〔Rainer Maria Rilke〕、作家赫曼·赫塞〔Herman Hesse〕等人）公開表態贊成廢除刑事法第一百七十五條。相比之下，王爾德就沒有非同性戀的人幫他辯護（只有一些優秀的女性），也沒有政黨曾經想要支援他。雖然刑事法第一百七十五條曾被納粹加強適用，不過它於一九五七年在東德、一九六九年在西德已被修改為只是關於同意年齡的法律。在東德，所有異性戀和同性戀性行為之間的法律差異都在一九八八年被廢除了（包括同意年齡的差異），而自從一九九四年兩德統一之後，兩德都適用同一部法典。

全放棄性關係（雖然大部分法規還是容許互相手淫，除非還同時包括了例如「其他不自然或變態的性行為」）。

對於女同性戀以及（尤其是）男同性戀施加的暴力，和反雞姦法之間有一個顯而易見的連結。同性戀被視為受到法律排除的人，這給有暴力傾向的人帶來的訊息是：對這個族群施暴的話，不會像對別的國民施暴那樣被認真處置。格里・大衛・科姆斯托克（Gary David Comstock）在他關於反同性戀暴力的重要研究中指出，專門挑同性戀攻擊的典型行凶者其實通常並非對同性戀有什麼深仇大恨。這些行凶者反而是某個很想找人打架的人（通常是喝醉酒的年輕人），而他們判斷如果受害者是同性戀的話，警察的作法會有所不同（而這看起來也是真的）。[14]也的確如科姆斯托克的研究所顯示，甚至警察自己都常常是加害人。一位在大都市執勤的（不具名）警察便表示，他光是在過去的一年，便毆打過十七名男同性戀。托里克警官對於邁克爾・哈德威克的窮追猛打，以及當他可以讓哈德威克處於一個非常沒有尊嚴、屈辱的情境中時所感受到的快感，並不是單一個案。隨後有三個人跑到哈德威克家裡把他揍了一頓，打凹了他的鼻梁、朝他的臉猛踢，還打斷了他的六根肋骨，這依然不是單一事件。[15]是什麼激起了這些暴行？大眾都知道哈德威克公開出入一間知名的同性戀酒吧，並且在酒吧裡喝了酒，他也因為這個行為而遭到控告，這讓他被認定為一名同性戀，也（因此）是被法律排除在外的人。在這個例子和其他許多的例子中，反雞姦法都必須負責。

3. 自由、隱私與《美國憲法第十四修正案》

《美國憲法第十四修正案》指出（節略）：「任何一州都不得制定或實施限制合眾國國民基本權利或是豁免權的法律；不經正當的法律程序，不得剝奪任何人的生命、自由或財產；在州管轄的範圍內，也不得拒絕給予任何人平等的法律保護。」修正案是在南北戰爭結束不久之後完成的，它最重要的目的是要確保南方各州不會剝奪原本是奴隸的（黑）人的基本權利。多年來，修正案一直是保護所有個人基本權利的關鍵機制，尤其對於社會邊緣或次等的族群而言更是如此。雖然在歷史的抗爭過程中，「特權與豁免」條款（"privileges and immunities" clause）❶有時候會扮演重要角色，不過從我們的目的來看，相關的條款應該是第二項的「正當法律程序」（Due Process）條款，和第三項的「法律平等保護」條款。思考這些條款、理解它們要保護什麼並不是一件容易的事，而且絕非只是略顯複雜，因為這兩個條款都要保護一些基本的自由，也都包含對於平等的強烈要求。

---

14 Gary David Comstock, *Violence against Lesbians and Gay Men* (New York: Columbia University Press, 1991).

15 Irons, *Courage of Their Convictions*, 395.

❶ 譯註：指第十四修正案第一款中規定的每一州國民享有各州國民的一切特權與豁免，並且無論何州均不得制定或實施剝奪合眾國國民特權與豁免的法律。

如同我們在第二章討論過的，如果有些法律體現或助長了制度上的階級和主從關係，「法律平等保護」條款就要保護弱勢團體不受這些法律的壓迫。除了這類因為別人的敵意或恐懼而被剝奪了基本平等權的族群之外，在其他的例子中，我們也可以看到「法律平等保護」條款保護了不屬於這類族群的國民。不過這也是法律平等保護的另一個面向，透過這個條款，憲法中沒有列舉的某些國民基本權利——例如投票權和遷徙權——就可以獲得承認，並提升到憲法的層級。我們在本章中先不會繼續討論法律平等保護這個面向，但它是下一章的重要主題，因為「羅梅爾訴埃文斯案」（這是保障男同性戀和女同性戀免受歧視的指標性案件）在雙方一開始爭論時，就提出了法律平等保護的傳統。

不過現在，讓我們先專注於「正當法律程序條款」要保障的實質個人自由。「正當法律程序條款」當然會保護國民不因程序的違反而使權利受損。然而更有爭議的問題是這個條款究竟可否保護實質自由。「實質性正當程序」（substantive due process）在「進步時代」（Progressive Era）❷聲名掃地，當時對保障勞工的立法抱持敵意的法官都會用這個條款，來阻撓各種進步的改革（包括最低工資和最高工時法），說它們與「契約自由」相牴觸。這使得事隔多年之後，這項條款還是不常被用來保護實質自由——一直到對於性行為的規範造成了過度干預、引發的不滿日益升溫，才使得法院重新思考這個可能性。

實質性正當程序在近代又重現蹤跡，是因為康乃狄克（Connecticut）州的法律規定，如果使用「任何藥物或物品」防止懷孕都是有罪的，在另一個「輔助的」法規中，也規定避孕的諮詢服務和提供避孕的建議都是犯罪。美國「計劃生育聯盟」（Planned Parenthood）的主席和醫療中心主任就是依這條輔助的法規被判有罪的，並遭到罰款，因為他們為已婚的夫妻提供避孕建議，還為這些夫妻提供避孕器材（因此要對這個法律提出挑戰，只能質疑它對已婚夫妻的權利作出了限制）。最高法院在一九六五年認為該法違反了憲法第十四修正案的「正當法律程序條款」。[16]其中最著名的便是道格拉斯（Douglas）大法官認可「隱私權」的意見，道格拉斯大法官認為雖然憲法條文中並沒有特別提到隱私權，但它還是包含在其他權利「未曾言明」和「引申出去」的部分中（就像憲法第十四修正案也保障人民有不受未經授權的搜索和扣押的權利）。

「格里斯沃爾德訴康乃狄克州案」（*Griswold v. Connecticut*）[❸]中涉及的是一項沒有被明確列舉出來的權利，它屬於追求「性自由」運動的一部分，這看起來十分進步（其實已婚夫妻長久以來已經使用了各種人工的避孕方式，而口服避孕藥的出現只是讓已婚和未婚的人都更方便使用而已）。不過，這個案件中的立論其實和「自由的」喜好無甚相關。假設我們想像一個法律（就像

---

❷ 譯註：指一八九〇年至一九二〇年間，美國的社會行動主義和政治改良紛紛湧現的一個時代。

16 *Griswold v. Connecticut*, 381 U.S. 479 (1965).

❸ 譯註：美國在一九六五年的代表性案例，該案涉及康乃狄克州的《科姆斯托克法》（該法禁止任何人使用「任何避孕、有助流產的用品」）。美國最高法院認為此法「違反婚姻隱私權」，並以隱私權為由，宣告法律無效。

中國曾經施行過的一胎化政策，禁止已婚的夫妻生超過一個孩子）：這個法律會根據「格里斯沃爾德案」等案被宣告違憲（並因而失效），理由也是類似的。如同我在前文已經提過的，對於個人尊嚴和自主權造成的威脅是不分左派和右派的，「格里斯沃爾德案」代表一個人有不受侵犯的基本權利——就算這些權利沒有一一明確地列舉出來。

「格里斯沃爾德案」成了許多具有高度爭議性的「隱私權」案件的基礎，「羅訴韋德案」（*Roe v. Wade*）[17]便是其中一個重要的案件，它保護了（有限的）墮胎權。常常出現爭議，會使關鍵問題顯得模糊不清，而這有時也讓人覺得如果要承認憲法中沒有明確列舉出來的權利，可能會有些問題。但是人們會這麼想，只是因為他們把隱私權獨立出來思考了，沒有想到其實還有其他未經明示的權利，也都用許多方式獲得了承認。事實上，如果我們發現憲法會保障它沒有明確列舉出來的權利，這件事也沒什麼好令人驚訝的。有些我們最珍惜的權利（投票權、遷徙權）都是這樣的（它們都被認為應該包含在「法律平等保護條款」裡）。就算是最保守的法官，也不會質疑這些沒有明確列舉出來的權利。其實也沒有任何法官會說「正當法律程序條款」不保護自由權（雖然它的確需要更進一步的釐清和定義）。反對方也沒有全面駁斥：他們攻擊的只是那些本身並不合理的隱私權。我並不認為反對方有什麼好理由證明這項權利不合法、不應該由法官加以承認——但是大家長久以來習慣的其他權利卻可以由法官加以承認。

道格拉斯大法官的基本闡述不僅沒有不合法，甚至還是美國憲法傳統的核心。不過以法律理論來說，道格拉斯大法官對於「未曾言明」的陳述，會讓許多學者覺得就和「混沌不清」同義。許多人都會覺得隱私的核心概念是很不清晰的，甚至在某些方面還會造成誤解，其實我也同意他們。不過很重要的一點是要區分出兩個不同的問題：在性選擇的領域中，我們是不是可以用「正當法律程序條款」當作基礎，承認沒有明文列舉的自由權？以及我們是否同意道格拉斯大法官在論證時所採用的這種方式？

第一個問題的答案是「可以」。在傳統上，美國也承認我們每天行使的一些權利是隱含在「法律平等保護條款」中、未曾明確列舉出來的，而長久以來的傳統也同意「正當法律程序條款」保護了一些「自由」領域中未曾明確列舉出來的權利。畢竟條文中很明確地提到了自由，所以法官要做的事——以及他們應該做的事——就是找出這個詞包含了什麼。如果憲法只有給法官一個很概括性的概念（諸如「可以自由地行使宗教信仰」，或是像我們此處所討論的「自由」），那麼法官勢必就要作出司法解釋了。

憲法的主要起草者詹姆斯．麥迪遜也很清楚知道如果《美國權利法案》（*Bill of Rights*）列舉了某些權利，說不定就會被理解為排除了其他沒有明示的權利、忽略了它們在憲法上的重要性，因此他又提出《美國憲法第九修正案》（*Ninth Amendment*），其中規定「美國憲法已經列舉的某

---

17 *Roe v. Wade*, 410 U.S. 113 (1973).

些權利，不得被用以否定或貶損其他人民應該享有的權利」。

在甚具爭議的「隱私權」要求出現之前，「正當法律程序條款」就已經多次出現這類未經列舉的自由權利了。在一九二三年的「梅爾訴內布拉斯加州案」（*Meyer v. Nebraska*）[18]❹中，爭議的對象是一則禁止的法律，該法律禁止在公立或私立學校教授英文以外的當代語言，而最高法院宣布該法律無效。法院承認「正當法律程序條款」中隱含了許多未經列舉的自由權利：

> 其不僅包括免於受到身體限制的權利，也應包括締結契約、選擇工作、取得有用知識、結婚、建立家庭、養育小孩、根據自己的信念崇拜宗教的權利，也包括長久以來普通法所承認的自由人在追求幸福時必要的基本權利。

又過了兩年之後，在「皮爾斯訴姊妹會案」（*Pierce v. Society of Sisters*）[19]中，最高法院宣布要求所有兒童上公立學校（而不可以上私立學校）的法律無效，因為該法律違反憲法，妨礙了「父母和監護人可自行決定如何扶養和教育他們孩子的自由」。布蘭廸斯（Brandeis）大法官在一九二八年將這一系列案件作了一個總結，雖然一開始是在不同意見書中提出的，不過它卻一再被引用來說明長久以來的自由傳統：

美國憲法的制定者想要確保環境有利於追求幸福。他們承認人的感覺和思維能力在精神方面的本質是十分重要的。他們知道從物質中只能找到生命裡一部分的痛苦、樂趣和滿足。他們希望以自己的信仰、想法、情緒和感知保護美國。他們反抗政府，讓權利可以獨立出來——最為全面的權利，和文明人最為珍視的權利。[20]

對於「正當法律程序條款」的理解，也認為該條款可以用來保護親密關係中某些一般性的權利，包括（但不限於）涉及家庭的權利。「格里斯沃爾德案」就是正確依據這些案例，來保障已婚夫妻在家裡可以使用避孕方法。

這些自由的權利只限於已婚夫妻嗎？在一九七二年的「艾森斯塔特訴貝爾德案」（*Eisenstadt v. Baird*）[21]中，最高法院認為並非如此。「艾森斯塔特案」的案件內容是涉及在一次公開會議中，

---

18 *Meyer v. Nebraska*, 262 U.S. 390 (1923).

❹ 譯註：內布拉斯加州的州法律禁止任何學校在八年級以前講授英語之外的語言，否則將有刑事責任；某位老師因為講授德語而受到處罰，因此提起訴訟，他認為該法違反憲法，未經正當程序而剝奪其生命、自由和財產，最高法院也同意州政府限制講授外語違憲。

19 *Pierce v. Society of Sisters*, 210 U.S. 510 (1925).

20 *Olmstead v. U.S.*, 277 U.S. 438 (1928). 該案例是關於竊聽私人的電話對話。

21 *Eisenstadt v. Baird*, 405 U.S. 438 (1972).

有人把避孕海綿發給未婚婦女。本案所爭論的是「法律平等保護條款」，而不是「正當法律程序條款」，不過它的結論對理解正當法律程序的自由也十分重要：「不論個人有什麼權利取得避孕器具，該項權利均不應對未婚或已婚的女性有所區別……因為憲法保障的隱私權是個人與生俱來的，而非專屬於已婚的夫妻所有。」因此憲法第十四修正案正確地將權利歸屬於「個人」，而不是族群或團體，甚至也不屬於夫妻，「艾森斯塔特案」的論證中便指出「格里斯沃爾德案」和其他相關案件都是在判定個人的個別權利，讓他們可以為自己作出一些私人的選擇。如果我們也是這麼看的話，根據「法律平等保護條款」，（最高法院）就會把這些權利擴及未婚女性。

> 已婚的夫妻並不是具有獨立頭腦和心靈的實體，他們只是兩個個人的結合，兩個人都各自有自己的智識和情緒。如果說隱私權有什麼意義，其意義就是個人（不論已婚或單身）有權利不接受政府未經授權地介入某些對個人有重大影響的事項，例如決定到底要不要生孩子。

我們很清楚知道在「正當法律程序條款」下，親密關係領域中的許多自由長久以來一直都受到承認。有些自由和婚姻以及家庭有關，不過也都被理解為個人可以自由決定的事項，「艾森斯塔特案」中也明確指出與性選擇相關的權利，同樣屬於未婚和已婚的個人。

「格里斯沃爾德案」根據正當法律程序原則，宣告康乃狄克州那條侵犯人的法律無效，這是正確的。不過道格拉斯大法官的論述方法還是可以找出許多缺點，尤其是他所訴諸的隱私權。隱私權是法律中最模糊、最令人困惑的概念之一。[22]其中包含了資訊的隱密性、不可見人的部分、隱蔽性和自主的決定，這些概念都很可能令人摸不著頭緒。在性自由的領域，隱私權的想法應該包括自主決定的自由，人們可以自行選擇某些事（在親密關係方面的、關於分娩和避孕的事），而不必受到國家的監督。它也包含了一個人可以有私密空間的想法，在這個空間中，人可以不受到其他人的侵犯，而家則是享有特權的空間，與政府無關。例如在「格里斯沃爾德案」中，道格拉斯大法官便誇張地問道：「難道我們應該容許警察搜索夫妻的臥室這麼神聖的場域嗎——就只是因為有人告密說他們用了什麼東西避孕？」

隱私權強調自己的決定，並認為家是一個受到保護的地方，這兩者並不是絕無相關。它們

22 在此，我是引用Nussbaum, "Sex Equality, Liberty, and Privacy: A Comparative Approach to the Feminist Critique," in *India's Living Constitution: Ideas, Practices, Controversies*，出自「印度憲法十五週年研討會」所出版的其中一冊，ed. E. Sridharan, Z. Hasan, and R. Sudarshan (New Delhi: Permanent Black, 2002), 242-283。另有將節錄版出版為"What's Privacy Got to Do with It? A Comparative Approach to the Feminist Critique," in *Women and the United States Constitution: History, Interpretation, Practice*, ed. Sibyl A. Schwarzenbach and Patricia Smith (New York: Columbia University Press, 2003), 153-175.對於性自由的相關概念限制，在下列文獻中有出色的討論：Kendall Thomas, "Beyond the Privacy Principle," *Columbia Law Review* 92 (1992), 1431-1516。

與「私下」這個概念都有連結。如果我們回到前文對於性行為的三種分類，就可以看得出來，比較合理的想法是認為在自己所作的決定中，只有屬於第三種分類的決定才不應該受到國家的控制——也就是這個決定只涉及到同意的當事人，不會扯進可能因該決定而受到損害的其他人。私下發生的行為——如果也完全在雙方同意之下成立的話——通常不會對未曾同意的第三者造成任何損害。家就是私下進行的場所之一——但當然不是唯一的一個。如果相關行為是在家裡發生的，而且也完全經過雙方同意，那麼依照彌爾的說法，它們大概就是只涉及自己的行為。在公開場所進行的行為，比較會與未曾同意的其他人的利益扯上關係。不過彌爾雖然提出「事涉自己的行為」這個概念，但並不等於認為家就是享有特權的地方。許多在家裡進行的事不一定經過雙方同意，發生在家裡的事也可能對未經同意的人造成損害。強調家中（被宣稱具有）的隱私，反而太常被用來掩飾虐待兒童、家庭暴力和婚內強姦，讓這些行為不必受到法律的監督。除此之外，符合彌爾所謂的「事涉自己」的行為，也可能發生在家庭之外：它可能發生在旅館的房間、私人的俱樂部，甚至是隱蔽的戶外場所。

「格里斯沃爾德案」和其後續的一連串案件中真正令人感到尚有不足的地方，並不是該案認為親密關係的實質自由權利只隱含在「正當法律程序條款」的非明文規定中，而是「格里斯沃爾德案」和其後的案件把（容許自行決定的）隱私權和空間概念混為一談了，因此才認為家的領域就是享有決定自由的特權空間，唯有家才是可以不受政府干涉的自由區域。

「斯坦利訴喬治亞州案」（*Stanley v. Georgia*）[23]讓這個趨勢清楚地浮現出來，最高法院在該案中認為人是有權利私下持有猥褻刊物的——在他家。最高法院或許是要說個人持有和在私下使用猥褻刊物（只要沒有直接侵犯到其他人）是屬於憲法保障的範圍。但是最高法院卻說這種權利的內容是「得以在（像自己家裡這樣的）私人場所，滿足在智識和情緒上的需求」，並且說政府管制猥褻刊物的權力「並不及於個人在（像自己家裡這樣）私人場所的單純持有」，這反而把概念搞得更加混亂了。如果斯坦利是在一間旅館的房間裡讀他的色情雜誌，或是在暫時包場的一間小屋中，那又會發生什麼事呢？難道警察可以搜索度假小屋、旅館、私下辦公的地方，找找看這個人是不是持有猥褻刊物嗎？為什麼這些隱蔽的場所受到的保護就比家裡少呢？最高法院言明「家裡」或許在修辭上會引起更多共鳴，但是在分析上並沒有什麼幫助。[24]

我們現在還必須釐清另一個可能會引起混亂的來源。「正當法律程序條款」常被認為是傳統甚至是從前的東西，因為有兩個重要的官方表述都說這個條款保障的自由「深植於我們這個國家

23　394 U.S. 557 (1969).

24　兩年後，在「美國訴賴德爾」（*U.S. v. Reidel*，402 U.S. 351 [1971]）案中，最高法院又再次澄清「斯坦利案」並沒有涉及禁止散布猥褻刊物的法令，反而增加了這個概念的模糊性：也就是說，你可以在自己家裡私下使用，但是幾乎任何取得這類刊物的手段都會受到處罰。

的歷史和傳統之中」，[25]而且是「有秩序的自由體系中不可或缺」的。[26]不過就算傳統是我們唯一的指標，還是會有歸類上的問題：舉例來說，就算同性戀可以從事同性間性行為的權利的確說不上符合這些表述，但是美國傳統中更一般性的原則，還是會承認人有權利選擇自己的性生活——這對已婚者來說當然是再明確不過的，不過「艾森斯塔特案」也讓這項權利擴大到未婚者身上。除此之外，有些關於正當法律程序的意見則比較沒有那麼奠基於傳統：例如有一個法院的陳述意見，堅持認為只要一項權利「沒有違反自由和正義的基本原則（這是我們的民間和政治組織所仰賴的原則），就不能夠被排除」。[27]維持親密關係的權利——但是其行為不可對未曾同意的一方造成損害——就符合這項原則。

4.「鮑爾斯訴哈德威克案」：侵犯與愚鈍

同性戀邁克爾．哈德威克下班後在一家酒吧喝酒，那是一間同性戀酒吧，哈德威克過去曾經在那裡幫朋友裝過隔音板。[28]當他準備離開的時候，把啤酒丟進了酒吧前門邊的垃圾桶。剛好在這個時候，一名警察開著車子經過了。那個警察看到哈德威克之後，倒車開到他的旁邊，問說啤酒到哪裡去了。哈德威克說被他丟進垃圾桶裡了。那名警察叫哈德威克進到警車裡，問他剛才在酒吧裡做什麼。哈德威克答說他在那裡工作，這個回答等於確認了他是同性戀。於是警察要求哈德威克把他剛才丟進垃圾桶的酒瓶指給他看，不過從警車裡無法確認垃圾桶裡有什麼，但是既然警察沒有明確的指示，哈德威克也不敢隨便下車。最後，警察給了哈德威克一張在公共場所喝酒的傳票，但是傳票上的記載是錯誤的，在傳票上，有兩個不同的地方分別出現了兩個不同的開庭日期。在比較早的那個日期，哈德威克並沒有出現（因為傳票上方的是比較晚的日期），於是法院就簽發了哈德威克的逮捕狀。兩個小時之後，托里克警官就抵達哈德威克家裡了。通常逮捕狀的程序需要四十八小時，但是托里克自己處理好了一切，顯然他對於這個案子甚是熱心。

當托里克抵達的時候，哈德威克並不在家，不過他事後聽到室友轉達，說有一個警察帶著逮捕狀來到家裡，哈德威克聽到後，就隨即前往市區，給經辦的職員看傳票上的兩個日期，職員罰了他五十元美金，哈德威克也付了。職員給了他一張收據，也對托里克竟然自己處理傳票感到很驚訝。三個星期之後，哈德威克在家門口被三名年輕男子痛打了一頓：顯然大家都知道他是同性戀了。

幾天之後，托里克警官又來到哈德威克家裡。當時是來拜訪哈德威克的一名友人（他正睡在沙發上）應的門（當時傳票已超過三週，因此已經失效了）。托里克來到臥室，打開了房門。哈

25 *Moore v. East Cleveland*, 431 U.S. 494, 503 (1977).

26 *Palko v. Connecticut*, 302 U.S. 319, 325, 236 (1937).

27 *Powell v. Alabama*, 287 U.S. 45, 67 (1932).

28 本部分的所有細節描述都出自對艾恩斯（Irons）的訪談。

德威克記得他聽到一個聲音，但他以為那只是風聲。他又回去做他原本正在做的事——和另一名男性伴侶互相口交。托里克警官隨即出現，宣布哈德威克被逮捕了。「我說，罪名是什麼？你在我的臥室裡幹什麼？」托里克說他有逮捕狀。哈德威克指出那張逮捕狀已經失效了。托里克說那無關緊要，因為他是善意的、並不知情。當哈德威克和他的朋友在穿衣服的時候，托里克也拒絕離開，托里克隨後把他們帶到警察局，對其他所有的囚犯宣布他們是同性戀（其實他還跟看守的人、其他監獄官員說哈德威克是因為「吸別人的老二」才被關的，他在監獄裡還可以繼續幫別人做）。哈德威克以雞姦的罪名被指控。而喬治亞州在一八一六年制定的法律規定「如果一個人進行（或遭受）之性行為，是由其中一人的性器官和另一人的嘴巴或肛門所為，此為違反雞姦罪」。

就在此時，「美國國民自由聯盟」（American Civil Liberties Union）對哈德威克的案子產生了興趣，並且覺得這應該是一個挑戰反雞姦法的好機會，因為這個案件裡的性行為發生在兩個有同意表示的成年人之間，也是在私下進行的。曾經有一對異性戀伴侶——多伊夫婦（The "Does"）——對喬治亞州的反雞姦法提出過異議（因為該法並不是針對特定性傾向的人而制定的），但是地方法院拒絕了他們的主張，其理由為「該法的執行並不會對他們有造成直接損害的立即危險」。也就是說，國家承認這部法律（雖然規定是中性的）在執行上並不平等。

國家的政策是要毫不留情地打擊同性戀的性行為，但是卻不管其他受到禁止的性行為。在最高法院進行攻防時，喬治亞州的總檢察長（Attorney General）鮑爾斯一直在他的論述中提到同性戀，並且在起訴書中主張「同性戀的雞姦會帶來其他脫序的行為，稍微列舉一些，就可能有性虐待（和受虐）、多人的性行為（群交）或是異性裝扮癖」（哈德威克從來不曾和這些行為有任何相關）。鮑爾斯一再間接提到「男同性戀澡堂」，並且主張反雞姦法和國家在公共衛生方面的利益密切相關。雖然鮑爾斯並沒有用到保羅・卡麥隆最誇大其詞的主張，不過國家的一般策略就和卡麥隆的策略（挑起噁心感和恐懼）如出一轍——但是「美國心理學會」和「美國公共衛生學會」（American Public Health Association）都強調異性戀之間常有（包括百分之八十的已婚夫妻都有）法律上禁止的性行為。哈佛大學的法律學教授勞倫斯・特賴布（Lawrence Tribe）也為哈德威克的案件提出說理，試圖提醒最高法院專注在「侵犯性」這個一般的議題上，同時還要注意政府的權力應該受到限制，他還強調哈德威克的性行為具有隱蔽性和私密的特質，在這個前提下，人民應該享有不受到干預的利益。

一九八六年六月三十日，最高法院以五比四的投票結果，決定支持反雞姦法。（該結果後來又引發了更多爭議，因為有人透露鮑威爾〔Powell〕大法官是在最後一刻才倒戈的——鮑威爾事後對他的立場感到後悔，並公開承認他可能是錯的。[29]）多數意見（由懷特〔White〕大法官執

---

29 參見Linda Greenhouse, "Washington Talk: When Second Thoughts in Case Come Too Late," *New York Times*, November 5, 1990，鮑威爾在對紐約大學（NYU）的學生演講時說：「我想我可能犯了一個錯。」

筆）——以及措辭甚至更嚴厲的協同意見（由首席大法官柏格〔Burger〕提出）——最重大的缺陷就在於缺乏想像力，也就是我在前文解釋過的「人」的想像力。

有人可能會問：為什麼法官需要想像力呢？不消說，他們的工作就是要如實地詮釋憲法。是的，這一點毫無疑問，但是以這個案件來說（還有許多進到最高法院的困難案件都是如此），無法只靠技術性的討論解決問題。法官必須考慮到相關的相似處和相異處，這也表示他們必須試著理解人的目標與利益何在。如果要知道喬治亞州制定反雞姦法之後，被限制的權利是否受到「正當法律程序條款」的保護，法官必須先釐清權利的相關要求是什麼。這項法律是否威脅到所有人的權利（所有人都應該可以對自己的親密關係進行同意）？照這樣看來，這項權利應該十分重要，而且很深刻，關鍵的內容也自然取決於喬治亞州的法律條文如何規定（其條文規定並沒有區分當事人的性傾向為何）。法官必須要問的是邁克爾．哈德威克所主張的自由，是否確實與最高法院認為個人可以自行決定的事項相符，那麼，法官才能夠判定他關於權利的主張是否適當。

但是懷特法官考量這個問題的方式十分狹隘，他將問題界定為「聯邦憲法是否有賦予同性戀雞姦的基本權利」。而他的結論是「很明顯地，在那些（之前的隱私權）案件所宣告的權利中，並沒有哪一項是宣告同性戀在憲法上擁有雞姦的權利」。如果說這項權利受到「正當法律程序條款」的保障，「這充其量只是個玩笑」。首席大法官柏格在其措辭嚴厲的協同意見書中，也認為「禁止雞姦『自古皆然』」，最後他說：「如果主張同性戀的雞姦行為是受到保障的基本權利，這等於是對我們千百年來的道德教育置若罔聞。」

這些判決意見其實都奠基在一些錯得離譜的事實上。如同我在前文所指出的，堅持要依反雞姦法限制同性戀的行為，這種想法其實是相對比較近期才出現的。也絕對沒有整個「西方文明的歷史中」都對這種行為感到羞恥這種事。女性之間的同性戀行為不太會遭到禁止，即使在英國也沒有。許多古代社會也容許異性戀之間的「雞姦」——包括古代的希臘。如同我所說的，肛交在希臘是一種避孕方式（在許多社會中，肛交也是女性保護童貞的一種方式）。在希臘，男性與男性之間的性關係會受到仔細檢視，因為人們漸漸趨向於認為國民應該扮演積極一些的角色，但是後來的反雞姦法所禁止的某些行為，在當時是公眾所同意的，也有許多這類行為是普遍被大家所容許的。男性之間互有情色上的吸引力被認為是很正常、而且很自然的事，人們甚至會想像神明之間也存在這類風流韻事。再往近代接近一點——到了十九世紀初期，法國已經全面廢止對所有經雙方同意的性交進行刑事處罰了。這類歷史的和他國的事實，可能和美國法院的判決有關係，也可能沒有關係，但是既然它們被提到了，我們就必須指出：對於它們的闡述是不正確的。

不過，歷史絕對不是主要的問題。這兩種意見在道德上都有足以令人感到震驚的愚鈍之處。就算美國社會仍然普遍存在著對同性戀的敵意和偏見，但是，我們還是可以很輕易地看出，要將同性戀的要求合法化，並非「沒有可對比之物」，異性戀平常（合法）在做的事就和他們的要求非常類似。「艾森斯塔特案」已經確立了在性的關係中，與親密事項相關的權利是個人的權利，也是不論未婚者或已婚者的權利；因此，法院不能說他們之所以有如此愚鈍的意見，是因為憲法第十四修正案只保障婚姻關係。可以決定自己的性行為是一種個人的基本權利，這不需要充足的創造力；只需要普通的想像力，就可以看出邁克爾·哈德威克所追求的不過如此。他在自己的臥房裡所作的事，和整個美國其他數百萬異性戀（不論已婚或未婚）合法所作的事並無二致。

怎麼可能有任何一個真誠而善意的人，會認為哈德威克所祈求擁有的權利和其他人獲准擁有的權利之間「毫無相似點」呢？在這裡，我們又必須重新想一下訴諸噁心感的政治：因為它，同性戀老是被形容得好像不完全是人，就像是在你家廚房地板上亂爬的蟑螂。你也不是不知道他就在那裡，但是你又不想承認他就在那裡，所以你不會正眼看他。長年以來對於男同性戀和女同性戀的污名化，使得法官太容易把他們想成（和別人不一樣的）道德上的賤民階級（雖然其實法官也必然有些男同性戀和女同性戀的朋友和親戚）。鮑爾斯的口頭辯論內容就強烈反映出這種思考模式。多數意見和柏格的協同意見書中所表露的嫌惡感，就和威爾斯大法官把王爾德定罪的想法是一樣的，一樣都不願意嘗試從同性戀的觀點看看他們在追尋的是什麼，而那和異性戀的行為與權利又是多麼類似。

不斷強化這些嚴厲的論點是德富林式的特點：他們一再提到長久以來的傳統，就好像那些（照他們說的）傳統就決定了受到憲法保障的個人權利有哪些。如同我們在前文所討論的，訴諸於噁心感和社會的團結是非常德富林式的想法：也是團結的價值觀，才讓挑起噁心感的訴求在法律上找到了立足點。這兩種觀點不是這樣建立理論的，但是它們依然訴諸傳統，為污名化找到了合理的根據。然而，就像是不同意見書所說的，之前的案例中所承認的權利並不是指社會整體的（德富林式的）權利，而是個人在親密關係中（或追求幸福時）可以自行決定的權利。這並不會因為大多數人不樂意，就使得這種權利消失了。但是最高法院卻看不到邁克爾·哈德威克也和其他人一樣，正在追尋幸福，因為他們的焦點都放在不受歡迎而且（據稱）不符合傳統的「同性戀雞姦」。因此，「鮑爾斯案」中的正反兩方又重演了德富林和彌爾的爭辯，清楚地讓我們看見在社會的兩種觀點之間做選擇會面臨怎樣的得失。

布萊克蒙（Blackmun）大法官所寫的不同意見書的有趣之處，是他用了宗教做類比，他認為「如果同意個人可以自由選擇他們生活的方式，那就勢必要接受不同的人作出不同的選擇」。他的不同意見書引用了「威斯康辛州訴約德案」（*Wisconsin v. Yoder*）[5]——該案的判決承認艾美許（Amish）教派的本質具有特殊性，必須予以尊重及調和（就算它真的非常不同），[6]不同意見

---

❺ 譯註：該案為艾美許教派的成員拒絕送孩子到學校接受八年級以後的教育，因而被威斯康辛州指控違反了強制入學教育法（該法案要求學生接受學校教育，直至年滿十六歲）；而威斯康辛州最高法院支持父母一方的訴求，認為強制入學教育法侵犯了艾美許教派信徒的宗教活動自由。

❻ 譯註：艾美許教派是基督新教再洗禮派門諾會中的一個信徒分支，此派的信徒拒絕汽車及電力等現代設施，過著簡樸的生活。

中寫到「不論是奇特甚至是古怪的生活方式，只要它並沒有干涉到其他人的權利或利益，就不應該只因為不一樣就受到責難」。因此在本案中，持不同意見的人也同樣認為「所有人都具有與其他人保持親密關係、還可以自己掌控此種親密關係的根本利益」，即使他們是少數派，也不應該因為多數派對他們抱持反感，就讓他們的這種權利受限。

「鮑爾斯案」的爭議是圍繞著「正當法律程序條款」進行的，同時它也是一個關於自由的爭議案件。不過在我們的憲法傳統中，自由與平等密切相關，因為除非自由奠基在平等的基礎之上，否則個人也無法確定享有（言論、宗教等）基本自由。以宗教的法律為例，長久以來，我們都同意維護宗教自由所需要的，不只是不對人加諸迫害：還需要確保所有人都可以享有一樣的自由。同樣地，「鮑爾斯案」中雙方攻防的焦點既是自由，也包括平等的自由。如同史蒂文斯大法官在他執筆的不同意見中所說的，要為反雞姦法辯護，只有下列兩種方法之一：要不就是得承認同性戀只擁有不平等的自由，要不就是得提出一個理由，說明國家為什麼在執行一個（整體而言）沒有問題的法律時，卻可以不講求公正。第一種辯詞當然是不能夠被接受的，因為它違反了平等的基本信條；第二種也不行，因為國家並沒有提供什麼「實質的論點，只不過是單純因襲了過去對於弱勢族群的不喜愛（或是無知）」。同樣地，布萊克蒙大法官也採用了彌爾式的觀點，他也認為只要並未「真正妨礙到其他人的權利」，「如果僅僅是發現別人並沒有遵守我的價值體系，這並不會構成在法律上可以受到承認的利益」。

因為持不同意見的人提出了平等的問題，所以我們可能也會問：這個案件是否應該放在「法律平等保護條款」（而不是「正當法律程序條款」）之下進行討論。布萊克蒙大法官就贊同這個方式，而且他認為這個案件和對禁止種族通婚的法律提出挑戰的案件頗為類似。有些學者覺得平等保護的論點在智識上比較有說服力——部分原因是「法律平等保護條款」比較進步，不像有時候「正當法律程序條款」會被說成是保守和傳統的。不過我們也不能將「正當法律程序條款」看成是保守的，尤其如果對權利已經有一般性的理解。平等也不是這裡唯一相關的議題：如果我們考慮到自由也有差不多一樣長的時間受到壓制，其實自由的利益本身也需要強力維護。[30]

在最近的最高法院判決中，「鮑爾斯案」可以說是一個最糟的案例。不論是它的結果，或是多數意見和協同意見的嚴厲主張，都讓重要的自由利益無法伸張，甚至還為同性戀不該受到法律保護的想法提供了支持。該案根據多數派的偏見，對個人的基本權利作出了限制，從這方面來說，這個案件甚至和過去一些惡名昭彰的案件屬於同一個水準，像是「普萊西訴弗格森案」（*Plessy v. Ferguson*）[31]——該案判決維護了種族隔離的合憲性；以及「布萊偉訴伊利諾州案」

---

30 參見Kenji Yoshino, "Tribe," forthcoming, *Tulsa Law Review* 42 (2007), 961-973; in "*Lawrence v. Texas*: The Fundamental Right that Dare Not Speak Its Name," *Harvard Law Review* 117 (2004), 1893-1955，特賴布認為「正當法律程序條款」也有平等的面向，用「正當法律程序條款」也可以主張對基本權利的不平等保障是無效的。

31 163 U.S. 537 (1896).

（*Bradwell v. Illinois*）[32]——該案判決支持伊利諾州制定法律、禁止女性從事律師工作。「布萊偉案」有一則協同意見十分著名，其中引用了當時廣為大家所接受的道德準則，來說明女性在社會中的適當角色為何。或許有更不尋常的相似性的是「麥諾斯維爾小學訴戈比蒂斯案」（*Minersville v. Gobitis*），[33]該案的當事人——也就是「耶和華見證人」（Jehovah's Witnesses）宗教團體的信徒——因為宗教信仰而拒絕遵守一個強制要向國旗敬禮的法律，但是判決結果支持該法律。把該教派的信徒視為犯罪者或是破壞分子（只因為他們遵從自己的良知），這等於是整個國家都容許在他們身上強加一連串的暴力。[34]那種暴力和普遍認為他們有罪的想法，僅在三年之後就被重新反省。[35]但是男同性戀和女同性戀就等得比較久了。

5.「勞倫斯訴德克薩斯州案」：邁向一個平等自由的社會制度

政治上的抗爭現在轉向各州了。在「鮑爾斯案」發生當時訂有反雞姦法的各州，到了一九九六年已經有超過一半廢除該法了。在反雞姦法全部失效（二〇〇三年）之前，只剩下十六州還訂有反雞姦法。這些法律的失效，也反映出社會態度的整體轉變。美國人比較能夠體會男同性戀和女同性戀也是完整的人了——在家庭裡、在職場、在教堂中、在媒體上、在美國社會的每一個組織裡，都是如此。（同性戀隱身其中的）暗櫃的存在，會讓訴諸噁心感的政治可以將男同性戀和女同性戀描述得不像一般人。同性戀的出櫃，如果再加上每天帶點想像力、關心和友情，就會對人們的觀點造成很大的影響。

一九九八年九月十七日，五十五歲的醫事檢驗師約翰・蓋迪斯・勞倫斯（John Geddes Lawrence）和蒂龍・迦納（Tyron Garner）在勞倫斯位於休士頓（Houston）的公寓裡發生了肛交（經過雙方同意）。勞倫斯的鄰居羅伯特・羅伊斯・尤班克斯（Robert Royce Eubanks）偷偷打電話向警察檢舉勞倫斯的屋子裡有人「持械滋事」，他說「有一個拿著槍的男性『像是發瘋了』」——尤班克斯之前曾因騷擾勞倫斯和迦納而被投訴，而且他也曾經與迦納有過一段情（尤班克斯事後承認他是謊報，也因為虛報而坐了十五天牢）。警察隨後抵達，並帶著武器，進到勞倫斯沒有上鎖的公寓中，將兩人逮捕。勞倫斯和迦納在監獄裡待了一整晚，並且被指控為違反德克薩斯州的反雞姦法。他們也不否認這個事實，所以被治安法官（justice of the peace）❼宣判有罪，但

32 83 U.S. 130 (1873).

33 310 U. S 586 (1940).

34 參見Nussbaum, *Liberty of Conscience: In Defense of America's Tradition of Religious Equality* (New York: Basic Books, 2007), chap. 5.

35 *West Virginia Board of Education v. Barnette*, 319 U.S. 624 (1943).

❼ 譯註：美國的治安法官為基層的司法官員，只有有限的管轄權，包括民事的（如主持宣誓和主持結婚儀式）和刑事的（如對輕微犯罪的審判、將嚴重犯罪提交上級法院審判）。

是他們隨即行使權利，要求法院重新審判，駁回對他們的指控。他們同時訴諸於法律平等保護的觀點（因為德克薩斯州的法律只禁止同性伴侶之間的雞姦）和正當法律程序保障的自由。最高法院在二〇〇二年十二月同意審理這個案子。而在二〇〇三年六月二十六日，最高法院以六比三的票數決定支持勞倫斯和迦納的主張，推翻「鮑爾斯訴哈德威克案」的先例，並宣告當時各州還存在的所有反雞姦法都是無效的。

提出協同意見書的歐康納（O'Connor）大法官認為本案的主要論點是平等。歐康納大法官在「鮑爾斯案」中贊同多數意見，她並沒有針對（如果從正當法律程序的立場來看）「中立的反雞姦法是否違憲」這個問題表達意見；她認為這個問題並不需要決定，因為只要根據「法律平等保護條款」，就可以確定知道德州法的規定違憲了。她舉出「克利本市案」的先例，說明州不可以只對某一群國民特別不利益，而理由只是因為許多人都不贊同、或甚至是討厭他們。「根據法律平等保護條款，在道德上對一個族群加以非難並不是合法的政府利益。」

歐康納大法官的意見讓我們看到了法律平等保護所作的承諾，但是也看到了其中的限制：「法律平等保護條款」可以宣告爭議的法律無效，或許它還足以宣告一個中性的法律無效（如果該法律在執行時並不公平）。但是它無法處理更根本的議題——像是如果侵犯到了性和自主決定的自由。

不過，多數意見還是決定該是時候了，是時候必須勇敢地宣告親密關係也應該享有自由。他們認為鮑爾斯案「在決定的時候就不對了，在今天也依然是不對的」。「鮑爾斯案」的多數意見對於自由這種利益的認定是錯的，也過於狹隘。如果正確來看，「勞倫斯案」就和「鮑爾斯案」一樣，關乎政府在個人親密關係中的角色。「自由可以保障人民不受到政府未經授權的侵擾（闖入住家或其他私人場所）……自由也意謂著一個人擁有自治權，包括思想的自由、信仰的自由、表達的自由和某些親密行為的自由。」甘迺迪（Kennedy）大法官的意見認為，私下和經過同意的行為都屬於所有人的自由選擇範圍，任何人在作出這個選擇的時候，都不應被貼上犯罪者的標籤。

這對於自由的利益（自由的利益受到「正當法律程序條款」保護）是一個正確而且有力的詮釋。甘迺迪大法官認為正當法律程序所保障的自由也有平等的面向，而且，如果只用平等保護的想法來維護平等的利益，未免太過於限縮了，他的想法也都有堅實的基礎。[36]唯有確實保障所有人的自由，才能夠消除反雞姦法所加諸的污名。

只講求平等——而沒有考慮到自由也應該同時受到保障——是不夠的，因為政府其實可以用均等的手段來侵犯人民的重要自由。像是法律可能會規定一對男女——不論已婚或未婚皆然——不可以生超過一個孩子；法律可能會禁止不同宗教的人通婚；法律可能會禁止手淫：這些法律大

36　參見 Tribe, "*Lawrence v. Texas*."

概都沒有違反「法律平等保護條款」，但是它們都對人造成了侵犯。就算自由受到了保障，其核心概念也不一定等於、或完全符合平等對待的概念：我們必須先能夠宣稱自己的自由受到保護，然後再說所有人的自由都受到了平等的保護。

「勞倫斯案」算是清楚表達了（單純只是）自由和平等的自由之間的關係。不過，這種頗能引起共鳴的意見，還是受到了某些先例所具有的重大瑕疵的拖累：它太過依賴隱私權那模糊不清的定義。但是至少「勞倫斯案」認識到隱私權有兩個面向：決策的和空間的。甘迺迪大法官雖然在一開始提到「寓所或其他私人的地方」以及「住家」，但是他也緊接著寫道：本案「涉及的個人自由有空間上以及更超越的面向」，他也同意「我們的生活和生存會有其他（住家之外的）領域，在那些領域中，國家不應該是支配者」。雖然他作出了這樣的區分，但他還是認為在關鍵時刻，隱私權的判斷要由空間概念來決定，因此他建議的憲法作法既有過度保護、也有保護不足之處。國家在家庭裡當然還是扮演了一定的角色——當損害即將發生時。為什麼勞倫斯和迦納是「在家裡」進行性行為這件事有這麼重要，理由其實不太清楚。我們在乎的當然該是其他人的利益：未經同意者的權利都沒有受到損害，而且因為該行為是在私下發生的，也沒有未經同意的人受到直接侵犯。

該說的就只有這些了。強調「家裡」其實是誤導了我們的思路。「艾森斯塔特訴貝爾德案」的被告比爾．貝爾德（Bill Baird）在一個公開的會議中，把避孕用具發給大學生。真正重要的是他並沒有侵害到任何人的權利，也沒有對不喜歡這種作法的旁觀者造成任何損害。而且其實有很多避孕行為是在住家以外的場所、在公共場合發生的（但這些也都是憲法第十四修正案所保障的避孕行為）——舉例來說，一位女性可能每次都是在餐廳裡吃午餐或晚餐的時候，隨餐吃下了避孕藥，或是在一間公共廁所裡放進子宮帽。就算是在涉及已婚家庭的「格里斯沃爾德案」裡，原告（格里斯沃爾德是一名會提供避孕處方的醫生）也是在醫療場所提供避孕建議的。關鍵的問題是同意和侵犯，而不是地點。

實際上發生的性行為的確有可能伴隨著某種類型的損害。假設勞倫斯和迦納是在旅館房間裡從事性行為的（而不是勞倫斯家裡），因為旅館房間的特性和家很類似，所以大部分人都會馬上覺得那裡應該受到類似的保護。關鍵的問題還是同意和隱蔽性（如果除去損害的可能性）。如果是在一個擁擠的旅館跳舞大廳裡發生性行為，就不會受到保護了。但是如果他們是在一個私人俱樂部裡發生性行為呢——不論是在俱樂部裡的私人包廂，或是就在一個普通的房間裡（但是房間裡的其他人都沒有表示不願意看到）？或者，如果他們挑的是樹林裡一個隱密的地方呢？我們將在第六章再仔細討論這些問題。

針對這些重要的問題，「勞倫斯案」並沒有提供我們任何指引。我們甚至不知道如果要保障自由，是不是一定需要考量空間的要素，或者這只是一個選項；可見這個意見有多麼含糊。一般在提到自由時，都認為保護應該要及於「家」之外，但是究竟要擴充到什麼範圍、原則又是什麼，還十分模糊。不過我們現下還是有一個原則：那就是彌爾對於「事涉自己的行為」的想法，套用彌爾的想法，便可以清楚地將受到保護的親密關係和有害及造成侵犯的行為區分開來。

因此，「勞倫斯案」的成就並不是在概念上得到釐清，或是提供了清楚的實務指導，而是丟出了一種想法、一個用司法途徑取得自由的方式。在本質上，它一方面摒棄了「鮑爾斯案」中明顯存在的噁心感政治以及德富林式的社會觀念（德富林認為主要支配社會的應該是傳統和團結），在另一方面，它還繼承了彌爾的想法，贊成同理的政治——不論是對於個人自由的積極保護，或是認為人應該有能力想像各種人生目標。在法官的心中，男同性戀和女同性戀並沒有被視為一群不應該受到法律保護的人、被時代排除在外的人，他（／她）們也是同樣的國民和「成年人」，就和其他人一樣，「對於性的事項享有自行決定如何經營私生活的權益」。那是憑道德想像力就能做到的事。因為法律與道德想像力有著密不可分的關係，所以這也是法律能夠辦到的事。

第四章

歧視與反歧視

「羅梅爾案」與敵意

那些躁進的同性戀希望政府給他們的生活方式一個特殊的階級地位——不過，我們應該很有理由知道他們要拿我們的稅金去支持怎樣的生活。你可能已經知道同性戀的性行為和科羅拉多州絕大多數人的性行為有很大的不同。但是到底有多不同呢——還有它們具有多大的危險性——一定會嚇到你的！

同性戀都不願意（或不能夠）控制他們那貪婪而不安全（因為可能會感染愛滋病）的性行為……總體來說，調查顯示有百分之九十的男同性戀會進行肛交——這是今天的社會中最高風險的性行為……根據調查，有大約百分之八十的男同性戀會在伴侶的肛門進行口交。在一九七七年，有超過三分之一的男同性戀承認會進行「拳交」。❶……難道這就是我們想要用特殊的保護保障他們的族群地位、加以獎勵的生活方式嗎？同性戀運動者想要你覺得他們「只不過就和你一樣」——但是這些統計顯示出事實絕非如此。

——出自「科羅拉多州家庭價值」（Colorado for Family Values）組織於宣傳「科羅拉多州憲法第二修正案」期間發放的小冊子

我們會認為第二修正案不願意保護的內容並沒有什麼特殊之處。大多數人都會認為保護這些內容是理所當然的——不論是因為他們已經擁有了這些保護，或是並不需要它們；有了這些保護，一個人就可以不被自由社會中幾乎無可計數的交易和努力排除在外——而正是這些交易和努力，構成了日常的國民生活。

——「羅梅爾訴埃文斯案」（一九九六年）的多數意見

1. 家庭價值與反歧視法

威爾・帕金斯是位於科羅拉多州科羅拉多泉（Colorado Springs）市的克萊斯勒（Chrysler）汽車經銷商。他在一九九〇年代早期成了「科羅拉多州家庭價值」（CFV）董事會的一員——「CFV」是一個保守的組織，由替保守宗教組織集資的托尼・馬科（Tony Marco）和凱文・德貝多（Kevin Tebedo）——他的父親也是一名從事類似活動的遊說家——共同成立。（德貝多在一九九五年發生了一起醜聞，因此遭到「CFV」解僱——他支持一名號稱可以治癒同性戀的牧師，但那名牧師後來卻被指控對兒童性騷擾。）最新（二〇〇九年）的「CFV」網站介紹它自己是「一個非營利的倡議團體，其目的在於保存、保護和保衛傳統的家庭價值觀」。[1]

❶ 譯註：指將整隻手（或雙手，甚至是手臂）插入被愛撫的一方的陰道或肛門。

1 饒富意義的是該網站特別強調不同種族之間的家庭：「CFV」永遠與代表種族弱勢的利益團體站在同一陣線，就如同第二修正案的宣傳運動所強調的。

「CFV」決定的第一個大規模倡議活動是在全州進行國民投票，禁止當地制定保障同性戀權利的法律。帕金斯被派任領導這個運動，而且運動早期的許多資金也都是由他提供的。帕金斯接著獲得前任美國參議員比爾・阿姆斯壯（Bill Armstrong）和科羅拉多大學（University of Colorado）大受歡迎的足球隊教練比爾・麥卡尼（Bill McCartney）的支持。他們的團隊也聘請保羅・卡麥隆為他們提供策略上的建議。

科羅拉多州也和其他大部分州一樣，充滿了社會政治的多樣性。比較大的城市──像是丹佛（Denver）和波德（Boulder）──或是特別富裕的地區──比如亞斯本（Aspen）市──就比較自由。這三座城市（再加上屬於不同法令體系的丹佛郡〔County of Denver〕）都已經通過了各種反歧視法，其中也包括「在住居、就業、教育、公共設施、衛生福利服務及其他交易與活動」中，禁止以性傾向（以及種族、性別、年齡和其他許多類別）作為歧視的理由。[2]科羅拉多州的鄉村地區就顯得保守多了，許多基督教保守團體的總部都設在科羅拉多泉，這是因為科羅拉多州的政策適合這些團體，因此他們便主動聚集了過去。

在一九九〇年代早期，基督教的保守派是有理由擔心的。對他們而言，三座城市的法令都有問題，但是更值得注意的是州級的發展。州議會在一九七二年廢除了科羅拉多州的反雞姦法，對於反歧視的努力最近也加快了速度。一九九〇年，人氣很高的州長羅伊・羅梅爾（Roy Romer）簽署了一份行政命令，保障州政府的員工不會因為性傾向而受到歧視。[3]一九九一年，州對於針對男同性戀和女同性戀的「仇恨犯罪」（hate crime）提出了一項法案，就連科羅拉多泉也開始引入反歧視法了。雖然兩種方法最後都失敗了，但是它們的確讓人覺得社會風向在轉變。[4]

對於帕金斯和馬科來說，當務之急是要擊退這股被他們一再稱為「躁進的同性戀侵略」的陣仗。帕金斯認為同性戀「對於性有著異常的癡迷」，兒童性騷擾事件有絕大比例都是同性戀做的。他也當真在「CFV」的小冊子中指控「許多同性戀的生活型態就包括經常對兒童性騷擾」。[5]

一九九二年三月二十日，帕金斯坐著一輛加裝了防護鋼板的汽車來到科羅拉多州議會（Colorado State House），從裡面拿出了一份八萬五千人連署的請願書。他說：「我們認為這應該是全美國最重要的文件之一。」[6]帕金斯所募集的連署的確足夠要求對第二修正案進行重新投票了。

---

2 *Romer v. Evans*, 517 U.S. 620 (1996). 丹佛從一九九一年開始有這類法令，波德是一九八七年，而亞斯本則是一九七七年。

3 雖然在對第二修正案進行的抗爭中，所有階段都將羅梅爾列名為主要的當事人，但他其實是反對國民投票的，個人也一直支持反歧視法。

4 Joyce Murdoch and Deb Price, *Courting Justice: Gay Men and Lesbians v. the Supreme Court* (New York: Basic Books, 2002), 452.

5 同上註。

6 同上註。

不論是反歧視法整體或是特別牽涉到性傾向的法律，都需要檢討是否合法。具有堅定宗教信仰的人很可能會擔心，反歧視法強迫宗教組織僱用某些該宗教無法接受的人。不是只有性傾向才有這方面的問題。舉例來說，如果這類法律是在逼使宗教組織僱用不信仰這個宗教的人，就會有這類問題。最高法院在一九八七年的判決同意「耶穌基督後期聖徒教會」（The Church of Jesus Christ of Latter-Day Saints）開除一名鹽湖城（Salt Lake City）禮拜堂的警衛（因為他不是摩門教徒〔Mormon〕，這是他遭到開除的理由），最高法院認為在此案中不能適用聯邦的反歧視法，因此不能禁止教會開除非教徒。[7]雖然警衛並不是一個宗教職位，但是最高法院認為如果要由法院區分宗教和非宗教的職位，那就太讓法院介入宗教組織的事務了。最高法院明確表示——就算在聯邦的反歧視法之下——宗教組織可以有相當大的自由程度，支持與他們信奉同一宗教的人。

到底在多大程度上，可以用宗教的不同作為宗教組織不必遵守反歧視法的理由，還有值得商榷之處，尤其如果核心議題不是宗教，而是種族、性別、性傾向或婚姻狀態的時候。相對於宗教組織——如果是個人的話，在什麼限度內可以根據宗教理由主張不受反歧視法的拘束，也還存有疑義（例如：在許多州都曾經發生房東因宗教理由而不願意租給未婚的異性戀同居者，因而引發爭議）。丹佛和亞斯本對於這個議題的作法，都是在法令中為宗教異議保留不必嚴格遵守的空間。如果第二修正案的目的是要保障與性傾向有關的宗教主張確實受到尊重，那麼它的條文規定也必須讓所有反歧視的法令都有類似的豁免條款。

關於個人結社的自由也可能有同樣的考量。假設小規模自住出租建築物的房東有義務把房子租給任何房客，即使他——不論出於宗教或道德的理由——非常不贊同該名房客的生活方式。如果有人不贊同這樣的事，那麼他就可以建議法律把小型建築物（甚至是小型的家族企業）排除在反歧視法的範圍之外。

更一般地來說，關注家庭價值的組織也可能會合理地擔心家庭的未來，在這個變動迅速的社會脈絡底下，以保守的基督教方針來說，這是可以理解的。所以它可能會想要借助法律來增進這類家庭利益。一個可能的策略便是以政府補助來治療毒品和酒精的成癮，以及進行婚姻諮詢，因為就我們所知，婚姻破裂常常是因為毒品的濫用、酗酒，或是缺乏有關的諮詢。也可能有人提議法律應該加重離異配偶拒付子女撫養費的處罰，如果要保護尚無能力的兒童，這也是很需要的。還有人可能想到的方法是增加家庭醫療假天數（family and medical leave，為照顧嬰兒或家中病人而請的假），這樣便可以減輕照顧小孩和老人的負擔。也就是說——如同地區法官（District Judge）傑佛瑞．貝勒斯（Jeffrey Bayless）那令人難忘的說法——「看起來，如果一個人想要鼓吹家庭價值，他會採取的行動勢必是贊成家庭，而不是反對其他某些團體。」

7 *Corporation of Presiding Bishop v. Amos*, 483 U.S. 327 (1987).

但是「CFV」提出的對第二修正案進行國民表決的作法，卻沒有選擇這些方法。反而一直強調男同性戀和女同性戀都沒有資格獲得反歧視法的保障：

> 反對賦予男同性戀、女同性戀或是雙性戀的身分任何保障。科羅拉多州政府也不應該透過任何部門或局處，或是任何專職行政機構、政治單位、市政當局或學校行政區，制定、採用或執行任何法律、條例、命令或政策，讓男同性戀、女同性戀或雙性戀的行為、作法或關係足以構成、符合資格，或足以聲稱該人或該團體具有（或可要求）弱勢團體的身分、優先權名額、受保護或可拒絕歧視的地位。憲法的此部分條文均應自動生效。

如果實施了第二修正案的話會實現什麼呢？科羅拉多州最高法院對國民投票的分析是：

> 如果州和地方實體所制定的現存法律、條例、命令和政策禁止歧視性的傾向，第二修正案（最低限度的）立即目標便是要廢除該法律、條例、命令和政策（其中也列舉了這類法令的清單，包括丹佛、波德和亞斯本的法令，也包括羅梅爾的行政命令和《科羅拉多保險法》〔Colorado Insurance Code〕中的類似條款），以及州立大學各種禁止依性傾向加以歧視的條款。

（再度舉例）

第二修正案的「終局效應」是要禁止任何州實體在未來採用類似或更保護的法律、條例、命令或政策，除非先修改州憲法，准許類似的處置。

這些變化也不限於發生在傳統上所謂的「公共領域」：非歧視的法律對個人和對公務人員一樣有約束力，只要是符合「公共設施」定義的地方就有約束力。（以波德的法令為例，其中的定義是「向大眾進行一般性銷售的任何商業場所，以及向一般大眾提供服務、設施、特權或便利的場所，或是透過一般大眾的要求及任何形式的政府補助而接受財務支援的地方」。）房東也受到了影響——如果他們可以提供的房間數多到足以被認為是公共設施（關於「公共設施」的定義，每個地方皆不同）。除此之外，在所有交易行為（包括住房、不動產、衛生福利服務）和私人就業中，如果對男同性戀和女同性戀有特定的法律保障，也應該廢止。

因此，修正案要達成的目的是廣泛地取消民主社會中男同性戀和女同性戀在法令上的許多基本生活權利，並且要妨礙男同性戀和女同性戀對任何形式的歧視提出法律行為的反擊（不論那些歧視有多麼令人不快）。那的確是它的重點。第二修正案想要達成的改變是很全面的。男同性戀和女同性戀被與其他人區隔開來，並且獨立成為一個自成一格的特殊族群：他們無法尋求也無法享有不受到歧視的特定法律保障。

不過當然，第二修正案沒有給他們的是「特殊權利」，而不是平等的權利。修正案的擁護者也一直咬緊了這套說詞。但是讓我們停下來想一下。為什麼社會要通過一些保障某個族群不會受到歧視的法律呢？當然不是因為大家都是好人，而是因為有一些問題已經被注意到了：嚴重到足以讓一般大眾覺得對團體中某些成員的歧視必須要修法以正視了。

現在讓我們想像一下一九六〇年密西西比（Mississippi）州的憲法第二修正案版本——我們先稱它為「M版修正案」好了——在該版修正案中，國民投票拒絕承認非裔美國人（而且只針對非裔美國人）可以享有州和地方的反歧視法所賦予的保障。假設它的擁護者還一直說這是「權利平等，不要特權」：我們並不仇恨非裔美國人，我們只是覺得他們不應該享有**特殊的**權利。

我們立刻就可看出這種國民投票並不是一個中立的作法，它無法讓所有國民都回復到平等的地位。這其實是種族主義者的手段，要讓非裔美國人無法獲得他們原本已經贏得的法律保護（因為國民原本就看到了歧視的問題，並且決定要加以修復）。法律指明非裔美國人這個族群沒有資格獲得反歧視的保護，這等於是將他們和其他人區隔開來了。那不只是對這個族群的影響會比其他人大一些的問題（假如修正案規定的是法律不可以根據種族產生歧視，那可能還只是對誰的影響比較大的問題）。它明確指出只有這個族群不可以尋求法律保護他們免於受到歧視。所有其他族群——義大利裔美國人、羅馬天主教徒、騎腳踏車的人、動物愛好者、抽菸的人、超過六十歲的人，還有任何你想像得到的其他族群——都可以動員起來尋求保護，使自己免受歧視。只有非裔美國人不能夠做這件事。難道我們不會覺得這是法律用獨特的方式對非裔美國人加上烙印，並拒絕賦予他們其他國民都擁有的地位嗎？

第二修正案就等於「M版修正案」。「CFV」並沒有提出一個專門保護有信仰的國民或是傳統家庭的作法；反而是把男同性戀和女同性戀當作目標，對他們制定了廣泛、而且在數量上不受限制的不利條件（就算是那些從來不曾從事過性行為的同性戀也是如此，因為修正案很仔細地把兩種狀況和行為都包括在裡面了）。

第二修正案所表達的是一個德富林式的社會概念：如果是一般人會強烈反對的事，就應該可以用法律禁止。第二修正案要求投票者對性傾向表達強烈的情緒，並且根據這個憤怒的情緒，在法律上規定了許多不利益。彌爾式的主張認為如果是完全平等的個人權利，就不應該只因許多人不喜歡（他們以為）這些人在做的事，就受到限制，但是上述想法並沒有考量到這件事。必須藉「羅梅爾訴埃文斯案」的爭訟才提醒了大家這件事。

雙方的競賽展開了。帕金斯、馬科和他們的同盟者籌得了一大筆錢（帕金斯是主要的捐贈者），在全州開始發放傳單。運動的策略十分聰明。整體來說，它並沒有赤裸裸地呈現，也沒有凸顯其中的噁心感和厭惡感。它的主要訴求就是一直要求「平等的權利，不要特權」。這讓一般市民也可以毫不猶豫地支持這次國民投票，而不用覺得他們這樣做，好像就是在對男同性戀和女同性戀表達厭惡之意。許多國民當然是因為其他理由才支持這次國民投票的——支持者之中顯然還包括其他受到保護的少數族群，因為他們擔心如果通過了反對性傾向歧視的反歧視法，就會損害到他們目前享有的保護（例如：如果州得要支出其他反歧視的項目，那麼就可能會動用到他們目前享有的金額和支援）。

許多善意的國民在投票時，也可能會支持這次國民投票的訴求——他們可能只是因為單純不了解該作法的執行時間和複雜的操作：「出口民調」（exit poll）❷的結果顯示，的確有許多人並不清楚他們剛才投給了哪一方。

不過，不可否認的是挑起噁心感還是那天的一個重要訴求。「CFV」的文宣一直強調「平等的權利，不要特權」。它甚至還一再強打「家庭的價值觀不該有恨」這類標語。[8]但是他們又會一直拿男同性戀及女同性戀的變態和可怕的性行為來當作素材，就像我從一份常見的文宣上摘錄下來的一段，就剛好放在「家庭的價值觀不該有恨」這一段的右邊。我也聽過威爾・帕金斯在第二修正案的法官審判❸中所作的證詞（那是在一九九三年十月十五日）。我聽到他承認（帶著一點不甘願）在「CFV」發放的其他文宣中，還提到了卡麥隆的典型主張——同性戀會吃糞便以及喝生血。有人提議聘請卡麥隆來指導擬定他們的策略——即使明明知道他的觀點。

訴諸噁心感只是附加的嗎，或者這才是策略的核心呢？帕金斯和馬科屢次使用噁心感的語言以及相關詞彙——像是「墮落」和「脫序」。他們也把卡麥隆拱在運動中非常核心的位置——就連州的總檢察長日後要為修正案辯護時，也讓他居於非常核心的位置。他們的演講會提到疾病、兒童性騷擾、「躁進的同性戀侵略」。最重要的是，他們一直強調男同性戀和女同性戀的性行為與一般的科羅拉多人「非常不同」，藉此來消除任何對同性戀可能產生的同理（empathy）或共通（commonality）的感覺。引發噁心感和破壞「同理的政治」一定是相輔相成的。所以就算性行為的相關素材並未總是被放在很前面或很核心的位置，但它還是很重要的。他們的策略就是要讓投票者有充分的理由感到噁心——但也還是要給他們一些更能被社會接受的理由投下「贊成」票，給他們一些對自己和對別人都說得過去的理由。

一九九二年十一月三日，第二修正案以八一三九六六票對七一〇一五一票（百分之五十三點四對百分之四十六點六）的投票數通過了。於是有一群原告——包括個人（瑪蒂娜・娜拉提洛娃〔Martina Navratilova〕便是其中之一）❹和許多政府實體（波德村學校區〔Boulder Valley School District〕、丹佛市郡、波德市、亞斯本市和亞斯本市議會〔City Council〕）——便開始對這個法

---

❷ 譯註：在選舉的投票期間，於票站出口訪問剛完成投票者的投票意向的民意調查。

8 CFV pamphlet: *Equal Rights Not Special Rights.*

❸ 譯註：bench trial，指沒有陪審團參與，僅由法官審理，或當事人已放棄由陪審團審理的情況。

❹ 譯註：著名的捷克裔美國籍女子網球運動員，單打最高紀錄世界排名第一，包括創紀錄的溫網女單九度封后，國際網球名人堂成員。

案提出質疑，希望能夠阻止它的施行。

2. 行動一：科羅拉多——基本權與政治程序

圍繞著第二修正案的訴訟十分複雜，牽涉到三種明確的法律理論。弄清楚這些，可以讓我們更進一步了解支持修正案到底意謂著什麼，而又是為什麼，最高法院將其廢棄是正確的見解。

這齣戲劇的第一個行動，是由原告向地區法院的H．傑佛瑞．貝勒斯法官提出申請，想讓法院簽發「預防性禁制令」（preliminary injunction），禁止該法案的執行。在這個初步階段中，原告希望試著找到一個方法，確保州不僅得為該法找到一個合理依據，而且更需要確實符合州的利益。大部分法律都會有合理的依據，所以雖然原告一直主張該法案甚至不具備合理的依據，但是他們最主要的策略還是得想出一些理論，讓第二修正案被歸類為需要經過仔細審查的法律類型。

如果想要將這個爭論置於憲法第十四修正案的「法律平等保護條款」之下，一共有兩個方法。第一種是主張根據一個人的性傾向來將人分類是一種可疑的分類方式，這我們已經在第二章仔細探討過了。這種策略看起來不會成功，因為它在其他案件中也都沒有成功過。第二種是主張——如同我們在第三章所見的——引起爭議的法律侵犯了沒有明文列舉出來的「基本權」，就算沒有明文列舉出來，但那還是「法律平等保護條款」原本便應該包含的內容之一，例如投票權和遷徙權。

在行動一中，原告根據第二種策略精心設計了一套明智的說詞，也獲得了科羅拉多州最高法院的贊同。[9]他們主張第二修正案剝奪了男同性戀和女同性戀「平等參與政治程序」的權利，把同性戀「隔絕」在這個機會之外，不讓他們可以用投票的方式，通過保障自己利益的地方和州法規——但那是所有其他國民都享有的機會。為了支持這個論點，他們舉了許多其他案件，都是關於重新分配、弱勢族群權利，或是其他各種試圖「限制某些族群的能力，好讓自己想要的立法能夠以一般的政治程序實現」的案例。雖然這些先例都與種族問題有關，不過科羅拉多州最高法院認為，爭論的核心並不是這些在種族上令人感到疑慮的分類，而是基於以下原則——法律平等保護條款「保證了人民平等參與政治程序的基本權，如果有任何行為試圖侵犯一個（可以獨立識別的）族群享有這項權利的能力，均應受到嚴格的司法審查」。

9　*Evans v. Romer*, 854 P.2d 1270 (Colo.)；日後也經過他案觀點的確認，517 U.S. 620 (1993，之後稱為Evans 1). 貝勒斯法官在一開始時認為公法不會「贊同和實現私人的偏見」——引用自*Palmore v. Sidoti*, 466 U.S. 429 (1984)，那是一個涉及監護權的案件，一位離婚的母親再婚嫁給了一名非洲裔的美國男性；前夫認為兩人的小孩會受到社會歧視，因此要求取消母親的監護權。不過這個案子對於本件的原告並沒有什麼幫助，因為它涉及到根據種族而做的分類，這已經足夠成為要求嚴格審查的理由了。科羅拉多州最高法院的確必須確保其策略可以讓眼前案件與傳統的平等保護觀點連結在一起，以通過嚴格的審查。

這是一個很有趣的法律理論，但是有它的問題存在。首先，為了確實找到一個平等參與政治的普遍權利，有投票機會和投票權利的案件都被誇大了。[10]這個理論使用了「可以獨立識別的族群」的概念，使這件事更難以解釋。這當然不能只拿來指稱已經屬於可疑分類（享有受保障地位的）團體，否則男同性戀和女同性戀就無法被包含在內了。而另一方面又必須找到用什麼方式來為「可以獨立識別」訂出界線，否則這個理論又包含得太廣了（舉例來說，許多法律都會歧視重罪犯，但是科羅拉多州最高法院顯然不是要針對這些法律）。法院也想要對這個概念定出界線，因此表示它僅包括傳統上受到反歧視保護的族群，或是可因這種保護而受益的族群。但是這並不夠明確，因此「可以獨立識別」還是一個得繼續探討的概念。

更有問題的是這項法律理論和「鮑爾斯訴哈德威克案」的關係。根據「鮑爾斯案」，男同性戀和女同性戀的確很有可能被指責為犯罪者。但是當然有許多法律條文規定犯罪者在政治程序中會遭受不利的處遇，而這些條文也是合憲的。例如許多州的法律明文規定已經判刑確定的重罪犯會被褫奪投票權。而如果同性戀會（或是可能）被法律認定為犯罪者，那麼，是否表示他們會在政治程序中遭受不平等的對待呢？我們應該試著區分行為和傾向，也就是說：如果不能平等地對待有同性戀傾向的人，那就是不對的——即使他們的確非常可能經常作出犯罪的行為（或者被宣告為犯罪的行為）。但這其實是一個很難釐清的區分。

「埃文斯案」對原告而言是一個明確的勝利，但是它的法律效力卻似乎過於薄弱。

3. 行動二：法官審判——不遮掩的敵意

科羅拉多州最高法院同意簽發禁止該法施行的預防性禁制令，並且將第二修正案發回地方法院進行實體審查。於是這齣戲劇的第二個行動，將我們帶回了地區法官H．傑佛瑞．貝勒斯位於丹佛的法庭中。在嚴格審查的傳統標準之下，我們現在很清楚地知道州必須要證明第二修正案具有「重要的州利益」，而且制定第二修正案是保護這個利益最相關也最不會帶來負擔的方式。

但是原告同時還希望貝勒斯法官作出判決，宣布性傾向是一種可疑的分類。不過原告在這個議題上並沒有成功。他們召集了許多專家證人，試圖證明男同性戀和女同性戀（這種分類）有三個特徵，而一直以來只要有這三種特徵，都可以歸類成可疑的分類：受到歧視的歷史、政治上無權無勢，以及這個分類的關鍵性特徵始終不曾改變。貝勒斯法官認為原告所提出的第一個論點夠說服力，第三個論點則夠強大，也引人關注，但是他並沒有作出終局的決斷。不過，認為男同性戀和女同性戀在政治上並無權勢的論點則沒有說服他：貝勒斯法官認為因第二修正案而變得無效

10　這是反對此種多數意見的不同意見分析中最核心的論點。

的法律，正好證明了男同性戀和女同性戀享有實質上的政治權力。貝勒斯法官最後拒絕認為性傾向是一個可疑的分類。

因此，審判中大部分的行動焦點都放在州要試圖證明第二修正案提供了重要的州利益。科羅拉多州總檢察長蓋爾．諾頓（Gale Norton）的策略十分直接，還帶有侵略性：她盡可能條列出許多重要的利益，並且找來學術界的專家為每一項利益提出足以支持的證言。

最初被提出的重要利益有六項：(1)終結黨派之爭（州所指的是這個「嚴重引發爭議」的議題在政治上的爭論，將不再發生於地方政府中）；(2)維持州的政治功能完整性——州宣稱這可以避免「躁進的同性戀侵略」的風險；(3)使州有能力不讓人民因傳統的可疑分類而受到歧視；(4)阻止政府介入個人、家庭和宗教的隱私領域；(5)防止政府向特殊利益集團的政治目標靠攏；以及(6)提升兒童身體和心理的福祉。州主張這其中的任何一項——即使獨立開來——都是很重要的，而且就算這六項獨立來看都不重要，它們合在一起時還是非常重要的。除了這些之外，後來州在審判進行中又增加了第七項重要的利益——「公共道德」的面向。州主張其他六項都有涉及此項。

貝勒斯法官最後認為利益(1)的說法不具有足夠的說服力：甚至他還寫「被告所主張的第一種重要利益，或許其**相反面**才是最重要的」，他的意思是說如果在地方層級有政治意見的激烈交鋒（而非完全不存在爭議），才是重要的利益。[11]他認為利益(2)也不具說服力：「其所提出的證據，不足以讓本法庭相信本州確實存在躁進的同性戀侵略，並且將危及州的政治功能。」而第三項重要的利益無異於宣稱州沒有足夠資源，如果要多保護一個族群免於受到歧視，就勢必得從目前已經投入於保護其他族群的經費中撥錢出來。貝勒斯法官注意到丹佛市長和負責執行丹佛反歧視法規的官員，都在他們的證詞中指出「將性傾向包含在丹佛的法規中，並不必然表示必須增加執法的人員，也不代表費用的增加」。

第四項重要的利益就是另外一回事了。保護宗教自由當然是州的重要利益。不過，貝勒斯法官認為第二修正案在制定時，並沒有限定要用「盡可能最限制的方式」達到其要求的利益：州可以在反歧視條文中制定宗教的除外條款——丹佛和亞斯本就已經這麼做了。

州所宣稱的第五項利益認為，如果個人遵守反歧視法的話，就會被迫接受「同性戀的意識型態」。州在初審摘要（trial brief）中寫道：「舉例來說，如果房東被迫要把房子租給一對同性伴侶，該名房東就等於是（至少是隱性地）被迫接受了一個特定的意識型態。」而貝勒斯認為州所宣稱的這項重要利益「並沒有任何可信的證據或讓人信服的論點可以支持」。

第六項重要利益是要提升兒童身體和心理的福祉。專家證人為州所作的證詞證明同性戀經常對兒童性騷擾。貝勒斯對此的回應是：原告方也提請了聲譽卓著的心理學家提出大量證詞，其中也很有說服力地指出有戀童癖的人大部分是異性戀；因此被告方並沒有完全證明其所聲明的這項

11 *Evans v. Romer*, 1993 WL 518586 (Colo. Dist. Ct.).

重要利益。貝勒斯最後並沒有直接針對公共道德的議題給出答案；那時他作出的結論，只是認為州並沒有達到嚴格審查的要求。

上述便是所有的利益和結果。中間還有專家證詞，支持州對於重要利益的主張。第二修正案的法官審判在這裡顯得有點像馬戲表演。在保羅．卡麥隆的建議之下，州召集了相當數量的證人，提出證據來支持州的主張——但是在日後，有人揭發諾頓以州的名義付了超過一萬元美金給卡麥隆，要他在本案中提供協助。[12]在辯論兒童性騷擾和家庭價值的議題時，是根據卡麥隆的極端觀點來形成證人名單的，而且其中有幾位州的專家還與卡麥隆一樣，曾經遭到有公信力的專業機構除名或批判，因為他們的論點並沒有足夠的證據，或是還（像卡麥隆一樣）自行捏造證據。[13]卡麥隆自己也在證人名單上（卡麥隆從來沒有站上證人席，但是他的專家證人陳述卻是法庭紀錄之一）。似乎是只要會講男同性戀和女同性戀的壞話、且有相當知名度的學者，州就急著想要傳他們來當證人。

專家證詞背後代表的常常不是真相。爭辯的雙方當然都會找來支持他們論點的專家。不過除此之外，州所徵召的專家其實還有更醜陋的一面——他們之中許多人其實都已經不具有什麼信譽了。反同性戀情緒促成了第二修正案的通過，就是同樣一種情緒，又形成了州對於該法案的辯護策略。

最古怪的——但是或許也最可以透露出人的想法——就是關於「公共道德」的說法，它們大部分都和本案根本無關。或許州覺得專門的社會科學家不夠有名，同時又得知真的有一些聲名顯赫的知識分子想要出面說明道德哲學和其歷史，因此，州就想要證明世界上所有優秀的思想家的確都覺得同性戀是墮落、而且不受歡迎的。

在審判中提供證詞的主要證人有牛津大學哲學家約翰・菲尼斯（John Finnis）（現在也於聖母大學〔University of Notre Dame〕任教）；普林斯頓大學（Princeton University）政治學理論家羅伯特・喬治（Robert George）；多倫多大學（University of Toronto）哲學家大衛・諾瓦克（David Novak）（後來至維吉尼亞大學〔University of Virginia〕任教）；以及哈佛大學政治學理論家哈維・曼斯菲爾德（Harvey Mansfield）。諾瓦克提出了一個具有學術性而且經過精密推論的說理，

---

12 參見http://www.qrd.org/qrd/usa/colorado/1994/norton.paid.paul.cameron.big.bucks-outfront-08.14.94。雖然這個特定的版本是一個支持同性戀的刊物報導出來的，不過諾頓的確有公開承認她付給卡麥隆的金額是美金一〇一二五元。也可能還有其他筆的支付；諾頓的辦公室從來沒有好好地配合媒體，只有當記者說他將動用州法律中的資訊自由（freedom-of-information）條款要求公布消息時，諾頓辦公室才透露了這個數字。諾頓後來又競選連任，因此她只好勉強承認有這一萬美金的事情，免得遭到全面調查。

13 這類證人中比較著名的一位是查理斯・蘇格勒斯（Charles Socarides），他是一名佛洛伊德派的精神分析師，並且認為同性戀可以進行「性傾向治療」（conversion therapy）。蘇格勒斯並未遭到「美國心理分析師協會」（American Psychoanalytical Association）除名，但是因為他以自己的觀點冒充協會的意見發布，因此協會曾經公開譴責過他，並且威脅如果他再繼續這麼做的話，將面臨法律程序。

該說理符合傳統猶太教的想法，而——即使仍有爭議——傳統猶太教的想法仍然是學術主流。[14]其實諾瓦克從來沒有說明他的歷史素材和現代民主國家應該做的事有何相關。但是其他三個證人都一個勁兒地在為第二修正案辯護，並且一再主張歷史的想法支持這個法案。他們把各種主張詭異地混合在一起。羅伯特．喬治是各種保守天主教自然法學說的擁護者，他的證詞透露出他之所以認為同性的性行為不好，只是因為避孕和手淫是不好的；他極力主張應該容許房東拒絕把房子租給會進行上述任何一種行為的房客——這種立場實在是太極端了，所以當然不是科羅拉多州正在建立的「公共道德」。哈佛大學的曼斯菲爾德在證詞中指出，同性戀是一種病態和悲哀的生活方式，一定會導致深沉的不幸[15]（然而，其實很難清楚說明既然修正案會讓科羅拉多州的同性戀過得比以前更不快樂，那麼，為什麼這可以拿來當作支持修正案的理由）。他支持各種以比較觀點（和非裔美國人及女性的比較）討論男同性戀和女同性戀是否快樂的論述，並且引用了西方傳統中著名的政治哲學經典（盧梭、托克維爾、柏拉圖和亞里斯多德）加以支持——但是，他沒有考慮到這些思想家其實都沒有討論過這類的比較。

4. 行動三：最高法院——敵意與合理依據

州上訴到了科羅拉多州最高法院，最高法院秉持其提出的最初見解，認為第二修正案違憲。[16]科羅拉多州再上訴到美國最高法院，美國最高法院決定審理這個案子。

原告的策略在這時候就變得極其重要了。因為有「鮑爾斯案」這個前例，因此基本權的策略會顯得有風險。為了避免對「鮑爾斯案」提出正面的挑戰，原告舉了「克利本市案」和「美國農業部訴莫雷諾案」的前例，主張第二修正案並不具有合理依據，[17]在這兩案中，最高法院都認為如果法律制定的動機是因為對某一個不受歡迎的族群感到厭惡或恐懼，那麼該法就缺乏合理依據。「莫雷諾案」的事由是聯邦的糧食券計畫要求領取援助的家庭成員都必須與其他成員「有親屬關係」，而最高法院認為「如果憲法對於『法律平等保護』的概念足以包含一切，那麼，無論如何，純粹地……想要傷害一個在政治上不受歡迎的族群，這種想法絕對不可能構成一個合法的政府利益」。[18]

---

14 諾瓦克在事後與我及其他學者（此議題的正反雙方都有）合作，以同性戀及其權利為題，舉辦了一次正式的學術研討會，並出版了一本對討論很有助益的論文集：*Sexual Orientation and Human Rights in American Religious Discourse*, ed. Saul M. Olyan and Martha Nussbaum (New York: Oxford University Press, 1998)。

15 哈維．曼斯菲爾德於一九九三年十月八日經具結後的作證內容（具結等同於宣誓）。

16 882 P.2d 1335: 1994 Colo.（以下稱為*Evans 2*）

17 413 U.S. 528 (1973). 由於「莫雷諾案」關乎的是聯邦（而不是州）的計畫，因此其中引用的是憲法第五修正案的「法律平等保護條款」，而不是憲法第十四修正案。

18 同上註，頁五三四。

最高法院在一九九六年五月二十日以六比三的投票結果，宣告第二修正案違憲。多數意見由甘迺迪大法官執筆，甘迺迪大法官認為這個案件直接觸及了「法律平等保護條款」和「法治」（rule of law）的核心：我們的憲法「從未聽說、也絕不容忍國民之間有階級存在」。甘迺迪大法官在意見的一開頭就引用了哈倫（Harlan）大法官在「普萊西訴弗格森案」的不同意見中所說的這句話——一八九六年的「普萊西訴弗格森案」堪稱是一件惡名昭彰的案子，因為最高法院在該案中認為公共設施所實施的種族隔離並不違憲——種族隔離等於是有計畫地將某些族群劃分為次等族群。引用了這句話，就是將「羅梅爾案」與美國長年以來與之相關的對抗連結在一起了。

在這篇格外精簡的意見書中，其他部分都在分析第二修正案的不合格之處，確定它們的確創造出一個階級。雖然州主張修正案只不過是沒有賦予同性戀「特殊的權利」（史卡利亞〔Scalia〕大法官在不同意見中表示接受這樣的看法），但是甘迺迪（令人意想不到地）否決了這個主張。「此法全面且大幅地改變了法律的地位……不論是在私人或政府領域的交易和關係中，州法律都將同性戀視為一個單獨的類別。」甘迺迪後來又詳細指證第二修正案會在哪些領域造成體制上的不平等。

甘迺迪大法官接著承認大部分法律在分類時，都會使某些人遭受到特別的不利益。因此，除非是關乎基本權的或是可疑分類的法律，「只要與任何的合法結果有合理的連結」，分類通常還是會被容許的。但是第二修正案卻無法通過這個測試：它對於某個族群（在生活中的各個領域）

都製造了廣泛且全面的不合格狀態，而且這些不合格狀態與該法所提出的理由完全無法連貫。因此，「若非出於對某個分類團體的敵意（該團體會因為修正案而受到影響），該修正案實屬不可想像；其與合法的州利益並不存在任何合理的關係」。修正案既過於狹隘，也過於廣泛了：「它只用單一特徵來定義一個人，然後就拒絕給他們全面性的保護。其結果造成某一種分類的人被摒除在權利之外，這種不合格的狀態還需要從法律中尋求特定保護，這在我們的法律體系中是史無前例的……我們的憲法傳統不會容許制定這樣的法律。」

史卡利亞大法官的不同意見中提到「鮑爾斯案」認為反雞姦法是合憲的，他還援引了一個惡名昭彰的案例——一八九〇年的「戴維斯訴畢森案」（*Davis v. Beason*），表示如果某一個族群的典型作法被認為是犯罪行為，那麼普遍使其受到不合格的狀態，就是可以允許的。在「戴維斯案」中，法院支持愛達荷（Idaho）州的法律——該法律規定一夫多妻者、一夫多妻論的擁護者，以及傳授或提倡一夫多妻論的機構成員（因此也就包含了所有摩門教徒），不可以享有投票權和擔任公職的權利。既然可以因為摩門教徒很有可能採取或是很典型的作法而剝奪其投票權，史卡利亞大法官據此推論出第二修正案也可以對男同性戀和女同性戀加諸一些不合格的狀態，這應該也沒有什麼違憲之處。

史卡利亞大法官竟然援引「戴維斯案」，這實在很令人震驚，「戴維斯案」絕對稱得上最高法院史上最廣受批評（事實上它也的確令人感到深惡痛絕）的判決之一。如同甘迺迪大法官所指出的，「戴維斯案」根據信仰就否定了一個人的投票權，從這個角度來看，它並不是一個好的法則。如果說「戴維斯案」還有什麼可以留下來的觀念，頂多就是被宣判有罪的重罪犯可以被剝奪投票權：但那並不是第二修正案在討論的問題（而且——如同我們已經指出的——雞姦在科羅拉多州已經不是犯罪了）。

至於是否可以用宗教上的考量來證明第二修正案的正當性，甘迺迪大法官的結論是認為用宗教豁免（一個在適用上窄得多的補救方式）就可以滿足這個考量了。第二修正案的範圍包山包海，但是很明顯的，沒有指向任何合法的目的。不論是由誰來推論，都會認為第二修正案的真正目的只是不要讓同性戀取得和其他人平等的地位。而甘迺迪堅決表示「科羅拉多州不能如此。州不能把某一種分類的人排除在州的法律之外」。

因為甘迺迪大法官的意見實在是太過精簡，所以引發了許多後續問題。主要的問題到底是修正案的目的是否（不）合法？還是——不論其真正想要達成的目的是什麼——第二修正案加諸的階級在本質上違反了平等保護？有些學者認為應該以不合法的意圖或目的作為分析核心，我也是其中之一。[19]不合格規定的本質的確很重要，但是它的重要性在於為我們帶來啟發，告訴我們修正案的目的並不像州所宣稱的那樣是要保護宗教自由，或是恢復權利的平等（而不要特殊權利）。我們必須注意到這個分析是根據「克利本市案」和「莫雷諾案」這類案件而來的，它的分析和諸如「布朗案」或「洛文案」是不同的——該兩案認為（不管州的目的是什麼）階級本身就是可以反對的對象。不合法的目的促使分類存在，而不論其外觀如何修飾，不合法的目的似乎就關鍵地顯示出「羅梅爾案」的法律與合法的政府利益之間，並不具有合理的關係。

「CFV」的反應自然是對這個意見毫不留情地發表了譴責。威爾．帕金斯說取得勝利的那股力量根本是「下定決心要強逼美國人嚥下那種不正常的生活模式」。[20]他說作出判決的那一天，「當真是叫所有還有良知的美國人都感到寒心的一天」。他認為美國人一定會馬上站出來，對作出多數意見的六名大法官提出質疑。[21]

甘迺迪大法官在「羅梅爾案」中其實是立於不敗之地。整部法律和為它所作的辯護，從頭到尾都包含了不合法的意圖。不過也因為這個理由，能夠用「羅梅爾案」支持的案件其實非常有限，日後如果再出現涉及性傾向的反歧視案件，「羅梅爾案」其實不太能夠提供什麼指引。如果一項法律中包含明顯的不合法意圖，而且會對男同性戀和女同性戀加諸不利益，那麼該法律就缺乏之合理的依據。如果要將歧視男同性戀和女同性戀的其他形式也宣告為無效，那麼，依據實際狀

---

19 尤其可參見Andrew Koppelman, "*Romer v. Evans* and Invidious Intent," *William and Mary Bill of Rights Journal* 6 (1997), 89-146.

20 David W. Dunlap, "The Gay Rights Ruling: In Colorado, Ruling Signals More Fights to Come," *New York Times*, May 21, 1996.

21 同上註。

況擴大對合理依據的審查的確可能是一個方法。但如果是更隱約的不利益或是適用範圍更狹隘的不合格狀態呢？這類法律說不定就能通過合理依據的審查。因此，嚴格審查依然是核心的問題。如果涉及同性戀這種分類的法律也和涉及種族或性別的法律一樣，可以享有某種形式的嚴格審查，那麼，它或許的確可以保護男同性戀和女同性戀免於受到各種不利益。

5. 可疑分類：性別歧視？永久的不變性？

科羅拉多州最高法院探索出一種嚴格審查的途徑。不過從前例來看，這種要證明是基本權的作法其實很難做到，而且只能用於很有限的案子——除非那些案子的確在政治程序中帶來了許多不利益。

因此，比較需要用到的是可疑分類的作法。不過該作法其實有兩種饒富趣味的面向，我們現在必須要知道哪一種是比較可行的。

第一種作法可能是比較直接的作法：認為性傾向屬於——或說它自己就是——一種可疑的分類。這個方法已經經過了許多努力，因為男同性戀和女同性戀一直以來都有令人難以卒睹的受歧視歷史。但它還是一再碰壁——因為法院不願意承認傳統上就有對於可疑的標準。

因此，有些理論家試著要找出不同的方式——用性別平等的方式。與性別有關的分類已經要適用中度審查：而這個方式就是要嘗試把對男同性戀和女同性戀的保護，放進這個法律已經承認的類別中。這就是這個方法的出發點——如同其辯才無礙的強力支持者安德魯．科佩爾蒙（Andrew Koppelman）所說的。

試想一下反對種族通婚的法律：為什麼我們知道這些法律關乎種族的分類，因為只要改變了其中一方的種族，兩個人就可以結合了。假設有一位約翰是黑人，而莎莉是白人：根據這類法律，他們不能夠結婚。但是如果莎莉換成瑪麗——而瑪麗是個黑人，那麼，（說也奇怪，）約翰和瑪麗就可以結婚了。因此，這種（根據種族的）分類就屬於可疑分類。同樣地，讓我們再假設一個珍妮佛和蘇珊的例子。珍妮佛和蘇珊居住的州禁止同性伴侶有收養行為，所以她們不能夠收養孩子（在此，我故意先不談同性婚姻這個更難的議題）。但是，只要蘇珊換成了鮑伯——而鮑伯是男性，那麼，（說也奇怪，）困難又消失了：只要從一個性別換成另一個性別，事情就變得完全不一樣了。我們甚至還沒有談及性傾向的問題：重點在於只要把一名男性換成女性，或是把一名女性換成男性，就可以在法律上造成截然不同的結果，所以法律涉及的是根據性別所作的分類，而這種分類本身需要嚴格的審查。

這是一個聰明的論點，但是對於許多人來說，它又好像太守法了（這句話並不是誇獎的意思）：也就是說，它找到了法律的一個漏洞，但是它並沒有真正掌握到事情的真相。事情的真相是當珍妮佛和蘇珊被禁止做這件事的時候，事實上她們是因為自己的性傾向而受到了處罰。人們覺得她們的性行為是一件壞事，所以希望阻止孩子在這種「病態的」環境中長大。要正確地看待這種分類，我們必須知道它關乎的是性傾向，而不是（例如）對女性的歧視。當然它和種族通婚的法律是有點像的，但這只是表面：這種論點並沒有深入幫助我們了解歧視的真正根源是什麼。

不過對於這一點，科佩爾蒙有一個極具說服力的回覆。如果深入看一下對於同性戀的偏見，我們就會發現其實都是源自於對性別的歧視：它要維持性別之間的二元分立，以及男性對於女性的家父長式操控。他們對於珍妮佛和蘇珊的擔心，是因為她們衝破了這種家父長式的操控。因此，不論是探究到深層或是從表面上來看，她們所面臨的歧視其實是一種性別的歧視。

那是因為對女同性戀本來就存在著許多偏見——這麼說可能也沒錯。也許這種想法甚至可以解釋對於男同性戀的偏見：奧斯卡．王爾德拒絕擔任家父長式的角色，反而選擇了性的愉悅，這件事嚇到了英國人。或許在某些事例中，對男同性戀的偏見其實反映的是更一般性的焦慮——因為男同性戀之間的關係混淆了性別之分。不過對於男同性戀的偏見——這才是美國的反同性戀運動真正的發源——也同樣來自於對身體的可滲透性和脆弱性的深層焦慮（主要是男性所感受到的焦慮，而且或許這種焦慮才是更為核心的理由）。如果害怕失去對於女性的控制，將無法解釋這種對身體的深層焦慮。反同性戀的運動從一開始就幾乎完全無視於女同性戀的存在，科佩爾蒙的深層論點並不是很能說明這個現象。

因此我認為（雖然我對科佩爾蒙的重要研究還是抱持極高敬意）這種論點雖然的確指出了男

同性戀和女同性戀為何遭到歧視的部分事實，[22]但還是嚴重不足，因此也不是最能夠支持男同性戀和女同性戀在「法律平等保護條款」下尋求強化保護的方式。讓我們回到最直接的方法。用什麼論點可以讓法院接受這種方式呢？

一開始，我們要先注意到嚴格審查的傳統指標——受歧視的歷史、在政治上沒有權力，以及永遠無法改變——都只是指標，而不是必要的條件。它們隨著時間的演進漸漸浮現，也的確在一些案件中發揮了作用，但是法院從來沒有說過這三種條件都是一定要存在的。

接下來，我們應該試著看看這些指標的背後有什麼直覺式的想法。它們的核心想法似乎是在說：如果我們有很充分的理由，認為一個族群所處的社會對於該族群的分類已經被某些偏見所污染了，那麼我們就應該更加嚴密關注。必須要注意的是這種對於歧視的擔憂，應該遠超過「羅梅爾案」中對於敵意的憂慮。如果一個族群長期以來受到歧視——通常是因為刻板印象——那麼，對於那個族群的分類就很可能受到那類刻板印象的污染（即使沒有人對那個族群有任何惡意）。尤其是關於女性的分類很可能會帶有偏見，或是奠基在一些貶低人的刻板印象上——即使並不帶有敵意。如同布倫南（Brennan）大法官在「弗朗蒂羅訴李察森案」（*Frontiero v. Richardson*）中

22　科佩爾蒙也承認其論點並沒有掌握到某些最嚴重的問題，參見“Defending the Sex Discrimination Argument for Lesbian and Gay Rights: A Reply to Edward Stein,” *UCLA Law Review* 49 (2001), 519-538.

所說的——該案確立了根據性別所作的分類應該適用嚴格審查：

美國有一段很長期也很不幸的性別歧視歷史，這是不容置疑的。傳統上「溫情的家父長制」的態度讓這類歧視被合理化了，而它在實際上讓女性被關進了牢籠，而不是被置於受保護的地位……因此……我們的法典裡漸漸寫滿了關於兩性之間的、明顯而充滿刻板印象的區別。[23]

之所以應該適用嚴格審查，並不是因為存在著惡意（畢竟「溫情的家父長制」是出自仁慈的考量），而是因為長年以來對女性的畸形觀點，阻礙了她們得到完全的平等。因此，其實是因為長久以來存在著歧視的歷史，才讓我們對於這樣的分類抱持疑慮，擔心它們也一樣受到了污染。我認為這才是——也應該是——判斷可疑的重要標準，才能夠說明為什麼在某些案件中，我們會覺得需要適用嚴格審查。

在政治上沒有權力——如果真的有這種情形——是很重要的，這也是因為受到歧視的歷史：如果存在著嚴重的歧視，一個族群很可能會沒有足夠機會影響立法者，讓立法者好好考量他們的利益，因此，我們當然會很懷疑這種分類對於該族群是不利的。如同布倫南大法官在一九八五年的案件中所寫的：「由於對同性戀表露的立即而嚴重的羞辱曾經是如此公開，因此該族群的成員可謂特別缺乏在政治場域中公然追求權利的力量。」[24]不過，如果核心的概念是因為受歧視而受到污染的分類，那麼，我們就不應該認為政治上沒有權力是嚴格審查的必要條件。有些族群可能已經做了許多政治上的動員，但還是無法擺脫對他們的歧視和刻板印象。即使到了今天，女性還是面臨這樣的情況。弱勢的人可能有組織為他們的利益辯護，也說不定能夠制定符合自己利益的法律；但證據依然顯示對他們的嚴重歧視一直存在著，所以的確需要某種形式的嚴格審查。男同性戀和女同性戀的處境也是類似的：雖然他們可以組織並且投入政治行動，但是對於他／她們所屬的分類，仍然存有許多歧視和污名，因此，雖然有這類的政治行動，但還是應該受到某種形式的嚴格審查。

永久的不變性又是如何呢？這個標準也常常受到挑戰，而我們也能夠知道原因。假設有一種藥丸可以改變一個人所屬的種族：那麼因為種族而生的歧視就比較不會構成問題了嗎？人有辦法、而且也的確有人改變了他們的性別，但是這並沒有改變歷史中一直存在的對女性的歧視，因此還是需要嚴格審查。我們當然可以自由選擇自己的宗教，甚至也可以隨意更改，但是這也無法扭轉宗教存在歧視的問題（當然因為宗教受到《美國憲法第一修正案》的保護，所以不屬於傳統

23 *Frontiero v. Richardson*, 411 U.S. 677 (1973).

24 *Rowland v. Mad River Local School District*, 470 U.S. 1009 (1985).

上應受法律平等保護的類別，但是想法是共通的）。因此性傾向到底是由基因決定的，或是在兒童早期學來的（或許正確答案是由兩個因素交錯而成），甚至是更晚期形成的，似乎就應該沒什麼要緊了。

讓我們看一段關鍵的文字，這有助於我們理解法律對於永久不變性的根本概念為何。這也同樣是布倫南大法官在「弗朗蒂羅案」中的多數意見：

> 尤有甚者，既然性別——就像是種族和祖國——是一個僅靠出生這個偶然的因素決定、不可能改變的特徵，那麼，對於特定性別的人加諸特別的不利益，就似乎違反了「我們體制的基本概念（我們的體制認為法律負擔應視個人的責任而定）」。因為性別特徵應該和執行或是對社會作出貢獻的能力無關，因此，如果把性別視為一個智能或身體上的殘缺，那就是一個可疑的定位了。所以，在法律上對性別所作的區分，通常是不公平地把整個女性階級貶低到比較次等的法律地位，而沒有實際考量其個別成員的真正能力。

這一段話很清楚地告訴我們：真正的重點並不是永久不變性，而是因為與要追求的目的沒有關係。布倫南大法官並未針對「智力是不是遺傳的」這件事發表意見，這也是聰明的：還沒有人能夠確定知道什麼不同的環境和遺傳因素會影響智力，而我們也不必先解答這個問題，但還是可以容許智力和職業有關。有某些例子（例如音樂天賦），讓我們很確定這種能力的基礎是與生俱來的，所以也是不會改變的——但是我們不會要求交響樂團不可以根據音樂才能來僱用團員。最重要的思維不是「無法改變」這個概念；而是好幾個世紀以來，女性都（因為身為女性）而被刻板地認為就是沒有能力的，她們個人的特質不會受到檢視——雖然那可能才是和特定工作相關的。這就是為什麼這樣的分類是可疑的。它們因為由來已久而取得了地位（有許多刻板印象都是如此），又從這些刻板印象中再推導出其他特徵——可能是一個接著一個，也可能不是，但這些都不是與該工作真正有關的特性。在此，身分的永久不變性成為它何以經年不衰的理由，因此衍生出許多刻板印象。但是該分類顯得可疑，主要還是因為它的非相關性。

現在讓我們回到性傾向的問題。在「弗朗蒂羅案」中，我們可以看出對男同性戀和女同性戀的刻板印象，會讓人們在很多方面把許多特徵都歸到他們頭上（又因為他們有這些特徵，會讓人們似乎有很充分的理由對他們不好）。舉例來說，男同性戀和女同性戀常常被教學工作拒之門外，因為對於同性戀的刻板印象就是認為他們會對兒童性騷擾。這種刻板印象毫無證據支持，並且會對個人帶來各種不公平的評價。其實應該是僱用的機構要對個人（不論是異性戀或同性戀）的背景進行調查，確認是否有任何理由，讓人質疑該人可能會對年輕人進行不當的行為。這與「弗朗蒂羅案」極為類似，但不是因為這種特徵的永久不變性。永久不變性會使該分類長久存在，因此就有許多偏見應運而生。但是該身分與人們（出自偏見）用於該身分的目的，兩者之間並沒有什麼關係。

永久不變性還帶來了另外一個非常不同的想法：一個人生活方式的深植和核心的程度。如果人們認為性傾向是天生的，有時候對男同性戀和女同性戀就會比較有同理心、比較願意挺身對抗偏見，這是為什麼呢？我認為兩者之間的連結是這樣的：我們以前都覺得當男同性戀或女同性戀是一個不聰明的選擇，就像抽菸一樣。我們也都同意選了這種行為就很難改變了，就像抽菸也的確如此，我們會認為以法律對抽菸者加諸不利益的作法是很合理的，因為我們覺得抽菸者可以學著控制或是改變他們自己。當然，抽菸會對未經同意的人造成損害，而同性戀不會（或者——就像異性戀一樣——只有在未經對方同意時才會造成損害）。所以這個類比可能不算很好。覺得同性戀行為很像抽菸的人，可能要再想一下了！在這裡，讓我們再想像一下：如果有一個人被告知同性戀的傾向可能是由基因決定的，或是在很小的時候就確定下來，或者，也可能是混合兩種因素。那麼，這個人現在的想法可能就會不一樣了：如果一個人生來就是如此，我們很難期待他會作出什麼改變。所以，如果我們通過一條法律，對一個無法自我決定、無法避免的事加諸懲罰，那麼這樣就太苛刻了。

不過，這樣的想法仍然不夠完整，它還需要配合更進一步的想法：在追求幸福的時候，性具有核心的重要地位。假設我們發現某些人天生就比別人更容易作出一些危險的行為，即使他們冒險的方式並不會侵犯到其他人的福祉，（我想）我們也不一定會覺得應該要廢除限制他們做這些危險行為的法律（例如要求機車騎士戴安全帽）。有些人會支持這樣的法律，可能也有些人會覺得這具有侵犯性、或是沒有什麼意義。但是它們看起來都不涉及基本自由的問題。兩者的差異在於：我們大概不會覺得騎機車不戴安全帽關乎生命中重要的意義。即使要求一個人戴安全帽，也不會有損於他的人格。相反地，性傾向就會涉及一個人的基本人格了，當人在追求幸福時，這也是重要的事項。因此，如果要求一個人在這方面作出改變，或是不要表現出他們的傾向，其實是為他們增加了一個嚴重損害身心的負擔。考量到其將付出的成本，我們很自然地就會問是否還有其他可能的選擇，我們也會注意到這種傾向是很早就固定下來的，很難改變，此時，這個特徵就會顯得很重要了。不過最主要的概念還是深植的程度和重要性（我們將在第五章討論，愛荷華〔Iowa〕州最高法院有明確指出這一點）。

這裡的論據也不是真的關乎永久不變性——我們已經在第二章（用十分類似的論證方式）討論過宗教，宗教是十分私人而且核心的價值，但是並非永久不變的。或許**永久不變性**還是多了一些功能，提醒我們要對人們不可改變的特質（如果它又對生命的意義十分重要）加諸不利益，是多麼苛刻的一件事。

因此，永久不變性其實不是一個清楚的法律概念，但它還是為我們帶來了兩個好的想法，兩者都和我們的問題密切相關：相關性以及深植程度或核心性的想法。但是不論用其中哪一種來看，都會認為應該對性傾向做嚴格的審查。性別取向——例如身為女性——和許多事情都是沒有相關的，但是社會常常會搞混，認為兩者是相關的。它也是深植在一個人生命中的核心事項（就像宗教一樣），因此會讓我們覺得要求一個人不可以根據他的傾向行動，將是一種十分苛酷的行為。

法官通常不願意增加需要嚴格審查的分類，這也是可以理解的。不過，只要仔細看一下第二修正案的相關歷史細節，就有助於我們了解實際上存在著大量歧視男同性戀和女同性戀的紀錄。相關的法律甚至可能無法通過合理依據的審查，因為有太多證據顯示它（們）的意圖就是不合法的。不過，其實也還有其他許多狀況是被歧視的歷史和過多的刻板印象影響了分類——而不是含有惡意的意圖；或許人們只是對於引發爭議的族群擺脫不了一直以來的刻板印象，而不是真的有什麼敵意。我們需要嚴格審查，才能夠將這種情況的歧視連根拔除。

在「羅梅爾案」中，我們可以清楚看出社會中多數人的態度是如何對少數族群造成壓力。第二修正案是德富林式政治的典型範例：法律是由一般人的憤怒和噁心感所決定的，弱勢的少數族群被全面剝奪了民主政治中本該享有的權利和資格。「羅梅爾案」的結果就和「勞倫斯案」一樣，由「同理的政治」取得勝利，這種政治奠基於平等的尊重，而且試著除去刻板印象，誠實地面對一個族群（以及其成員）的真實生活。這也很接近由約翰・史都華・彌爾所主張的一般政治參與取得了勝利，彌爾認為不可以僅僅因為多數人的態度，就剝奪了少數族群的平等權。

「羅梅爾案」的結果有限。如果要搞清楚在這個領域中到底可以容許什麼、又不能容許什麼，我們還有許多事情要做。法官對於這個過程可以、而且也應該做些什麼：如同我在前文中主張的，我們應該對嚴格審查作出清楚的定義，然後加以發展，以填補敵意這種狹隘的見解。不過，好的立法也絕對是必要的。許多州和自治市都制定有反對歧視性傾向的法律，但是美國卻沒有，也沒有投注許多政治資源在制定這類法律。許多不贊成同性婚姻的美國人其實同意男同性戀和女同性戀在住居、就業和日常生活的其他領域中應該受到保護，確保其不受歧視。如果聯邦會對女性和身心障礙者加諸這方面的保護，但是男同性戀和女同性戀卻被排除在外，這是說不過去的。

不過，「羅梅爾案」依然是一個決定性的時刻。噁心感極少如此直接地出現在最高法院的案件中，最高法院也極少如此明確地拒絕噁心感的政治。

第五章

結婚的權利？

結婚的自由長久以來都被認為是自由人在依照常規追求幸福時，必不可少的重要個人權利。

——美國最高法院，「洛文訴維吉尼亞州案」（一九六七年）

對於許多人來說，如果不平等沒有公平或是合法的防禦之道，那是不夠的；他們認為唯有廢除該不平等，才會帶來好處。

如果讓我來說的話，我首先會說的好處就是能夠擁有最普遍且最常見的人際關係——而且受到公平正義（而非不正義）的管控。

——約翰．史都華．彌爾，《婦女的屈從地位》（*The Subjection of Women*）[1]

1. 婚姻是什麼？

婚姻無所不在，而且也很重要。不論在國家的任何地方、任何區域、任何社會階級、任何膚色和種族、任何宗教（或是無宗教信仰），人們都會結婚。甚至對於許多（就算不是大部分）人來說，婚姻並不是什麼小事。它是追求幸福的關鍵、人們十分渴求之事——而且人們從未放棄對它的渴求，歷久不衰，就算他們的經驗完全稱不上開心。因此，如果一個人被告知「你不能夠結婚」，就等於讓他不能夠參與美國人生命週期中一些很重要的儀式。

前往婚姻殿堂的鑰匙或許只握在私人手上——這些私人包括宗教機構和它的主事者、家族、國民社會的其他部分。整個歷史中有許多社會是如此的。然而現在在美國（以及大部分的現代國家），鑰匙是握在政府手中。即使人們已經透過教會或是宗教團體證婚了，但是除非國家有核發結婚證書給他們，否則在社會和政治目的的脈絡下，他們還不算是真的結了婚。不過，國家在決定誰算是結婚、而誰不算的時候，（和私人不一樣，）並沒有完全的自由。國家的介入會涉及政治平等和國民身分這樣基本的議題。

1　彌爾在這裡所說的，是要讓婚姻在兩性之間是平等的，不過（我相信）這個原則也適用於我們討論的案件。

同性婚姻現在應該是美國最容易招致分裂的政治議題之一了。在二〇〇八年十一月，加州人通過了「八號提案」（Proposition 8），這是一個國民投票案，主張要取消同性的結婚權（同性之間的結婚權在這之前是獲得法院承認的）。不過就在同一天，支持該提案的加州選舉人也通過了全面保護動物的立法（該法是要保護動物不會受到工廠化養殖業的殘酷對待）——從這一點我們可以看出來，這些投票人既非墨守傳統的死硬派，也沒有對生物的苦難漠不關心。但是在同樣的這些人之中，卻有大多數覺得不讓其他某些國民享有基本權是無所謂的，而且採用的方式是讓同性團體覺得很卑鄙和羞辱的方式。加州最高法院在五月表示支持這次國民投票的結果——但是法院並沒有宣告之前已經合法締結的婚姻是無效的。整個問題勢必很快又會再度回到投票人眼前。分析這個議題有助於我們了解美國發生了什麼事，而我們又可以從這當中學到什麼。

在我們討論同性婚姻的議題之前，必須先定義一下婚姻。不過也很容易看得出來，婚姻並不是單一的事。不論在內容或是意義方面，它都有許多面向。婚姻這個制度包含也支持了人生中許多個別的面向：性關係、友誼和伴侶關係、愛情、談話、生產和育兒、相互的責任。婚姻的存在並不需要同時具備上述的每一項。（我們會把結婚證書發給不能生育的人、年紀太大不能有小孩的人、不負責任的人、不能擁有愛情或是友情的人。若是陽萎、對性的興趣缺缺或拒絕行房，這些可能會構成離婚事由，但是這樣的人並不會被婚姻制度拒之門外。）就算以上的條件都不存在，婚姻也還是可以存在的——雖然這樣的婚姻勢必很不快樂，那又是另外一回事了。反過來說，這些人類生活中的重要面向也都可以存在於婚姻之外，甚至可以同時存在於婚姻之外，例如我們常常可以看到許多沒有結婚的伴侶擁有親密的關係、友誼和相互的責任，也可能會產生或是養育小孩（雖然這些小孩會被認為是非婚生的，因此可能要蒙受社會和法律上的不利益）。不過，如果我們要問婚姻的內容為何，大概典型會想到的就是這些。

婚姻的意義也不只有一項。首先，婚姻具有國民權利的面向。比起未婚的人，結婚的人可以從政府那裡得到更多好處：比較有利的稅制、繼承權和保險的地位；移居權；收養和監護的權利；醫療照顧和喪葬的決定以及探視權；在法庭上作證時配偶特有的豁免權；諸如此類。

第二點，婚姻具有表達的意義。當兩個人結婚的時候，他們大概都會在證人面前作出愛的誓言和承諾。大部分結婚的人也都把這個誓言當作人生中非常重要的部分。能夠作出這個誓言——並且是出於自由意志（而不是逼不得已的）——被認為是一個成年人才有的自由。結婚的兩人所作的宣誓通常也被認為包括社會的答覆：我們宣告了我們的愛情和承諾，而社會——作為回應——會認可和尊重我們的承諾，讓它顯得極有尊嚴。

最後，婚姻還有宗教的面向。對於許多人來說，結婚必須根據宗教的規定、在自己所信仰宗教的相關權威機構隆重舉行，否則並不算完成。

雖然婚姻有這三個面向，但是目前政府還是在三者中都扮演了重要的角色。政府會提供和管理結婚的益處。至少政府看起來也像是承認或同意授予尊嚴的代表人。它也與宗教機構有連結。

神職人員都有法律上的資格及法律上的權力讓兩個人以結婚的方式結合。宗教可能會拒絕替在州法上有權利結婚的人證婚，也可能同意在州法上不能結婚的人結合。不過在現在美國合法結婚的人之中，的確有許多是由宗教人員、以宗教儀式見證婚姻的。但是他們莊重舉行的婚禮（同時也還有州所核發的證書）並不只是宗教的儀式，那同時也是一個由政府見證的「通過儀式」（rite of passage）——讓他們從此進入了一個擁有權利的國民地位。

要依法取得這個擁有權利的待遇，當事人並不需要顯示他是個好人。已經被判有罪的重罪犯、離婚後拒付子女撫養費的父母、有家庭暴力或精神虐待前科的人、積欠稅金的人、吸毒者、強暴犯、謀殺犯、種族主義者、排猶分子、其他偏執的人——只要他們決定了，還是都可以結婚，而且憲法也的確保障他們有權利做這個選擇[2]——只要他們想結婚的對象是個異性。雖然有些宗教極力主張應該在婚前做諮詢，並且認為還沒有準備好的人不應該進入婚姻，但是州並不會拒絕為這樣的人證婚。就算真的是一時興起的兩個人，只要願意花點時間取得結婚證書，其實並沒有什麼規定可以妨礙他們結成合法的夫妻。除此之外，對於誰可以主持結婚儀式，相關規定也沒有特別的要求。一個人可能透過網路就被任命為「宇宙生活教會」（Universal Life Church）❶或是其他以網路立基的宗教的牧師。有些州還鼓勵朋友之間互相證婚，每個人每年都可以證婚（至多）一次。

甚至即使是性生活的模式並不被多數人接受的伴侶，依然可以結婚。有戀童癖的人、虐待狂、被虐待狂、雞姦者、有易性癖的人——還是可以得到州的允許而結婚（只要他們結婚的對象是個異性）。

有鑑於此，如果我們還認為州的證婚是在表達肯定的認可之意、或是賦予尊嚴，那其實是很奇怪的。州在擔任證婚者的角色時，既有隨便的一面，又有莊重的一面，這也很讓人感到無所適從。不過大部分人似乎都覺得如果州發給了結婚證書，就代表同意，而如果不發，就代表不同意。

同性婚姻到底又在爭執什麼呢？爭執點當然絕對不是同性之間的關係到底能不能融入婚姻的問題：大概沒有什麼人會否認男同性戀和女同性戀也能夠擁有友誼、親密關係、「適當而愉快的交談」以及對彼此的責任感，也不會否認他們能夠擁有及養育孩子（不論是從他們的前一段婚姻中自己生出來的孩子、與同性伴侶之間（靠著代理孕母或人工授精）產生的孩子，或是收養的孩子）。當然更不會有人質疑男同性戀和女同性戀能夠有性行為——因為這就是典型的對同性關係抱持惡意的焦點。

2　我們將在第五節的部分提到：法律很明確地規定監獄中的囚犯和無法支付子女撫養費的（未服刑）父母有結婚的權利——雖然或許在最極端的狀況下，國家還是有可能否認這種情況的人有結婚的權利。

❶　譯註：主張宗教自由的教派，其牧師不須經過特定的養成階段，在確認意願之後就可以直接任命。

爭議的應該也不是婚姻的民事關係（至少現在已經不是了）——我們逐漸形成的一個共識是：同性和異性伴侶在民事上應該享有同樣的權利。在二〇〇八年的總統選舉競選活動中，兩大主要政黨的領導人似乎都算同意了這種立場——雖然並不是所有的共和黨人士都完全贊同「民事結合」（civil union）這個社會制度，因此也只有極少數的州在法律上承認「民事結合」具有與婚姻同樣的實質權利。（然而也有像我將簡單討論的「捍衛婚姻法案」〔Defense of Marriage Act〕，該法案認為同性伴侶之間任何形式的結合或是婚姻，都無法在實質上取得與異性婚姻完全同等的地位。）

最後，其爭議與婚姻的宗教面向也沒有關聯。針對同性結合的定位，幾大主要宗教的內部都還存有爭論——爭論大概也都十分激烈。有些教派——「一神普救派」（Unitarian Universalism）[2]和猶太教的「改革派」（Reform Judaism）[3]及「保守派」（Conservative Judaism）[4]——支持同性之間的婚姻。其他教派——像是「美國聖公會」（Protestant Episcopal Church）[5]——則對這類結合抱持友善的立場。長老宗（Presbyterian）、信義宗（Lutheran）[6]和循道宗（Methodist）[7]的內部目前對此議題尚無統一的見解，美國的天主教會（American Roman Catholics）——不論非神職或是神職人員——也分成兩派（雖然教會的主教是強烈反對的）。也有其他宗教（美南浸信會〔Southern Baptist〕、耶穌基督後期聖徒教會）比較傾向於強烈反對承認這類結合。在今天的美國，對於這些結合形式還沒有統一的宗教立場，不管是宗教內部或是宗教之間，大概都還是爭議不斷；不過宗教的熱議並不會蔓延到公共領域。而且根據法律的規定，個別宗教都可以自行決定是否要為同性伴侶證婚。

相反地，公眾的爭議其實主要圍繞著婚姻的表達面向。民事結合和婚姻的主要差別也表現於此，當同性伴侶拒絕民事結合這個妥協方案，堅持只要婚姻的時候，雙方主要爭議的也是這個面向。因為婚姻被認為代表了某種尊嚴，或是大眾對於雙方當事人和他們之結合的認可，因此，如果男同性戀和女同性戀被排除在婚姻之外——就算他們可以用民事結合的形式取得和婚姻相同的利益——這仍然被認為是一種污辱和降級，這攸關平等的國民地位和法律的平等保護。

❷ 譯註：一個持開明神學的包容性宗教，是一個明確接受宗教多元主義的非教義宗教。

❸ 譯註：在眾多現代派別中，自認為最進步的一派；這一派認為信仰須與時俱進，真理須由經驗與理論而得，而非從律法書而來。

❹ 譯註：猶太教介於正統派和改革派之間的溫和派，強調忠於傳統的重要，指出只在需要的時候才應更改。

❺ 譯註：自我描述為「遵循大公教會傳統的新教派別」，以《聖經》、基督傳統、理性共同作為聖公會的信仰根基。

❻ 譯註：或稱路德宗，為新教宗派之一，強調「因信稱義」，認為罪人是單因信靠耶穌基督而得救，完全出於上帝的恩典，而不是出於人的善功、行為。

❼ 譯註：又稱衛斯理宗，認為傳統教會的活動方式已不足以應付新的社會問題，著重在下層群眾中進行傳教活動，宣稱求得「內心的平安喜樂」便是幸福。

婚姻的表達意義帶來了幾個不同的問題。首先，假設核發結婚證書的確代表了一種大眾的認可，那麼州是否應該對某類結合表達出比其他結合更多的善意，或是賦予比較多的尊嚴呢？換句話說，是否有任何眾所周知的好理由，讓州應該只准許婚姻（而不從事其他的民事結合）呢？再者，如果真有這種好理由的話，有什麼論據可以支持（或是反對）讓同性伴侶取得這種地位呢？我們又應該如何評價這些論據呢？

這兩個問題必須區分開來，這是很重要的。我們有辦法論證——而這也是我的主張——只要州在進行婚姻的事務，基於平等的考量，同性伴侶就應該也可以結婚。不過，不論從政治理論或公共政策上來看，如果州能夠從婚姻事務中退出，把表達的領域留給宗教或是其他各人所屬的私人團體，然後讓同性和異性伴侶都可以擁有民事結合的關係，這才是個好得多的作法。

接下來，我們不能忘了一件關於聯邦制的重要事項。沒有任何一個州可以自行為男同性戀和女同性戀創設一種完全等同於異性戀婚姻的結合——不論它被稱作「民事結合」或是「婚姻」——因為聯邦的「捍衛婚姻法案」宣布其他州都不必承認這些結合，而且它們也不會受到聯邦政府的承認。這是既屬於實質、也是表達的問題。歐巴馬政權的司法部也仍在堅持「捍衛婚姻法案」——雖然歐巴馬在競選政見中承諾他會努力廢除這項法案。[8]

2. 歷史中的婚姻：黃金時代之謎

今天當人們在談到婚姻這個制度的時候，其實是語帶傷感的。一直到非常近期，他們都還覺得——而且也是這麼說的——婚姻是一個男人和一個女人終其一生的承諾，因為神和國家的認可而神聖化了，婚姻的目的是彼此作伴和養育孩子。人們在這個規範之下生活，並因此而得到幸福。最具代表性——但是辭藻可能有點華麗——的說法，便是在「捍衛婚姻法案」的辯論中，西維吉尼亞（West Virginia）州的參議員勞勃・伯德（Robert Byrd）所說的：

> 總統閣下：在人類過往的經驗中、在許多文化和各種不同價值體系的文化中，人類發現了男人和女人之間持久的關係，那是人類社會追求穩定、力量和健康的基礎——這是絕對值得以法律加以承認、由司法加以保護的關係。

我們過去生活在一個婚姻關係純白無瑕的黃金年代——話是這麼說的。不過現在已經完全不一樣了。離婚是一件很普通的事。在小孩子成長的過程中，沒有人適當的引導、支持和愛他們，

---

[8] 譯註：本書的英文版於二〇一〇年出版，而「捍衛婚姻法案」已於二〇一五年（當時為歐巴馬任內）被宣告違憲。

因為大人們只顧著追求自己的樂趣。我們必須要醒悟過來，重新回歸那些過去讓我們都能夠幸福的規則。

就像大多數黃金年代的神話一樣，這個婚姻神話的主要內容也包含了一個事實：在我們的文化中，承諾和責任的確正處於緊張狀態，也有許多孩子在成長過程中，並沒有受到足夠的經濟或情感上的支援。但是，除非我們先承認這個關於過去的神話敘述是有瑕疵的，否則，我們不太可能真正解決這個問題。真相其實很多元、複雜而且（通常也）麻煩得多，所有對純潔的幻想都遮蓋了這個事實，對於婚姻的幻想也是如此。

首先，伯德參議員說終身維持一夫一妻的婚姻是人類歷史中最普遍的婚姻型態，這是錯的。許多社會都擁有各種不同形式的一夫多妻制、非正式或是依習慣法的婚姻，以及連續（而短暫）的一夫一妻婚姻。根據《聖經》決定道德準則的人，通常沒有注意到《舊約聖經》中所描述的社會是一夫多妻的。許多主教都有不只一個妻子，甚至還有社會所容許的妾。就連《申命記》（*Deuteronomy*）[9]（5:1-18）中第二次出現「十誡」時，措辭也是以一夫多妻為前提的：其中有一誡——不可貪圖鄰人之妻——只針對男性，相較於另外一誡——不可貪圖鄰人的房子、物品等——卻同時適用於男性和女性；（對十誡的註釋指出）一名未婚的女性即使渴望另一個女性的丈夫也是無妨的，因為她的確有可能成為那名男性的另一個妻子。

在許多其他的古代社會（以及一些現代社會）中，婚姻之外的性其實是很平常的：以古代希臘為例，已婚的男性會習慣性地和娼妓（男性或女性不拘）發生性行為，而這也是社會所容許的，甚至——在某些限制之下——他們還會和年紀較輕的其他男性發生性關係。這種習俗的原因之一是女性和外界的接觸很少，也沒有受過教育，因此，她們無法理解男性對於政治和知識的抱負。在許多年代和許多地方，人們都會把對於性愛的渴望理解成友誼或是共同的追求。

如果我們看一下共和時期的羅馬——當時的社會認為婚姻應該奠基於理想的愛情和伴侶關係，這和我們自己的觀念比較像[3]——就會發現這種理想使得離婚非常盛行，因為不論是女性或男性，都想要找到一個可以與他們共同生活、快樂共度一生的人生伴侶。我們好像很難找到羅馬時期有哪一位重要人物——不論男性或女性——沒有結過至少兩次婚的。除此之外，羅馬時期男性的婚姻也絕對不是一夫一妻制的，男性被認為會和比較低階層的人（不論男女，例如奴隸、娼妓）有性關係；就算有時候太太並不高興，但是她們也可以理解這樣做是很普遍的，大家都這麼做。[4]這些羅馬人通常都是受到敬仰的人（我認為他們也的確值得受此讚譽），他們謹守國民該有的道德，也很努力想要依照這個承諾領導政府。不論在政治規範上或是個人的英雄行徑，羅馬

❾　譯註：《摩西五經》的第五卷，意思是「重申律法」，為《舊約》的第五部書，由摩西所寫的《聖經》正典。

3　參見Susan Treggiari, *Roman Marriage* (Oxford: Oxford University Press, 1991). 她對於（尤其是）墓誌銘的研究為我們提供了大量證據，有助於我們理解人們究竟想在婚姻中尋找什麼，或是覺得他們的婚姻應該是怎麼樣的。

4　參見Craig Williams, *Roman Homosexuality* (New York: Oxford University Press, 1999) 中對於婚姻規則的精采論述。

共和國的確都對美國的建國者起了一個帶頭作用。只是這些英雄並不是生活在婚姻的伊甸園裡。

西塞羅曾經描述過他的弟弟昆塔斯（Quintus）與他最好的朋友阿提庫斯（Atticus）的妹妹蓬波尼奧（Pomponia）之間一段不幸福的婚姻，其實大概沒有什麼比讀一下這段描述，更能去除我們對於婚姻的純潔所抱持的迷思了。在西塞羅的敘述中（雖然難免比較偏袒他弟弟），我們可以看到一些如此熟悉的情節，讓人幾乎很難相信這些都發生在大約西元前五十年，而不是現在。當時西塞羅住在一座他自己位於鄉下的莊園中，而昆塔斯（看起來像是）硬拉著他百般不願意的妻子離開了城市，去住在田園中一個星期——和這位不太喜歡她的大伯住在一起，而且，雖然西塞羅的偉大不容置疑，但他同時也是一個頗為自戀的人：

當我們到那裡的時候，昆塔斯用一種很和善的口氣說：「蓬波尼奧，可以請妳叫那些女人們進來嗎？我會把男孩們叫進來。」他所說的話、他的意思和態度都極為和顏悅色——至少在我看來是如此。但是蓬波尼奧的回答在我們聽來卻是：「我來這裡是個客人。」……昆塔斯對我說：「你看看！我每天都要忍耐這種事。」……我真的可以說是嚇到了。她的用字和態度都很誇張地粗魯（他們都進去午餐了，只有蓬波尼奧沒有，她直接回自己的房間；昆塔斯送了一些食物進去給她，但是卻被她拒絕了）。簡單來說，我覺得我弟弟對你妹妹無禮透頂的行為已經是極度寬容了。那時候還有許多其他的事情讓我非常生氣（可能還超越昆塔

> 斯生氣的程度），我都沒有直說（昆塔斯在隔天和他哥哥有一段談話）。他告訴我蓬波尼奧一直拒絕和他同房，而當他離開屋子時，她的態度就和我昨天看到的一樣。嗯，你可以幫我轉告她，她的所有行為都非常缺乏同理心。[5]

（這段不幸福的婚姻持續了六年多，最後以離婚告終。）

我們自己的習慣大概都已經距離古時候（例如《聖經》中的一夫多妻）太遙遠了，所以把兩者拿來比較是毫無意義的。在西塞羅的私人信件中竟然可以看到我們自己的影子，這除了讓我們大感驚訝之外，也提醒了我們人要維持愛情甚至是友情，並不是一件容易的事，壞脾氣、意見不合以及所求各異，都不是因為性的革命才產生的。也絕對不是在承認同性婚姻之後才出現的。我們都是帶著原罪出生的。

除此之外，現代的離婚率高漲，並不是因為對於婚姻的憎惡，反而是因為對於婚姻的理想狀態有了更高的要求。人們開始覺得女性也有離婚的權利（如果遭到身體上的虐待），而且，如果

---

5 Cicero, *Letters to Atticus* V.1（在Shackleton Bailey的編號中為第九十四號），May 5 or 6, 51 BCE. 我以D．R．沙克爾頓．貝利（D. R. Shackleton Bailey）為「洛布古典叢書」（Loeb Classical Library）所作的卓越翻譯為基礎，又套用了自己的版本，並置換了某些字。我將「*humanitas*」這個字翻譯成「同理心」（sympathy），西塞羅認為這是一個很重要的美德，其中包括能夠移入感情的理解力，同時也要能保持柔軟的態度。

發生了那樣的事由，離婚反而是一件好事。同時，基督教徒也開始堅信——就跟古代的羅馬人一樣——婚姻並不是只有生育和性關係。約翰．密爾頓（John Milton）[10]曾經為夫妻不和導致離婚做過一次著名的辯護，他在其中強調「適當而愉快的交談」是婚姻的核心目標，他還提到婚姻不僅應該滿足肉體上的慾望，還應該滿足「智識以及純真的渴望」（這才是驅使人們會與另一半大量對話的動力）。他認為人們應該要求婚姻中具備這些要素，如果沒有，便可要求離婚。如果我們接受密爾頓這樣很有吸引力的觀點，我們便不應該把離婚想成（一定是）沒有達成高標準的道德理想，離婚其實是因為不願意屈就於沒有達到——或至少是沒有真正講究——高標準理想的一段關係。

如同研究婚姻史的歷史學家所強調的，在美國——自從殖民時代之後——一夫一妻制的婚姻規範便顯得特別凸出。[6]不過，就和各個時代、各個地方的大部分規範一樣，規範如何，並不代表事實就是如此。要研究婚姻不和或是離異的實際狀況為何，其實是非常困難的事，因為許多（就算不是大部分）破碎的婚姻並不是經由離婚而正式畫下句點的。一直到頗為近代之前，離婚都不是一件容易做到的事，而且美國的國土廣大，有許多地方可以遷徙、重新安頓自己，也因此有許多人——包括男性和女性——都只是搬離原來的地方，到另一個地方去重新開始生活。如果一個男人帶著「太太」出現，大概不太會有人去調查他是不是真的已經和前妻依法離婚了；而且如果要跨州做這種背景資料的調查，實際上也是不太可能的事。如果有一個女人自稱她是「瓊斯先生的遺孀」，大概也不會有人在她另結新歡或是結婚之前，要求她拿出前夫的死亡證明。有許多男人在淘金熱潮時前往美國西部，而且從此不曾再回來。女人也搬到城市裡，住進公寓，或是到工廠裡去工作。離異之後如果想要再婚，真正會到法院去的案子可謂鳳毛麟角。如果說「憑婚流動（marital mobility）⓫是美國法律和憲法狀況的特徵」——這是歷史學家亨德里克・哈托（Hendrik Hartog）對十九世紀所下的結論[7]——那麼它其實更能夠代表的是美國人實際上不會將離婚訴諸於法院的事實。

安德魯・傑克森（Andrew Jackson）⓬的太太瑞秋就是這種真實生活中的一個活生生例子。瑞秋和她的第一任丈夫離異之後，兩個人分別搬到了不同的州。瑞秋遇到了傑克森，並且嫁給他——但是她在法律上其實還是另外一個人的妻子。因為與她「結婚」的這個男人很快就成名了，

⓾ 譯註：英國詩人、思想家，因史詩《失樂園》和反對書報審查制的《論出版自由》而名聞後世。

6 在本節中，我主要引用了Nancy F. Cott, *Public Vows: A History of Marriage and the Nation* (Cambridge, MA: Harvard University Press, 2000)，以及Hendrik Hartog, *Man and Wife in America: A History* (Cambridge, MA: Harvard University Press, 2000)。

⓫ 譯註：藉由婚姻達成的社會流動。

7 Hartog, *Man and Wife in America*, 19.

⓬ 譯註：美國第七任總統、紐奧良之役的戰爭英雄，並為民主黨的創建者之一。

所以她的故事變得人盡皆知。但是，如果她嫁的不是一個名人的話，就不會有人注意到了。

在一夫一妻制的現實狀況中，我們也不能忘記一夫一妻制其實是奠基於女性權利遭到剝奪。近幾年的離婚率提升，的確很可能與婦女的社會和政治地位提高有關，其影響更甚於任何其他單一的因素。如果女性沒有權利、沒有市場需要的技能，就會連帶使她們無法選擇離開，通常只能繼續留下來維持不好的婚姻——即使丈夫與人通姦、受到漠視，或甚至是家暴。當女性有能力離開時，許多人就會想要一個比較好的待遇。單純用經濟因素來解釋離婚率的提升——再加上密爾頓強調人需要情緒的協調及對話——比起只是說因為道德淪喪，才從本來的狀態變成今天這個狀況，絕對有說服力得多了。但如果這類因素確實很明顯，那麼，拒絕同性婚姻就很難說是什麼對症下藥的方式了。

從整個十九世紀到二十世紀早期，美國婚姻中的一個特色就是會將聯邦制加以策略性地運用。婚姻法一直屬於各州自己制定的法律（雖然不時會有人建議將結婚和離婚法訂為全國性的法律）。[8]不過美國各州一向將這種權力拿來與其他州競爭，這讓婚姻很快成了一個競技的場域。雖然內華達州現在是著名的離婚天堂（因為它只要求很短的定居期間），但是在很久之前，早就有其他州擔任過那個角色。曾經有一段頗長的時間，印第安納州（這倒是頗出乎意料之外）是夫妻要逃避其他州嚴格規定的離婚天堂——對離婚規定很嚴格的州有諸如紐約州（一直到非常近期，它都還是規定最嚴格的州之一）和威斯康辛州。不同時期的其他天堂還有康乃狄克州和南達科他（South Dakota）州。州會將法律訂得很自由的理由是很複雜的，不過至少有些理由是出於經濟上的考量：如果一對夫妻要住在那裡、直到達成要求的定居期間，他們勢必得在那個州花上一些錢。[9]而其他州把法律訂得很嚴格，也是為了要吸引不同族群的國民。簡而言之，婚姻法「成為一種公共的產品及服務，它要與其他管轄區域的公共財互相競爭，而它們所競爭的，則是流動國民的忠誠和稅金」。[10]

我們今天⓭看到有七個州（麻塞諸塞州、康乃狄克州、愛荷華州、緬因〔Maine〕州、新罕布夏〔New Hampshire〕州、佛蒙特〔Vermont〕州和——曾經短暫地——加利福尼亞〔California〕州）承認同性婚姻是合法的，而其他州（加州、佛蒙特州〔在二〇〇九年九月之前〕和康乃狄克州〔直到法院最近作出決定之前〕）則將其定位為民事結合（但是和婚姻享有同樣的利益），還有其他州（紐約州）則宣布該州不會為同性婚姻證婚，但是承認同性的兩人在其他管轄區域內合法締結的婚姻，這種局面也同樣是競爭下的產物，但是有著一個很大的不同。聯邦的「捍衛婚姻法案」清楚規定各州不需要在法律上承認在其他地方締結的合法婚姻。那和離婚的情況不同（離

---

8 同上註，頁十八、十九。

9 同上註，頁十四。

10 同上註。

⓭ 譯註：指本書出版的二〇一〇年當時的情況。

婚不能在兩個以上的管轄區域進行）：只要曾經在美國的任何一州經過合法離婚，當事人即使回到他們自己居住的州，也會被認為已經離婚了。

同性婚姻這種不合常規的狀態——一對伴侶可能在某一州或是某幾州合法結了婚，但是在另一州卻被認為是未婚的——帶來了許多法律上的困境。假設大衛和賴瑞在麻塞諸塞州結婚了。然後賴瑞到芝加哥出差，而且在那裡得了重病。那麼，對於賴瑞的重大醫療照顧事項，大衛到底有沒有權利決定呢？或者，換成假設大衛跑到德州，並且在那裡犯了罪、遭到逮捕。賴瑞被傳喚要為法院覺得他應該知道的一些重要資訊作證。賴瑞有沒有權利主張配偶的豁免權，而拒絕作證呢？像是這些，還有其他不計其數在法律上會發生衝突的問題都還有待解決。[11]聯邦制鼓勵不同的嘗試。但是如果彼此互不承認，在法律上就有許多困難的事項得去處理了。

雖然同性伴侶面臨的不被承認的狀況，無法和我們在歷史中經歷過的各種不同離婚制度相比擬，不過它在歷史上還是有一個重要的先例。在過去，立法反對種族通婚的各州，也都拒絕承認黑人和白人在其他地方合法締結的婚姻，而且甚至宣告這類婚姻是犯罪行為。最高法院的「洛文訴維吉尼亞州案」——這是反種族通婚法的翻轉性案件——就是這類案件。米德芮．潔特（非裔美國人）和理查．洛文（白人）於一九五八年在華盛頓哥倫比亞特區（Washington, D.C）結婚。他們居住的維吉尼亞州不承認他們的婚姻是合法的。當他們回到維吉尼亞州之後，在某一天的半夜，他們在自己的臥室裡遭到逮捕。[12]當時，他們的結婚證書就掛在床上方的牆上。州對他們提起了訴訟——因為跨種族的通婚在維吉尼亞州是重罪，所以他們被判有罪。法官告訴他們有兩條路可以走：第一條路是他們必須離開維吉尼亞州，在此後的二十五年間都不能回來；或是得花上一年關在牢裡。他們選擇了離開，但同時也開始著手訴訟，最後並得到了一九六七年的指標性判決。

理查·洛文在一九七五年死於車禍；米德芮則於二〇〇八年五月去世。當米德芮在二〇〇七年——她的結婚四十週年——回顧這起案件時，罕見地發表了一次公開評論，說她認為她和理查曾經一起做過的奮鬥，和今天同性伴侶的努力十分類似：

> 我那一代人對於某一件原本應該清楚而正確的事，卻產生了意見的分歧，這真是一件令人感到不幸的事。大多數人相信……上帝的旨意是要叫人們分開，政府應該對同樣相愛的人們作出差別的對待。不過……上一代的恐懼和偏見已經不復在了，今天的年輕人們知道如果兩個人彼此相愛，他們就應該有結婚的權利。我現在身邊圍繞著我最棒的孩子和孫子

---

11 參見Andrew Koppelman, *Same Sex, Different States: When Same-Sex Marriages Cross State Lines* (New Haven, CT: Yale University Press, 2006).

12 參見"Mildred Loving of Loving v. Virginia Speaks out about Marriage Equality", http://lesbianlife.about.com/od/gaymarriageinformation/a/Loving.htm。

們，我沒有一天不想起理查和我們的愛、我們能夠結婚的權利，以及能夠自由地嫁給我所珍視的人，這對我來說是多麼重要的事——就算其他人都覺得他不是我應該嫁的「那一類人」。我相信所有美國人——不論其種族為何、不論其性別為何、不論其性傾向為何——都應該享有同樣的結婚自由。[13]

同理的政治應該會讓我們同意她的觀點。不過再讓我們想想另一邊的主張吧。

3. 對於同性婚姻的恐慌：論點、對污染的恐懼

當我們在檢驗反對同性婚姻的論點時，必須要牢牢謹記兩個問題。首先，其中的各個論點是否當真證明了法律對同性婚姻加諸限制是正當的，或者只是說明了某些人的道德或宗教意見沒有辦法容許這件事？在我們居住的國家，人民有著各種不同的宗教信仰，我們也同意應該要尊重人有各自追求自己信仰的空間。不過，我們並不會認為這些信仰本身就足以構成法律的規定。當然我們可以理解某些觀點是假設所有人都住在一個富而好禮的社會中（有些道德的觀點是如此，但也不是全部），所以應該如何如何，而有些觀點則只針對自己宗教的內部。因此，恪守教規的猶太教徒不吃豬肉，但是不會有什麼人（就算還真的有）認為這種基於宗教而生的厭惡感，應該

用法律規定成吃豬肉是違法的。這種禁令根據的宗教倫理並不是所有國民都信奉的，它也無法轉化成不論任何宗教都可以接受的公共觀點。同樣地，在這個案件中，我們也必須問一下反對同性婚姻的觀點到底是不是用一種中立、所有人共通的說法表達出來的，或者說，它就只是某一個派別的教義式語言。如果那些論點根據的是道德觀念（而不是教義），大概會讓人覺得好一些，不過我們還是要問一下它們是否符合這個社會的核心價值——讓所有國民都可以受到法律的平等保護。當我們的歷史中出現了對於種族和性別的差別對待，人們常常會根據世俗的道德觀點，對其法律面向提出辯護之詞，但這並不表示它們也可以通過合憲性的審查。

再來，我們必須要看看是不是每一個論點都有辦法證明自己的結論是正當的，或者說，那個論點是不是有足夠的理由，證明某些深層的焦慮或厭惡（或者說是「敵意」——如果用「羅梅爾案」中的用語）是確實合理的。

對於同性婚姻最主要、同時也最常見的反對理由，就是認為它不道德，同時也不自然。在反對種族通婚的論述中，也常見到類似的論點，而且這兩種論點通常都很典型地偏向某一種教派，或是很教條式的提到宗教的內容（例如反對種族通婚的法官就會提到上帝的意旨，以表示種族的混合是違反自然的）。這類論點的表達方式不太容易被信仰其他宗教的國民接受——如果他們的

13　同上註。

宗教教導的是另一套不同的理念。它們就像猶太教徒主張不可以吃豬肉一樣：某些宗教的信徒會相信有好理由禁止同性婚姻，但是這個理由並不足以讓同性婚姻在多元社會中被規定成不合法的行為。

第二個反對理由——而且這可能是最常從思慮周密的人嘴裡聽到的理由——是堅信州認可的婚姻的主要目的是要生育和教養小孩。法律的合理公共利益是要保護可以達成這種目的的制度，還有支撐或許可以生育後代的婚姻。但這是否意謂著公共利益就是要限制只有能夠生育的人才可以結婚呢？這就不是那麼清楚了。當然我們都同意生育、保護和安全地教養孩童成人，絕對是重大的公共目的。但是這難道代表達到這些重大目的的最好的方法，就是去限制只有能夠生育的人才能結婚嗎？這就不是那麼明確了。就算我們真的曾經這麼想過，我們也沒有這麼做過。我們從來不曾限制只有能生育的人、或甚至是某個能生育的年齡層的人才能結婚。如果是考量夫妻生育對於州才有好處，那麼我們就很難解釋為什麼兩個七十歲的異性戀可以結婚，但是兩個男人或兩個女人就不可以——更不要說許多同性伴侶都還有生育及撫養小孩。如果說提案的內容是加諸新的限制——只有可能生育的人才能結婚——這可能還有點道理（雖然我們還是不知道這種限制對於生育的人會有什麼幫助）。但是想當然耳，大概沒有什麼人會支持這種限制。我們大概都會比較支持密爾頓的看法：婚姻不是只有生物學的面向，還有陪伴、對話和共享彼此的生活。

就內容來看，生育的論點看起來有著相互矛盾的兩面，明明是同一件事，但是如果碰到異性戀就表示贊同，如果發生在同性戀的伴侶身上，就不可以。如果提出這個觀點的人還補充說：即使是不生育的異性戀婚姻，仍然可以支持生育者的努力。那我們也可以說：沒有產生或是養育孩子的男同性戀和女同性伴侶，也一樣可以對有孩子的夫妻提供支援。

這類論點有時候會出現另外一種講法：婚姻也會對兒童提供保護，而我們知道如果孩子在有一個爸爸和一個媽媽的家庭中長大，會成長得最好，所以如果我們支持的制度可以達到這個目的，就可以帶來合理的公共利益了。照這樣的說法，這個論點又再一次為贊成及支持異性戀婚姻找到了一個合理的、符合一般人想法的理由——雖然這其實沒有說明為什麼我們要限制同性婚姻（以及年紀過大無法生育的人或是不想有小孩的人的婚姻）。但是它最主要的問題在於事實。心理學的研究一再顯示兒童在擁有愛和支持的環境中會成長得最好，而雙親的家庭在這一點上，應該是比單親的家庭條件更好。但是並沒有證據顯示異性的配偶關於這一點會做得比同性的配偶更好。大家普遍會覺得這樣的結果不可能是對的，住在一個不道德的環境中，對兒童勢必會有不良的影響。但是這種感覺其實出自於對第一種觀點的宗教判斷；如果我們用一種不那麼宗教的方式來評估兒童的幸福，就不會覺得有這種差別了。[14] 除此之外，也的確沒有任何證據顯示一旦承認

14 這兩個問題都可參見 *Baehr v. Miike*, Civ. No. 91-1394 (Hawaii Cir. Ct. Dec. 3, 1996)，其中摘要了許多專家的證詞。值得注意的是，就連州自己的專家也多半同意性傾向並不是判斷父母是否適任的重要指標。

同性婚姻，就會減少選擇傳統婚姻、在婚姻中養育小孩的配偶人數。所以我們可以這麼說：就算一個人當真有理由認為某種組合對小孩是最好的，但是禁止同性婚姻，依然對於提升兒童福祉沒有絲毫幫助。

第三個論點認為如果州允許了許多人都認為很邪惡的事——例如同性婚姻，那等於是逼使許多人要「祝福」或是同意那件事，這是有違他們良心的。這個論點最近在查爾斯．弗里德的《現代自由》（*Modern Liberty*）一書中，有很具影響力的闡述。如同我們在第二章所見的，其實弗里德是支持廢除反雞姦法的，他對同性伴侶也表達出極具同理心的態度，但是基於這種強迫同意的想法，他還是認為如果支持同性伴侶結婚，就是走得太過頭了。

準確來說，這個主張的論據到底在哪裡呢？弗里德並沒有認為承認同性婚姻就違反了憲法第一修正案的「自由行使條款」——如果真的這樣說也太驚人了。所以他的立場大概是認為同性婚姻冒犯了許多宗教信徒，州能夠禁止同性婚姻的合法利益也奠基於此。

這樣的論點包含了許多難解的課題。首先，它帶來了「建立條款」的問題：如同我們在前文討論過的，因為各個宗教對於同性婚姻的態度存在著非常大的差異，所以如果州要遵照這個論點的話，就等於必須在其中選擇一群信仰者加以支持，而反對其他信仰的人了。更一般地來說，其實現代的州本來就會做許多讓人們（通常是基於宗教信仰的理由）深惡痛絕的事。學校教育會教授許多有宗教信仰的父母並不喜歡的事（例如進化和女性的平等）；有許多父母會因為這項理由而選擇讓孩子在家自學。公共衛生的法規准許宰殺豬隻供人食用；但如果是遵守飲食規定的猶太教徒，就不會想要投入這件事。但是，不會有人認為猶太教徒因此就有權利要求州，把他們這種基於宗教的飲食選擇強加在每一位國民身上。舊信條艾美許人（Old Order Amish）不希望他們的孩子在十四歲之後還要上公立學校，他們認為這類學校教育會對他們的社群帶來毀滅性的破壞力。州也尊重他們的選擇——針對艾美許人的孩子；州甚至容許艾美許的兒童可以基於宗教理由，免除某些法律加諸的義務（這些法律原本是一體適用的）。但是沒有人會幻想艾美許人有權利對州提出要求，讓所有十四歲以上的學童都不必接受公立學校的教育。在一個彰顯非宗教體制的多元社會中，生活的真諦就是讓自己好好活著，也放開心胸讓別人好好活著，追求他們自己的生命意義。如果我們看到一個國家允許將宗教的偏好強加在所有國民身上——就像某些以色列的法律禁止在安息日活動，或是印度的法律禁止殺牛——我們就會認為這是一個宗教體制的國家（不論在法律或是在事實上）。我們已經選擇不要走這條路了，這麼做的理由十分充分。其實當我們在選擇工作日、假日或是做其他選擇時，如果剛好符合強勢宗教的偏好，我們甚至還得費盡心思，仔細注意這對於宗教上的少數派而言，是不是有任何窒礙難行的地方。

第四種論點也是訴諸合法婚姻的公共目的，它關注的是傳統婚姻在我們的社會中似乎會面臨到的困難。該論點指出離婚率越來越高，證據也顯示兒童會因為缺乏父母的愛護而遭到傷害，因此我們必須捍衛傳統的婚姻，如果再開放讓不關心傳統目標的人也可以進入婚姻，就等於是在破壞婚姻的基礎。我們可以先反駁的是這種論點認為的同性伴侶的特性。的確有許多同性伴侶是有產生和養育孩子的。婚姻對於他們來說，（也和其他父母一樣，）明確地提供了權利和責任的框架，並且為他們的孩子提供了保障、合法性和社會身分。事實上，擁有合法同性婚姻的麻塞諸塞州和康乃狄克州也是全美國離婚率最低的州之一，而且在麻州的例子中，我們也可以看到離婚率並沒有隨著同性婚姻的合法化而日漸攀升。

我們也可以停下來想一下，先不要急著同意離婚率的增加就等於社會的墮落。在過去，女性通常會留在婚姻裡，忍受輕忽和（甚至）虐待，但這是因為她們沒有具市場價值的技能和就業選擇。現代的離婚其實代表女性有了自主權，這是其中一個很明顯的要素，我們不應該對人有選擇的自由感到嘆息，因為這是越來越多的機會才可能帶來的結果。同時我們也得注意到人的壽命增加了。有一些統計的結果顯示，現代婚姻的存續期間其實並不比以前短，只是因為人們活得比較久（得多）了。就像許多現代人一生中不會只做一個工作，他們也可能不只結一次婚。這也許不見得是壞事。人的壽命正在轉變。

不過，為了進行討論，我們就暫且承認真的有社會問題好了。那麼，讓同性婚姻合法化，就真的會損及我們想要捍衛或是保護傳統婚姻的努力嗎？如果社會當真想要捍衛傳統婚姻——如果它真的有權力這麼做、而且也真的應該這麼做的話——其實有許多政策值得投資：可以請家庭醫療假；一經請求便提供藥物和酒精諮詢，對婚姻諮詢和心理健康治療的健康政策提供確實的援助；以較為嚴厲的法律和強力的執法對付家庭暴力；對有經濟壓力的家庭提供就業輔導和財務支援；當然還有更嚴謹地執行要求撫養子女的法律。這類對策和傳統婚姻所面臨的壓力以及負擔都有明確的關係。禁止同性婚姻則沒有。如果我們把近期所有異性離婚的案件都拿來研究，我們大概不會發現其中有任何一件的離異雙方（或是一個客觀的旁觀者）會覺得兩人之所以離婚，是因為同性伴侶現在可以結婚了。造成離婚的通常是一些與婚姻關係本質有關的私人因素。讓同性婚姻合法化也不是一件花費很高的事，即使作出這樣的改變，也不會與我在前文提到的其他資源發生競爭關係。

反對這一點的人通常還會再往前進一步。他們會說如果承認同性婚姻的效力就和傳統婚姻完全一樣，將會有損於傳統婚姻，讓它變得比較沒有價值。這種說法似乎是在說——如果用比喻來說——就像假如「大都會歌劇院」（Metropolitan Opera）的甄選開始頒獎給在電視節目《美國偶像》（*American Idol*）上獻唱的流行歌手，歌劇界就會受到玷污了；也像是在說如果名列在「名人堂」（Hall of Fame）的棒球選手是因為服用禁藥才達成個人紀錄的，就會使「名人堂」的信譽受損，並且連帶貶損了其他列名選手的真正成就。一般來說，如果隨便亂承認低水準或是不認真的競爭者也享有某一項榮譽，是會玷污了那項榮譽。當有人主張同性婚姻會損及傳統婚姻或削弱傳統婚姻的基礎，或是在談及「捍衛婚姻」這類主張時，我相信是會有人提出這種論點。在「捍衛婚姻法案」的爭議中，以及近期加州對於支持「八號提案」的運動中，就有許多人依據這個脈絡提出了相關言論。我們到底要如何評價這個論點呢？

首先，我們可以從事實面提出質疑。同性伴侶並不像是B咖歌手或是作弊的運動員——或者說，至少沒有比異性伴侶更像。他們想要結婚的理由和異性戀並沒有什麼不同：都是因為想要表達愛意和承諾，想要讓他們的結合因為宗教儀式而神聖化，想要獲得一連串由民事法規定的利益——以及，通常還想要生產和養育孩子。傳統的婚姻關係中也會出現一些害群之馬，同性婚姻當然也是。但是異性戀之中有害群之馬這件事，從來沒有讓州決定不再允許異性戀結婚。也沒有人這麼提議或是這麼想過。我從來沒有聽人說過州願意讓布蘭妮．斯皮爾斯（Britney Spears）[14]或O．J．辛普森（O. J. Simpson）[15]結婚，無異是貶低或玷污了其他人的婚姻。但是不知道為什麼，這些人甚至不會去問一下他們自己對門的同性伴侶究竟是怎麼樣的人、為什麼要結婚，但就是覺得他們的婚姻會因為這對愛侶受到公眾承認而被玷污。

如果有人提議要限制只有通過人格測試、有資格的人才能結婚——這至少是個前後一致的主張，雖然大概沒什麼人會支持如此擾人的制度。我們可以很清楚地知道提出上述主張的人，其實並不擔心不符合資格，或是不道德的異性戀會玷污了婚姻制度或貶損了它的價值。因為他們並不擔心這件事，也不想要讓能夠證明自己品德高尚的男同性戀和女同性戀結婚，所以我們很難心悅誠服地接受這個論點。除非聯想到噁心感和污染，否則，其實我們很難理解為什麼同性戀的結合會玷污傳統婚姻。沒有資格的異性戀和（男／女）同性戀之間唯一的差異（而且這種差異要能夠解釋為什麼人們會對這兩種人有完全不同的反應），只是異性戀的性行為不會讓大多數人覺得噁心，但是同性戀的性行為會。如果認為把傳統婚姻和同性伴侶的性行為聯想在一起，就會污染或是玷污了婚姻，這種想法就像在印度，許多人會覺得如果高級種姓的人吃了由「賤民」提供的食物，他們的身體就會遭到污染。如果不是因為恥辱和污染這類低等的想法，其實根本無法解釋為什麼許多人會覺得同性戀的婚姻會玷污或有損異性戀的婚姻，但是不道德或有罪的異性戀自己的婚姻卻不會。

如果主張這種論點的人說因為兩個同性的人即使結了婚也無法生育後代，所以這不能算是一樁真正有意義的婚姻，這也是侮辱，或是根本在諷刺（因此也玷污了）真正意義下的婚姻——這種論點最近經常被提出來[15]——我們現在回到第二個論點。首先我們必須說，婚姻從來沒有要求生育——就算在羅馬天主教會的歷史中也沒有，他們還很常願意讓無法生育的高齡伴侶結婚。

⓮ 譯註：著名美國女歌手，被媒體暱稱為「小甜甜布蘭妮」，曾結過兩次婚，第一次只維持了五十五小時，曾因藥物問題而被強制接受精神治療，並暫時失去對孩子的探視權。

⓯ 譯註：著名美式足球運動員，被指控在一九九四年犯下兩宗謀殺罪，謀殺其前妻妮克爾·布朗·辛普森（Nicole Brown Simpson）和其好友羅納德·高曼（Ronald Goldman），最後因為證據有漏洞而被判無罪，但仍須支付民事賠償。

15 例如二〇〇八年十月十四日的《紐約時報》（*New York Times*）——這是我第一次撰寫本段草稿時的日期——就刊登了一封羅馬天主教神父的信，其中就提到這個影響。

而那些如此強調生育能力的人，即使隔壁住了一對七十歲高齡的新婚異性夫妻，或是公開宣稱不想生育子女的異性戀夫妻，也不覺得自己的婚姻受到玷污、污染或是貶低。他們不會要求立法者規定這樣的婚姻是違法的，他們甚至不會說、或是覺得這樣的婚姻是不道德的，或對他們自己的婚姻有損。這種受到侵害或污染的感覺，其實不能只用小孩來解釋，它必定有一些更見不得人的想法。

如果想在歷史中找找看是否曾經有過和對同性婚姻類似的焦慮，那麼應該可以在對種族通婚的想法中找到。在發生「洛文訴維吉尼亞州案」的一九六七年，一共有十六個州不僅禁止不同種族之間的通婚，甚至還會對這種行為加以處罰。維吉尼亞州就是一個典型的例子，該州視這種婚姻為重罪，可以處以一年到五年的徒刑。就像同性婚姻一樣，反對種族通婚的人也提出了各種政治和神學上的理由。但是回過頭來看，我們會發現這其實都是噁心感在作祟。噁心感根本就沒有隱身幕後：種族的純正這個想法一再被高傲地提出來（例如維吉尼亞州一九二四年的「種族完整法」〔Racial Integrity Act〕），玷污和污染的想法也普遍存在。人們只要想到黑人和他們在同一個公共飲水機喝水、在同一個公共泳池游泳，或是使用同一間公廁、用同樣的盤子和杯子，他們就會感到噁心、受到污染——這些都是很常見的南方州的觀點——因此，我們可以想像只要他們想到黑人和白人之間會發生性行為、會結婚，一定也會感到很強烈的嫌惡感。最高法院認為這些對種族污名的觀念，其實是支持這類法律的唯一理由，不管怎麼說，「除了令人不快的種族歧視之外，我們顯然找不出這種分類有什麼堪稱為合理的主要目的」。[16]

對於禁止同性戀的婚姻，我們應該可以得出相同的結論：恥辱和污染這類不理性的想法，以及最高法院在「羅梅爾案」中認為的某種「敵意」，是支持該禁令的一股強大力量。康乃狄克州的最高法院在二〇〇八年十月也是這麼想的，最高法院指出：

> 同性戀要面對的除了是道德的非難之外，還有對於同性戀充滿敵意的恐懼，但是這種恐懼全然來自對同性戀——以及會和他們聯想在一起的親密性行為——的強烈反感……許多針對同性戀的仇恨犯罪，便是反映出這類發自內心深處的偏見……這種針對同性戀的偏見——認為他們「是眾人的笑柄、活該受到排斥、受人看不起、被當成魔鬼、被判罪」——都是不理性的，而且只是針對同性戀這個人……這種偏見和其他族群遭受到的偏見是完全不一樣的，其他族群並不會在一開始就被當作有此嫌疑，或是可能有此嫌疑……這個事實讓我們更有理由相信這類偏見不太可能輕易消除，而且它也讓我們看到了同性戀在政治和社會的整合中，都面臨到獨特的挑戰。[17]

16　*Loving v. Virginia*, 388 U.S. 1 (1967).

17　*Kerrigan v. Commissioner of Public Health*.

我們現在看過了反對同性婚姻的論點。它們看起來並沒有特別讓人留下不可磨滅的印象。它們好像不會帶給政府無可比擬的州利益，而且似乎——就像「羅梅爾案」所認為的——這些由敵意觸發的論點甚至很難說有理性的根基。

支持同性婚姻的論點很直接：如果有兩個人想要用結婚的方式作出對彼此的承諾，那麼，他們就應該被允許這麼做，如果有某一群國民無法享有作出這種承諾的利益和尊嚴，這就是在貶低他們，並且有辱他們的尊嚴。

4.「結婚的權利」是什麼？

美國的憲法傳統中經常會提到「結婚的權利」。[18]在宣告反對種族通婚的法律無效的「洛文訴維吉尼亞州案」中，最高法院認為婚姻是「人類的基本公民權利」之一。而其後的另一件案子——「札布洛茨基訴雷德希爾案」（*Zablocki v. Redhail*）⑯——也承認結婚的權利是憲法第十四修正案要保障的基本權，它明顯屬於「法律平等保護條款」的內容；最高法院表明「結婚的權利對所有人而言都是基本而重要的」，並且繼續表示「結婚的決定與生產、分娩、養育孩子和家庭關係的相關決定具有同等重要性」。[19]如果法院要解決同性婚姻的問題，他們必須先釐清兩件事：(1)這個「結婚的權利」到底是什麼？以及(2)誰有這個權利？

「結婚的權利」是什麼？在最小限度的理解上，如果國家選擇用「婚姻」來提供一組在表達或在民事上的特定利益，那麼國家就必須讓所有希望獲得這個地位的人都可以得到，而不存在差別待遇（雖然這裡所謂的「所有人」的確需要做更進一步的闡明）。「洛文案」要處理的對象是不同種族的伴侶被排除在（婚姻）這個制度之外；而「札布洛茨基案」所涉及的，也大概就是威斯康辛州想讓無法完成撫養子女義務的父母被排拒於婚姻之外。另一個與此議題相關的早期案件是「斯金納訴奧克拉荷馬州案」（*Skinner v. Oklahoma*），該案宣告「累犯」必須強制絕育的法律是無效的，因為如果一個人被隔絕在「婚姻和生育」之外，就是被「永遠剝奪了基本自由」。[20] 另一個比較近期的案件——「透納訴薩夫利案」（*Turner v. Safley*）——宣告密蘇里州的法律無效（該法律禁止在密蘇里州監獄服刑的受刑人結婚）。[21] 所有這些重要的案件，都是針對某一個特定

---

18 在本節的寫作中，我多方得益於下列著作中對於這個問題的卓越回顧：Cass R. Sunstein, "The Right to Marry," *Cardozo Law Review* 26 (2005): 2081-2120；雖然我與該文有許多分析方式是不同的，不過它對於該議題的確提出了許多深刻而清晰的見解。

⓰ 譯註：聯邦最高法院在該案中推翻威斯康辛州的一項法律——該法律禁止負有子女撫養義務的人再婚，除非他們可以取得司法判決，證明他們已經完成相關義務，而且子女不須由公家照顧。

19 *Zablocki v. Redhail*, 434 U.S. 374, 384 (1978).

20 *Skinner v. Oklahoma*, 316 U.S. 535 (1942).

21 *Turner v. Safley*, 482 U.S. 78 (1987).

的族群被排拒於（婚姻）這個制度之外——但是其他族群卻可以享受這個制度。

那麼，所謂結婚的權利就只是一個不會受到差別對待的權利嗎？如果是的話，那麼州也可以根本不必提供結婚制度。因為這只是說如果州有提供的話，就要平等地提供給所有人。但是，如果結婚是一種基本權（而且大部分基本權不但必須獲得平等的保護，還要符合正當法律程序），就代表它還有更進一步的內容。那是什麼呢？如果州決定只提供民事上結合的制度，並且將婚姻的地位降格，留待宗教和私人機構來執行，這是違憲的嗎？

如果放進我們所謂的三種類型中，「結婚的權利」會要求州必須為已婚的夫妻提供一系列經濟和民事上的利益嗎？州是不是有義務讓某些結合可以藉由「結婚」獲得尊嚴和地位？還有，州是不是必須承認由宗教機構所允許的結合，或是要讓這種結合生效？很顯然地，第三個問題的答案是——而且一直都是——「不需要」。許多經過宗教機構同意的婚姻都不被州所允許（例如同性婚姻一直以來都是如此），也沒有人覺得應該可以根據憲法來爭執州為什麼不允許。宗教自由的權利顯然不意謂州也必須同意由宗教機構所允許的任何一種婚姻。

有「結婚的權利」，也不代表州有義務為結婚雙方提供特定的民事利益，這也是很明確的事實。在處理結婚權利的案件中也一再重複這件事。

不過在另一方面，我們也很清楚地知道這種權利並不只是要與其他人受到同等對待（或者不會因為身為某一個族群，就受到差別對待）。結婚的權利通常被歸類為個人的基本自由，受到憲法第十四修正案的「正當法律程序條款」的保障。例如在「梅爾訴內布拉斯加州案」中，最高法院就表示該條款所保障的自由「無疑……不只代表身體不受到限制的自由，還包括了下列個人權利：締結契約的權利、在人生中從事任何一般職業的權利、獲得有用知識的權利、結婚以及建立家庭並養育後代的權利、根據其本身具有的良知信奉神明的權利，以及廣泛地享有這些長久以來獲得承認之權利的權利……這些都是一個自由人要按部就班地追求幸福時不可或缺的」。[22]「洛文案」中同樣提到「個人應該擁有與另一個種族的人結婚（或是不與另一個種族的人結婚）的自由，國家不得侵犯個人的這種自由」，這個結論的根據既是「正當法律程序條款」，也是「法律平等保護條款」。在「札布洛茨基案」中，允許「合理的法律規定——但是不要過度干涉一個人進入婚姻關係的決定」，不過該案最後的結論是威斯康辛州的法律超過了限度，侵犯到應該由「正當法律程序條款」保障的權利。「透納訴薩夫利案」也持相關的論點，該案的判決認為限制受刑人結婚違反了「正當法律程序條款」要保護的私人權利。值得注意的是，在同一個案件中，最高法院對於憲法第一修正案中的受刑人通訊權採取非常限縮的解釋，所以我們可以明顯知道：最高法院是在確認婚姻乃一種基本的自由。

正當程序的自由在這種情況下有什麼意義呢？上述的大部分案件都關乎州想要禁止某一個族

---

22 *Meyer v. Nebraska*, 262 U.S. 390 (1923).

群的人結婚。而州對婚姻進行這樣的干涉，不論是根據正當法律程序或是法律平等保護，都很顯然應該要被認為是違憲的。所以，如果州要禁止所有人結婚，那麼想必更是違憲的了。

以這樣的解釋來說，看來如果禁止離婚或是對離婚的限制過於困難、難以達成，似乎也無法通過合憲性的審查，最高法院也很小心地在朝這樣的方向進行。在「博廸訴康乃狄克州案」（*Boddie v. Connecticut*）中，[23] 最高法院認為根據「正當法律程序條款」，任何州都不可以因為窮人繳不出申請費用，就限制他們無法離婚。最高法院援引了「結婚權利」的案件來支持這個論點，並且堅持認為根據美國社會中對於婚姻的「基本定位」——再加上離婚是由州所獨占的，這表示如果以財務的理由阻礙離婚，就勢必違憲。不過在「索斯納訴愛荷華州案」（*Sosna v. Iowa*）⑰中，[24] 最高法院卻認為由州的執行權力的角度來看，愛荷華州對於居住期間的要求——雖然同時受到正當法律程序和法律平等保護的挑戰——是合理的。

不過，沒有任何一州的最高法院認為州必須以婚姻的形式提供表達利益。如果某一州決定要完全捨棄這種表達的方式，轉換成民事結合的制度，或者——甚至更極端地——使婚姻成為私人之間的契約（讓州在其中的角色和州在其他契約程序中的角色完全相同），這其實並沒有什麼憲法上的障礙。

問題的核心又回到了平等問題。始終不變的就是如果州要提供一種身分，讓取得這種身分的人等於同時取得了民事利益和表達的尊嚴，那麼州在提供這種身分時就必須是平等的。雖然我說這只是一種「最低限度」的身分地位，但是如果真的仔細研究一下，就會發現它也不是那麼基本的。在「洛文案」發生當時，共有十六個州訂有反對種族通婚的法律。從「透納案」中的監獄規定，似乎也可以明顯看出監獄的典獄長擁有自由決定的權力。

換句話說，婚姻是個人基本的自由權，因為它是，所以婚姻的平等就有重要性：如果沒有一些絕對重要的理由，我們不能把某幾群人排除在這個基本權之外。它就像投票一樣：憲法上並沒有規定投票這個權利——因此有些職位可以用任命的。但是一旦舉行了投票，就會因為投票是一種基本權，而使我們不能拒絕讓某一個族群的人行使投票權，否則就是違憲。所以照這樣來看，現在的問題就是誰擁有這種自由／平等的權利可以結婚？是否又會有任何理由，強大到可以無視這種權利？

誰有這種權利？從一方面來說，在現行的法律之下，提供婚姻制度的州不必允許一夫多妻制，這應該是很清楚的。一直以來，美國的憲法傳統都用法律規定一夫多妻制是犯罪，因此，不管一個人怎麼看待一夫多妻制的道德問題，目前我們都可以很清楚地知道：一夫多妻制的結合不

---

23 401 U.S. 371 (1971).

⓱ 譯註：最高法院在該案中認為當事人必須在州內居住達一年之後，才可以對非居民提起離婚之訴。

24 419 U.S. 393 (1975).

會受到一視同仁的承認。（但是其實反對一夫多妻制的法律論點十分薄弱。如果說有什麼重要的州利益夠強大，強大到足以證明應該用法律限制一夫多妻制，可能就只有兩性平等了，但是如果我們同時承認一夫多妻和一妻多夫的話，這種主張就站不住腳了。）

禁止亂倫的結合也一向被認為是州在合理地行使權力，但是（和前段的狀況相同）州在這裡到底有什麼利益，其實定義得非常模糊。如果是要防止虐待兒童，雖然這種利益大致上可以說明禁止父母與子女亂倫是正當的，但是如果要禁止成年人的兄弟姊妹通婚，好像就找不出任何明確的州利益了（其實，兄弟姊妹近親相姦在健康上的顧慮，還比不上許多可以正常結婚的人之間的性行為）。不過，如果今天有一對兄妹（姊弟）要依正當法律程序／法律平等保護來挑戰這個限制，他們勢必是會輸的，因為州只要宣稱禁止這類結合將取得（健康上的）利益，就一定會占上風了。（各州對於亂倫的定義存在著極大的差異，如果是第一對想要結婚的堂／表兄弟姊妹，可能會選擇到另一個州，就像現在同性伴侶所作的事——因為兩州的規定不同，會讓兩個人在原本居住的州所締結的婚姻，在前往新州之後就自動受到承認。[25]）

我們應該怎麼看待這些案例呢？我們是否應該覺得這些人理應有權利和他們所選的人結婚，但是州也有相反的利益，而且應該以州的利益為優先？還是從他們選擇的本質來看，我們應該認為這些人根本沒有這個權利？我認為應該是前者。基於這個觀點，州必須證明禁止這類結合的法律真的具有強大的公共利益。

在另一方面，我們可以很清楚地知道結婚權涉及自由與平等權，而這並不是只屬於可能生育的人。「透納訴薩夫利案」爭執的是受刑人的婚姻，其中的大部分對象都是刑期比較長的囚犯要和監獄外的人結婚——也就是不可能有性行為的婚姻。其中重要的是婚姻能夠在情緒上提供的支持，以及宗教和精神上的意義。最高法院有一度提出——但這是額外的要素——受刑人終有一天會獲釋，那麼婚姻的雙方就可以圓房了，但這顯然不是維持這樁婚姻的基礎。也沒有其他案例認為老年人或是不生育的人就沒有結婚的權利。

如果要為傳統做個總結，最適合的結論大概是所有成年人都有權利選擇結婚的對象。他們的這項權利是來自於婚姻對情緒和對個人的意義，並不亞於可能生育後代的功能。這項權利對於保障正當法律程序是不可或缺的，也具有平等保護的面向。除非州有極為重要的正當理由，否則，任何人都不應該被排除在這項權利之外。在亂倫和一夫多妻的例子中，是因為州能夠證明政策的考量比個人的權利更重要，因此才符合要求——雖然這種判斷並非絕無可能隨著時間的遷移而發生變化。那麼，我們又要怎麼看待想和同性的人結婚這件事呢？

25　即使是叔侄／甥舅這樣極端的例子（在羅德島，會基於宗教理由容許猶太教徒做這樣的結合），在州之外所締結的婚姻仍然在本質上具有約束力。

5. 麻塞諸塞州、康乃狄克州、加州、愛荷華州：法律問題

這是法院正在努力解決的問題。到今天為止，麻塞諸塞州、加州、康乃狄克州和愛荷華州的法院都曾經裁定過要讓同性伴侶享受婚姻制度，不過加州後來又通過了「八號提案」，所以加州的同性婚姻現在又是不合法的了。[18]而在同時，緬因州和新罕布夏州則是用立法的方式，將同性婚姻規定為合法（在更早的時候，夏威夷的最高法院曾經裁定過同性伴侶可以結婚，但是這個裁定後來被憲法修正案推翻了）。加州和康乃狄克州都已經用立法方式制定了民事結合的制度，民事結合也可以享有婚姻的所有基本權利和利益（至少如果是州內事項），所以表達的問題確實是當前的核心議題。

緬因州和新罕布夏州是用法律制定的，這件事雖然有很重要的意義（表示民主的多數決也可能支持同性婚姻），不過我們從現在開始，還是要專注在下列四個法院的裁定——畢竟我們要討論的是憲法。四個法院都必須回答下面四個問題（不只是依聯邦憲法，還有依各州自己的州憲法條文和傳統）：首先是民事結合就足以滿足需要了嗎，還是依照憲法的要求，一定要有婚姻的地位？再者，這究竟是正當法律程序的問題，還是法律平等保護的問題，或者是複雜地混合了兩者呢？第三，如果從爭取法律平等保護的目的來看，性傾向算是一個可疑分類嗎——當它要宣稱擁有推定的權利（即使這個權利與州所主張的利益相對抗）時？也就是說，州只需要證明有合理的

依據就可以禁止這類結合嗎？還是需要令人信服的州利益呢？第四，到底是要什麼利益才符合資格呢？

四個州都對這些問題給出了不同的答案，但是在很大的程度上還是一致的。他們都同意（就現行作法來說）婚姻的確能夠為當事者在大眾面前帶來尊嚴。也因為它具有這個特殊的地位，所以它對於個人的自我定義、自主權和幸福的追求都是不可或缺的。有結婚的權利，不代表州一定得提供某些特定的利益，但是州的確一定要「保護家庭關係中的核心元素，至少不要讓它們受到某些其他人不適當的干擾」。[26]這種權利並非只屬於可能生育的人（例如：麻塞諸塞州的法院就指出，即使是已經快走到生命盡頭的人，還是可以結婚）。

從所有這些具有表達意義的理由看起來，民事結合似乎的確只是一種次等的地位，缺乏婚姻所具有的肯定和承認的特徵。因為兩者的地位不同——尤其是考量到歷史中對於男同性戀和女同性戀的差別對待——這讓加州和麻塞諸塞州這種「有區隔，但是仍宣稱兩者均等」的制度，在憲法上還是有問題的。就如同加州法院所說的，這不只是能夠使用某一個特定詞彙的權利；這是

---

⑱ 譯註：這是指本書出版的二〇一〇年當時的情況。

26 這是出自加州的主張。麻塞諸塞州：見 *Goodridge v. Department of Public Health*, 798 N.E. 2d 941 (Mass. 2003)。加州：見 *In re Marriage Cases* (2008) 43 Cal.4th 757 [76 Cal. Rptr. 3d 683, 183P. 3d 384]。愛荷華州：見 *Varnum v. Brien*, 763 N.W. 2d 862 (Iowa 2009).

「能夠享受有尊嚴和受到尊敬的家庭關係的權利，而這是其他正式受到承認的家庭都能擁有的尊嚴和尊敬」。麻塞諸塞州、加州和康乃狄克州都援用種族通婚的案例點出了這點（愛荷華州主要是在關注該州全力對抗法律上各種形式不平等的歷史）。加州的法院指出，如果過去反對種族通婚的州創出了另外一種叫作「跨種族結合」的型態，但還是不讓不同種族的伴侶取得「婚姻」地位，我們還是可以從中看出問題並沒有解決。

在四個法院中，有三個都同時訴諸於正當法律程序和法律平等保護（愛荷華州簡短地提到自由，不過它的分析只有集中在法律平等保護）。麻塞諸塞州法院指出，這兩項能夠擔保的因素通常「是重疊的，在這種情形中也是」。他們都同意結婚的權利既是個人的自由權，也包括平等的面向：如果政府沒有足夠正當的理由，不可以將某一群人排除在這種權利之外。

要有多正當呢？各州在這一點上出現了分歧。麻塞諸塞州法院認為拒絕承認同性婚姻甚至不具有合理性的基礎。在論證的過程中，法院舉出了許多反對同性婚姻的論點，但是認為它們都與現行作法有非常大的矛盾（例如認為婚姻就是為了生育，這個論點等於全然不顧實際上婚姻締結的現況），或是十分含糊（例如說同性婚姻「漠視或摧毀」了傳統婚姻），因此根本不符合（即使是）最低限度的合理性審查。

不過加州、康乃狄克州和愛荷華州的法院卻認為性傾向是可疑的分類。康乃狄克州和愛荷華州的法院，從以前就將法律平等保護的審查區分為三個不同等級，而且認為涉及性傾向的分類

——就和涉及性別的分類一樣——需要中級的審查（然而涉及種族的分類則需要嚴格的審查）。加州法院只有區分兩個等級的審查，並認為性傾向需要嚴格的審查，而且類推到性別也是如此。

在這個過程中，加州和康乃狄克州都明確反對將對性傾向的差別對待理解為基於性別的差別對待。這兩個州都與愛荷華州一樣，同意本書第四章所支持的論點——性傾向本身就是一個可疑分類。[27]這兩州對於可疑分類的標準都有十分完整的討論——也的確標示出最高法院在這個問題的討論上有一大進步。他們都得到了一個同樣的結論：判斷可疑分類的主要標準是**過去受到差別對待的歷史**，而且該特徵與相關的社會功能**並沒有關聯性**。在政治上的沒有能力，只能反映出他們受到差別對待的歷史，而且，基本上也表示這個族群還沒有取得足夠的進展，讓我們不足以認為民主程序能夠公平地對待他們。永久不變性的意義也只是彰顯出該特徵與許多功能都沒有相關，而且——也如同愛荷華州法院新增的一個很有用的論點——代表該特徵就深植在一個人原本的身分和自我之中，所以不太可能要求一個人改掉這個特徵。

康乃狄克州法院的意見中有一段特別引人注目，其中提到對於男同性戀和女同性戀而言，的確有某種特別帶有惡意的不理性歧視。在這裡——我於第三節最後部分所引用的段落中——法院也承認訴諸噁心感的政治是存在的，法院的結論認為這種嫌惡感過於強烈，就連民主程序看起來

27 科佩爾蒙的論點在麻塞諸塞州得到一票。

似乎都不太可能公平地看待同性伴侶的主張。他們也認為大概只有種族和宗教族群才曾經承受過類似的、帶著暴力的敵意。

天平的另一邊是哪一種州利益呢？加州、康乃狄克州和愛荷華州都仔細檢視過幾個主要的對象，結論都是沒有一個稱得上是無法抗拒的利益。只是想要維護傳統本身，並不足以構成這種利益：如同康乃狄克州的法院所寫的，「引用『傳統』無法解釋分類的理由，它只不過重申一次分類而已」。即使立法者有強烈的信念，也無法因為這個理由就證明差別對待是正當的。還有其他被提出來的政策考量（我們已經找出了其中比較常見的一些）也都不夠強固。

這些見解無法取信每一個人。也不是所有贊成這些結論——或甚至是推論——的人，都認為這個爭議的確應該由法院來解決（而不是交由民主的多數決）。不過，我還是相信這些見解會讓一個講道理的人相信：在意見分歧的領域，憲法（因此還要加上法院）可以扮演正當的角色（至少有時候是如此）。見解的推論要尊重反對方，要精細而且詳盡地闡述（法院意見常用極長的篇幅闡述，也可見法官費盡心機與反對方對話）。他們作出了非常優異的法律論述。在這個過程中，這些意見——其中不乏偏見的例子——足以讓我們相信民主的多數決可能還無法放下偏執，用公正的方式來面對這個問題。就是在這種時候，法官才必須扮演一個正當的角色，為少數族群站出來——因為在多數決的政治程序中，極可能無法公平傾聽這些少數族群的基本權。

愛荷華州的見解有一個重要的面向，就是它察覺到了對法院權威的挑戰。被法院宣稱違憲的法律是比較近期——一九九八年——通過的。在這個意義下，該法應該有比較強的民意基礎。但是法院的通篇見解一直強調愛荷華州的歷史整體而言都是關心平等的（即使當相關的少數族群比較不受歡迎時）。愛荷華州的最高法院展示給讀者看的第一個案件，便顯示了「我們是如何拒絕把一個人當作財產看待，我們不會把他視為奴隸契約中的客體」——這個案件的判決早在惡名昭彰的「德雷德．斯科特案判決」（*Dred Scott*）[19]的十七年前就出現了（最高法院在「德雷德．斯科特案」中還贊同人民有權利僅將另外一個人視為財產）。愛荷華州也是聯邦中第一個承認女性可以律師身分執業的州——這件事發生在一八六九年，四年後，美國最高法院還支持伊利諾州的法律，認為婦女沒有擔任律師的權利：「在所有這些例子中，我們的州都像是來到了一個通往實現憲法理想之路的岔路口，並且重新肯定了所有人在法律之前都是『完全平等的』，這是『我們的政府最基本的原則』。」眼前的案例也被拿來和這些輝煌的一連串事件相比較。法院想要說的是：愛荷華州法院的判決雖然在當時是有爭議的（可能就連在愛荷華州也是如此），但是現在看起來都是正確、無畏而且領先全國的。他們的訊息就是在說：你看看法院這些大膽的判決，是如何地讓你以身為愛荷華人自豪。讓我們——愛荷華州——再一次以先鋒之姿，帶領美國邁向平

[19] 譯註：美國最高法院一八五七年對「德雷德．斯科特訴桑福德案」（*Dred Scott v. Sanford*）所作的判決，該判決宣稱奴隸是私有財產，不享有公民權，該判決可謂促成美國南北戰爭的重要原因之一。

等吧。

同性婚姻的爭議適合由聯邦主義加以處理，至少可以暫時地處理。因為它涉及個人自由和尊嚴這些基本的議題，所以原則上比較適合由最高法院作出全面的判決（像是「洛文案」），沒有人會質疑現在出現這樣的判決會使法院具有政治色彩，或是使輿論遭到分化。同性婚姻的存在會隨著時間的經過而告訴我們——而且未來也會繼續顯示出來——主要的反對理由都是錯的：在異性戀身上不會發生什麼新的、不好的事，他們一定還是會繼續碰到和以前一樣的婚姻問題。小孩還是一樣要面臨風險，只是我們現在會知道風險來自於不健全的醫療保健和經濟支援，而不是因為隔壁住了一對同性伴侶。因為有些州已經嘗試允許同性婚姻了，還有些州試著用民事結合的形式，另有些州則是承認在其他地方合法締結的同性婚姻，因此，人們可以更加了解這個制度，民主的偏好也很可能會跟著改變。如果從來不曾有過任何一州的法院敢用不帶偏見的眼光好好地讀讀這部憲法，那麼，這一切都不會發生。

6. 婚姻的未來

如果我們希望社會為家庭提供一個公正的未來，那麼，我們應該期待些什麼，又應該做些什麼呢？政府應該繼續讓所有人都可以結婚嗎？還是應該先不要管表達的意義這個面向，只提供民事結合就好？是否我們應該要放棄包裹式、把所有內容都包括在裡面的想法，先提供一種包含了各式利益的社會制度和私人契約呢？這些問題——它們在憲政爭議上都還存有疑義——其實都需要我們先確認一下州有哪些重要的權利和利益需要保護，並且想一下在不會無端侵犯平等或是個人自由的前提下，要怎麼保護這些權利和利益。對於憲法爭議的分析不會告訴我們這些問題的明確答案，但它還是會限縮我們應該考慮的選項。

有許多結構都需要我們仔細地思考，不論是我們現在所知的、將一切都包括在內的婚姻形式，或是私人契約的形式（並且由政府提供對兒童和年長的受撫養家屬的保護）。只要建立的方式可以保障（我們在前文所定義的）自由權的平等取得，也符合正當法律程序，上述兩種方式似乎都可以通過憲法的審視——不過如果有一州為了不承認同性婚姻，而決定取消所有人的婚姻制度、改以民事結合取代，這勢必是違憲的（這就像南方各州為了規避取消種族隔離的政策，而決定關閉公立學校和游泳池）。不同選項之間的選擇其實比較像出於政策的考量，而不是憲法問題。

主要的問題在於政府究竟是不是應該繼續包裹式的提供利益（就像今天的婚姻制度所提供的），或是這些利益應該分散開來、由許多不同的關係分別提供（同屬一家的人未必是性伴侶，而忠誠的性伴侶亦可能在財務上是分開的）。我們的分析認為憲法並沒有要求州一定要提供特定形式的包裹式利益。如果自由權的平等取得和正當法律程序都有受到足夠的保障，分散取得的方式也一定可以通過憲法的審查。我認為有許多理由——不論是出自於需要保護的利益，或是可能享有這些權利的各個族群——都足以支持重新思考這種分散取得的方式。不過，在達到這個結論的過程中，各方的爭論也將使我們超出現有的議題。

「婚姻」這個名稱又如何呢？「婚姻」在今天的意義充滿了歧異還有變數。（如果它代表了尊嚴，為什麼我們如此輕易地讓異性戀享有婚姻呢？如果它沒有代表尊嚴，又為什麼要把它給予同性伴侶時，人們會如此不悅呢？）如果州全面放棄了表達意義的這一面，同樣為同性戀和異性戀伴侶提供民事關係，這是一個好的解決方式嗎？我們的分析認為憲法並沒有要求州使用（「婚姻」）這個特定的名稱，而不可以用其他的，不過憲法的確要求州要保護個人在建立家庭時擁有（平等的）自由。我個人贊成把民事結合訂為州的事務，而婚姻則留給宗教或是其他私人實體，不過如果我主張這個立場，那就離我們的法律主題又太遠了。可以確定的是州不能只為了不讓同性伴侶結婚，就禁止所有人結婚。

這些重要的政策問題已經超越本書要討論的範圍了。不過如果要好好地解答這些問題，我們必須要了解憲法有哪些限制——它也的確有些重大的限制還沒有被我們充分認知。對於這個領域裡一些最好的憲法想法，我們也必須對它們的歷史、價值觀和目標進行同樣大膽的審查。

在某種程度上，婚姻的未來看起來和它的過去十分類似。人們還是會繼續結婚、組成家庭、生育後代，以及（有時候會）離婚。不過，憲法要求的就是不論州在這個領域中決定要怎麼做，都應該建立在平等的基礎上。如果沒有足夠重大的公眾利益，政府就不能將任何一個族群的國民排除在婚姻會帶來的民事利益或是表達尊嚴之外。將同性伴侶完全包括進去，在某種意義上是一個很大的改變，就像國家承認跨族群的婚姻也是一個很大的改變，完全把女性和非裔美國人加進選舉人和公民的行列，也是一個很大的改變。但是在另一方面，這些改變才是真正而且最好地實現了憲法所承諾的保障。我們也應該用同樣的方式來看待這些改變。同理的政治要求我們不再把同性婚姻視為對傳統婚姻的玷污或是侮辱，而是要理解這些想結婚的人到底在尋求什麼目標，而且知道他們所追求的和異性戀並無不同。如果我們能夠這樣想的話，這個爭議應該就很像種族通婚的爭議了：在一個為所有人爭取（平等的）尊重和正義的社會中，我們是絕對不能容許有人被排除在外的。

第六章

受保護的親密行為

性愛俱樂部、公開性愛[1]、有風險的選擇就是因為目前性產業的存在，才使得透過性行為傳染的疾病擴大蔓延，對於「鳳凰城（Phoenix）居民的健康、安全、整體的福祉和道德都有不利的影響」，而且……「性產業的存在本身就是一個公然的騷擾行為」。……（警方的）備忘錄也表達了對於清潔的憂慮，務必要排除一切「與任何不必要接觸的體液的可能接觸，包括唾液、精液、血液和排泄物」。

——亞利桑那州上訴法院（Arizona Court of Appeals），
「穆奇勒訴鳳凰城案」（*Mutschler v. Phoenix*）（二〇〇六年）

「憲法第一修正案應該禁止印第安納州要求脫衣舞者不得露出乳頭」，這個提議是很荒謬的。讓法官覺得荒謬的部分原因是我們大部分都已經是中年，或是年紀較長的人了，部分原因是我們總習慣對於通俗文化採取鄙視的態度……也有部分原因是我們是美國人——這表示在我們生長的文化中，清教徒式的清規戒律、庸俗和淫亂會複雜地，而且常常是不調和地交織在一起。

——理察・波斯納（Richard Posner）大法官，關於「米勒等人訴南灣市廳案」
（*Miller et al. v. Civil City of South Bend*）的協同意見書

1. 噁心感：確實存在著

性一直都是社會焦慮的來源，不過在許多時候和許多地方，某一個族群的性總是會特別讓其他人感到驚恐，喚起他們對於傳染病和污穢的恐懼，而且這些恐懼都是來自於訴諸噁心感的政治，而不是根據其他對於損害的理性評估。莎士比亞在倫敦的鼠疫肆虐時所寫的劇本《一報還一報》（*Measure for Measure*）（嚴重的鼠疫最後在一六〇三年造成劇院必須關閉），巧妙地將性交易和鼠疫、性產業的歇業和公眾健康（重新）連結在一起。由於莎士比亞的劇本實在非常成功地（用虛構的社會制度）把性和疾病的形象連結起來，甚至讓克勞迪奧（Claudio）[2]覺得他和自己所愛的女性發生性關係——他們還沒結婚，但是兩人彼此相愛，而且克勞迪奧也曾經在口頭上答應娶那名女子為妻——是危險而且噁心的。他形容人們對於性的慾望——也包括他自己的——就像「老鼠在貪婪大啖給牠們的毒藥，那是可以止渴的鴆酒；如果我們喝下了，就會死亡」。相反地，拉皮條的盧西奧（Lucio）則用正面的比喻來形容性，他說那是生殖和成長的象徵：但是他卻因為受人壓制而失去了生計，也因為疾病（雖然這就是體制要認真對抗的）而不再對性抱持正

---

❶ 譯註：泛稱在公共空間或是在（可被不特定的他人或是特定的多數人看見的）私人空間發生的性行為。

❷ 譯註：《一報還一報》的劇中人物。

面的態度。

到了今天，我們還是害怕鼠疫——HIV／AIDS——的肆虐，以及其他性方面的傳染病（雖然程度可能不及HIV和AIDS）。現在的性產業又再一次地成了大眾焦慮的對象。「妨害大眾健康」現在常被用來作為強制性產業——包括販賣成人書刊的書店、雜交俱樂部（swinger club）和男同性戀澡堂——停業的理由，或是加諸其他的限制（舉例來說：要求表演脫衣舞的舞者不得露出乳頭和私處，或是增加所有從業人員取得執照的困難度、增加其背景調查）。

當保羅．卡麥隆使用修辭上的技巧，把同性戀的性行為和健康的風險加上連結的時候，我們可以看到他實際上所作的，就是訴諸於對體液的噁心感以及原始的焦慮情緒。但是我們也可以看到，他這種極端的策略在我們討論自己家裡發生的合意性行為時，已經發揮不了什麼影響力了。在這裡，我們可以看到訴諸噁心感的政治已經走向尾聲了。在關於同性婚姻的爭議中，訴諸噁心感的政治始終潛藏在表面下，但是它被其他（儘管可能不適當）的論點掩藏得很好。不過本章就是要彰顯出訴諸噁心感的政治的確存在著，而且是很公開的，就在美國對於性產業、澡堂等場所的法律和政治對策中：這些地方不具有家的屬性，但是會有出自本意的成年人來這裡進行性行為，或是觀賞與性愛相關的演出。

這裡涉及了許多不同的法律問題：對於「公共妨害」（public nuisance）的定義（其中也有憲法的面向，因為它涉及了性產業在面臨歇業時，是否要補償老闆受到「強取」的損失）；憲法第一修正案中表達自由的範圍；對於「勞倫斯案」所保護的隱私權的正確理解；還有更一般性的，是法律對於管理成年人的合意行為有什麼限制。這些問題並沒有全部都涉及憲法，但是它們彼此交織著，因此，如果不對整個領域先有個綜覽，大概也很難解決這些憲法問題。

並不是只有同性的行為者才會碰到這些問題，我們也要一併檢視那些主要在處理異性戀的雜交、施虐與受虐（S and M）和脫衣舞俱樂部的案件。但是，同性的行為者必須面對的是更加強的監督和引起噁心感的焦慮（對於男同性戀澡堂的高度關注就告訴了我們這件事）。因為在大眾的想像中，男同性戀的行為尤其性慾勃發——他們的生活型態被描述成一種少不了性濫交的生活型態——只要強調男同性戀出入的地點（澡堂、賣成人書刊的書店、廁所——那些其實是任何性交都會發生的地方），就很容易把男同性戀和疾病、污穢連結在一起，然後再把這些地方抹黑成會發生疾病的場所，和這些地方有連結的整個同性戀族群就被蒙上了污名。但是，對雜交俱樂部之類的污名化操作，卻不會被廣為散播成對整個異性戀族群的歧視。雖然大概所有成年人在這個領域都受到了壓抑，但是男同性戀還面臨到差別對待的問題。只要反對澡堂和男性妓院的運動還是以引起恐慌作為訴求，並且是社會政策中一個主要的部分，男同性戀就會真的覺得他們在社會上不可能享有完全的平等。

而在同時，由於男同性戀和女同性戀在歷史中一再遭到污名化，因此性愛俱樂部和成人產業對於他／她們而言，也成了相當重要的存在（因為他／她們可以在那裡進行會受到保護的社會活動）。直到非常近期，男同性戀在許多地方公然尋求性愛和表達慾望（雖然那些地方是異性戀完全可以公然做這些事的地方）還是會遭到為難，或者甚至遭到逮捕，因此，在男同性戀和女同性戀的社會自我定義以及同性戀權利運動本身的發展中，同性戀酒吧和其他對男同性戀友善的產業都變得十分重要。鑑於這段歷史，對於男同性戀和女同性戀而言，抨擊同性戀酒吧和成人產業會有一種核心的意義，而對於異性戀就不會。

在這個領域中，我們可以看到訴諸噁心感的政治以一種特別醜陋的形式在操作著，它對夥伴關係和表達的自由以及國民的平等都造成了衝擊。德富林訴諸噁心感的政治扮演了很重要的角色，彌爾的政治（強調必須發生損害）就只有一個比較小、而且前後不一致的角色了。彌爾的主張顯然通常不夠堅實，因此常常淪為只是根據噁心感的論點的偽裝。一旦開始訴諸噁心感，就會使人不再尋找禁得起合理審查的理由了。我們將會探討訴諸噁心感的政治如何混淆了「妨害」這個概念在法律上的操作，我們還要試問在憲法中發現的原則（如果有的話）到底要如何幫助我們進一步想清楚這些問題。在這個過程中，我們將會看到法律體系對於「私人」和「公共」這些概念的普遍混淆，又是如何造成了更進一步的損害。

2. 釐清概念：損害、妨害、隱私

當我們在檢驗彌爾對於只涉及自己和涉及他人的行為所作的區別時，我們會設想三種不同的活動類型。第一種類型會對其他人造成損害——或是形成迫在眼前的威脅；這種行為應該用法律加以規範，這不存在任何爭議。[1]第二種類型產生了我們所謂的「直接侵犯」（direct offense），它具有類似損害的性質：某件事令人不快，而且會對未曾同意之人的活動造成侵犯，並且危害到他們愉快的生活。第三種類型對於未曾同意者的生活沒有直接的影響（在彌爾的定義中，這會被歸類為只涉及自己的事），但是別人有可能僅僅因為想像有這種事存在，就覺得苦惱或是反感。彌爾認為這不應該是法律規範的對象。我們對於反雞姦法的分析也支持他的看法。雖然美國的憲法傳統從來不曾完全接受彌爾的信條，但是在某些關於親密關係的基本權利領域中，還是接受了類似的概念。

第二種類型就有點微妙了，我們現在也要再多想一下，因為在關於性愛俱樂部和「公開」性愛的法律討論中，第二種類型和第三種類型之間的界線常常是模糊不清的。正確來說應該被歸類在第三種類型中的行為，如果把妨害的法律概念解釋得有點模稜兩可的話，看起來就會像是第二

1　即使是這種類型——如果關係到基本權，且無重大損害——依然存有憲法權利的爭議。

種類型了（也就是或許可以加以規範）。那麼，現在讓我們轉向妨害的傳統法律。

妨害法可以讓人們免於受到某些令人不快或是危險的事，不讓這些事妨礙他們盡情享受自己的活動或是財產。最常被引用的箴言就是「利用自己的財產不應損及他人之財產」（*sic utere tuo ut alienum non laedas*）。換句話說，妨害就是某種形式的損害。雖然妨害有可能比暴力更令人反感，不過總之它就是對接受者造成了某些損害。概括來說，那就是我們所謂的第二種類型。

大概現代所有關於妨害的案例都會引用「奧爾德雷德案」（Aldred's Case）這個先例，該案中認為：「如果（該人土地上的建築物）有難聞的臭味、吵雜或是不尋常的噪音、濃煙、有害的氣體、聲音刺耳的機器，或是無正當理由聚集蒼蠅，因此讓隔鄰的土地居住者感到危險、無法忍受，或甚至是十分難受，則任何人都沒有權利主張其仍有權維持自己土地上的建築物。」以上所舉的例子都是關於某個東西會從A人的財產跑到B人的財產：不論是可以辨識出的東西（蒼蠅、煙、氣體），或是像聲波和氣味這種想像中或概念上的東西（但是真的存在，而且在結果上會對B造成影響）。[2]換句話說，我們所處理的並不是我們所謂的第三種類型——第三種類型是指B之所以感到苦惱或是反感，只是因為A在A自己的財產上做了什麼讓B不喜歡的事。如果要讓人認同有一個妨害存在，原則上必須滿足三個條件：(a) **因果關係**：B使得A或是A的財產發生了什麼不好的事；(b) **強加**：B未同意——此妨害是強加在不情願的人身上；(c) **原始物件**：如果事情涉及噁心感，造成妨害的噁心感必須出自於對原始物件（臭味等）的感覺——而且通常還結合了真正的危險（「有害的氣體」）。

近代傳統中的案例也都和這些先例有著異曲同工之妙。許多案件涉及用水權：如果A的水會流經鄰居B的土地，A就不應該污染這個水源。判例法很清楚地表示強烈的噁心感足以構成一種妨害。[3]因此，住宅區旁邊的豬圈散發出的惡臭，就已經形成了一種妨害（雖然該惡臭對健康無害）。[4]同樣地，一個養殖奶牛的牧場附近的污水池也足以構成妨害——即使無法證明流出來的污水真的傷害到了那些牛。[5]在這些案例中，我們可以看到三個條件都已經滿足了，這是很重要

2 因此，雖然布雷克史東（Blackstone）認為有「無實體的」（incorporeal）的妨害，但是他所舉的例子還是有什麼東西擋在通往你土地的路上，或是「橫了一塊圓木在中間、挖了一道溝之類的」（III.13.2）。

3 典型的案例可參見 *Baltimore v. Warren Mfg.*, 59 Md. 96 (1882)，該案中認為不論是有危險或是該財產「有令人作嘔的味道或是氣味」，都足以構成。

4 *Commonwealth v. Perry*, 139 Mass. 198 (1885). 州認為「上述臭味會使得上述住宅區的某些住戶感到不舒服、患病和噁心；而其次數如此頻繁，使得上述某些住戶被迫要關閉門窗；上述臭味是豢養豬隻自然會發出的味道，其中一名證人將其形容為『豬的味道』，另一名則說這是『一隻豬乘上五百倍的味道』，還有一人說這是『豬舍的味道』。已經確認餵食上述豬隻的食物並不包括廚餘、湯汁或是其他不乾淨的食物，飼料僅包括優質的穀物、甜菜根和其他蔬菜」。

5 *Kriener v. Turkey Valley Community School Dist.*, 212 N. Y. 2d 526 (Iowa 1973). 一名證人作證時說，如果風從污水池吹向她家，會讓她根本食不下嚥：「嗯，好幾次我回家想要吃晚餐，但是我根本沒有辦法吃。如果我想炸肉還是做點其他東西，唉，我最後還是只好停下早餐，就不要再吃了，放棄吃飯這件事。」

的事：造成妨害的是一個會影響到接受者的物質；未曾經過受害者的同意；而且該討論中的噁心感是對於原始物件的噁心感，而不只是一種投射的噁心感（舉例來說：投射的噁心感會認為某些類型的人或活動是骯髒或是受到污染的）。常見的引用方式（其中會包含上述的全部三種條件）可見於赫拉斯・蓋・伍德（Horace Gay Wood）在一八七五年關於妨害的一段文字：[6]

然而關於（用水權）——就和空氣一樣——並不是所有對水帶來不潔的情況都屬於擾亂（那是可以控告的），加諸於水的不潔之物必須要在實質上減少其提供生活中通常使用的價值，並且使得它的確不適於家庭用途；或是（例如）會使得水中產生於人體有害或是令人作嘔的蒸汽或氣味，因而損及鄰近地區財產的舒適或是有益的享樂，甚或是具有使人作嘔的特質（雖然沒有對水造成實際上可察覺到的效果），像是把動物的死屍丟在裡面，或是在溪流上建了一間廁所，或是其他任何事前經過計畫、會使日常生活中正常使用水源的人產生憎惡或噁心的感覺者，或者像是為了製造業之目的而減損其價值。[7]

這是對於私人妨害的典型描述。法律也承認公共妨害的類型，基本上就是將對於私人妨害的描述延伸到影響完全及於大眾的案件。[8]

在第三章中，我們已經同意當眾大小便會對旁觀者造成妨害，這種觀點也可以擴充到當眾的性行為（因為這也關乎糞便和尿液）。其他的性行為就比較難歸入妨害的一種了，但是我們也同意當眾手淫和公開性愛勉強算是。性的分泌物是引起噁心感的主要物體之一；在許多情況下，旁觀者是被迫接受這些景象和氣味的，它們代表了一個真實存在、對旁觀者的世界造成侵犯的物質——而不只是一個推定的損害。除此之外，也有許多人認為目擊這種事會對青少年造成不好的影響。所以，即使是彌爾派的說法，也有足夠的理由認為這些活動是違法的。

---

6 Horace Gay Wood, *A Practical Treatise on the Law of Nuisances in Their Various Forms; Including Remedies Therefore at Law and in Equity* (Albany, N.Y.: John B. Parsons, Jr., 1875).

7 （尤其）引用自 *Trevett v. Prison Ass'n of Virginia*, 98 Va. 332 (1900)——另一件用水權的案子。要注意的是當引起噁心感的物體還沒有實際對人的感官造成侵犯時，這段文字（以及某些案例）就已經允許法律行動了。不過這個例外並沒有容許「僅憑推定的」傷害（如我們在第三章中認為有問題的）：該案件的理論是該物體——如果累積了足夠時間、足夠量的話——也會引發危險或是噁心感（或兩者兼具）。參見 Martha Nussbaum, *Hiding from Humanity:Disgust, Shame, and the Law* (Princeton: Princeton University Press, 2004), 160-161.

8 在這裡承認另外一個不同的類型，重點在於強調受到妨害的私人有權利提起訴訟；但是如果妨害是比較一般性的，要讓受到影響的每一個人都有權提起訴訟，看起來並不切實際，所以這種案件必須分開處理，用公眾的規範來解決。關於此類型的某些描述（例如布雷克史東的主張），在對公共妨害的項目中——例如賭場、性愛俱樂部以及無正當理由就會拒絕旅者的小旅館——包括了一些顯然不是彌爾式的論點。不過，看起來布雷克史東其實認為這些地方也會造成某種類型的大眾損害，只是他沒有清楚地發展這方面的理論。

不過，讓我們再進一步地想一下在之前的討論中，我們到底是怎麼定義「當眾」的。公開的性行為之所以有問題，是因為當著別人的面前發生，而那些人並沒有同意要看這些。因此它們就和傳統的侵犯類型產生了連結：它們的確是一種侵擾。然而，讓我們想像一下性行為發生在一個會員制的俱樂部裡。許多這類俱樂部（出於法人組織不相干的理由）會被稱為「公眾設施」。但是，這裡所謂的「公眾」意義其實不太一樣：這裡的性行為並不足以構成典型意義的侵犯——因為它不是直接強加在無意願的觀看者身上。由於這種狀況不存在，所以我們的第三個要件也就不存在了：既然並沒有未經同意的任何人直接經歷到發生的事，也不可能有人會對原始物件感到噁心。

因此這類案件屬於我們所謂的第三種類型，而不是第二種。人們看到、聽到或是聞到的東西並沒有讓他們覺得不快：他們已經想像到會在性愛俱樂部裡看到那些了。但是「當眾」和「私下」這些詞彙造成了混淆。在某種意義上，這些行為是當眾的：他們所在的場所——出於某些法律目的——被認為是公共設施。如果「私下」指的是「在家裡」，他們也不算是「私下」。但是，我們認為如果是具有法律意義的對比，「私下」應該指的是（相對的）隔絕——表示沒有任何不情願的旁觀者會受到影響，而「當眾」則是指所在的環境裡既有事先同意，也有未曾同意的人。當我們想要拿關於妨害的法律來管制性產業時，就必須將這種對比謹記於心。

3. 性與妨害法

美國大部分城市制定的法律都反對繼續維持「妨害公共衛生」的商業機構。法律認為主管部門應該將這類商業機構關閉。而且如果該機構「本身就會對大眾造成侵害」（意思是說「其活動、日常事務或是組織無時無地不會構成一種侵犯——不論其地點或環境為何」[9]），老闆也不會因為財產遭受損失而獲得補償，因為這種歇業不會被認為是「損失」。其例子包括：「飼養生病的動物，或是維持一座裡面有瘧蚊孳生的水池」，填埋垃圾（因此可能氾濫到別人的土地），在接近地震斷層帶的地方蓋核電廠。[10]這些都是彌爾式典型侵犯的例子。

在許多城市的法令中，性產業也同樣被分類成屬於對公眾的侵犯。讓我們試著看看下面這些鳳凰城和紐約的典型案例：

> 若其商業目的是要讓人有機會從事或觀看實際的性行為，該商業將被宣告為妨害治安，且其本身就是對於公眾的妨害，應加以禁止。
>
> （鳳凰城代碼 223-54[A] [1] [1998]）

9 *Black's Law Dictionary*，引用自 *Mutschler v. Phoenix* 212 Ariz. 160, 129P.3d 71 (App. 2006).

10 *Mutschler* at 163 n. 6, 166（省略引用）。

受禁止的場所：任何商業機構均不應提供場所給性行為之目的，讓高風險的性行為在其中發生。這類場所會造成對公眾的妨害，並危及公眾健康。「機構」指的是任何入場權、會員資格、商品或服務都必須以購買方式取得的地方，「高風險之性行為」則指肛交和口交。

（「紐約市訴新聖馬克澡堂案」〔*City of New York v. New Saint Mark's Baths*〕當中引起爭議的紐約市法規，497）

在此是對妨害採用什麼理論呢？「穆奇勒案」便是一件根據鳳凰城的法規而使性愛俱樂部停業的案子，其中也對於法律的背景有所描述：

現下的性產業經營擴大了性傳染病的傳播，而且「對於健康、安全、一般福利和鳳凰城居民的道德都有不利的影響」，且現下性產業的經營被認為「其本身便是對公眾的妨害」。……（警方的）備忘錄也表達了對於潔淨的關注，並提出「其中有可能接觸到各種不同的有害體液，包括唾液、精液、血液和排泄物」。

「穆奇勒案」想要為法規找到一個彌爾式的理由：它想要說性產業的確對大眾的健康造成了危害。但是當我們再進一步檢查這個論據時，就會發現有噁心感的影子。但不是那種典型的會對私人或公眾造成侵犯的噁心感。穆奇勒的俱樂部裡不會有不情願的旁觀者。警察說會感到噁心，但他們是自己決定要進來的。其他的所有顧客也都是因為想要參加換伴的活動，所以才來的（那就是穆奇勒俱樂部的營業內容）。他們是付費入場的，沒有人不知道那間俱樂部是幹什麼的，它也的確有經營成人產業的執照。

那麼是在什麼脈絡下，這種生意會被認為構成妨害呢？（很清楚地，該案的主張認為這在彌爾式的觀點中是一種妨害，因為它對公眾的健康造成了危害。）如果主張俱樂部的顧客有可能接觸到性病，嗯，這的確是有可能的；但是這樣說起來，任何雜交的性行為都可能導致性病，而雜交俱樂部的顧客應該比其他任何人都清楚他們自願的交易行為會有怎樣的風險。性病（性感染疾病，ＳＴＤ）不會透過空氣或一般的接觸傳染；它們只會透過性行為傳染，然而，任何一位顧客都不會受到強暴或他們不願意接受的性行為。這類俱樂部的顧客一定知道有些會員是有性病的，不過在他們明知道這種風險的情況下，要怎麼進行就是自己的選擇了。當然可能有些顧客始終隱瞞他（她）染有性病的事實，不過對於這種犯罪行為，正確的處置應該是處罰這個說謊的人，而不是關掉這間俱樂部。要說俱樂部對它自己的顧客構成一種妨害，這是說不過去的。

另外一種類似的論點是說這和ＨＩＶ／ＡＩＤＳ的傳播有關，因此男同性戀澡堂算是一種對公眾的妨害，但是這種說法甚至更難以成立。紐約的相關法律明確地用了一種彌爾式的觀點來定義「公共妨害」：「會對人民的生活帶來危險或是有害之物。」但是不願意地強加其上到底在哪呢？同性戀族群的確知道有病毒、病毒具有風險以及傳染的方式（該族群也很樂於——而且常常是自願承擔——用某些方法警告顧客無套性行為的風險，或是提供保險套）。HIV／AIDS只會藉著體液的交換傳染。所以頂多是說：澡堂讓想要從事危險性行為的人比較有地方做這件事罷了。

但是人們會用各種方式、用各種活動把自己置於風險之中。他們會爬山；他們會賽車；他們打拳擊；他們抽菸；他們暴飲暴食。但是沒有人會建議禁止所有的這些活動。有些危險活動會因為安全因素而受到管制：拳擊會有規則，現在也有些市政府要求速食店不可以使用反式脂肪，還要列出所有提供食物的營養成份。抽菸受到的管制比較多，不過這是因為它會讓不情願的旁觀者被迫吸進二手菸。酒精雖然是一項危險的藥物，也有大量文件證明它會對其他人造成損害（因為暴力、酒駕、性侵），不過除了對年紀和購買地點加以限制之外，很難全面地管制。簡而言之，我們很難想像在其他任何與性無關的狀況中——除了吸毒之外，但是吸毒的狀況太過複雜，在此先不討論——會有一個商業機構，只因為宣傳了一種事關自己（但是有風險）的活動，就被當作公共妨害而勒令停業。其他所有的範例都會尋求一些比較限縮的選項：例如以法規管制、教育或是刑事責任（如果有人用詐欺的方式騙得未經合意的當事人承擔〔他或她不曾同意要承擔的〕風險，便須負擔刑事責任）。從承受的審查強度來說，性行為——尤其是同性的性行為——堪稱是特例。

在這裡，我們又再一次看到訴諸噁心感的政治發揮了作用。讓我們想像一下：如果「穆奇勒案」中引用的警察報告被重新改寫成對「全國運動汽車競賽協會」（納斯卡賽車，NASCAR）❸汽車競賽的研究。對於性愛俱樂部中發生的危險性行為感到嫌惡的警察，很可能會頌揚（用很不安全的方式開車）這種危險行為的男子氣概。而且其實以真正發生重大人身傷害的風險來說，NASCAR絕對是高得多的：賽車選手沒有類似保險套這種（隔絕風險）的東西。當然也沒有對未參與的人帶來造成嚴重傷害的風險。

當我自己的大學出版社想要出版性學理論家蒂姆．迪恩（Tim Dean）的《不受約束的親密關係：從無套性行為的次文化談起》（*Unlimited Intimacy: Reflections on the Subculture of Barebacking*）時——迪恩是紐約州立大學水牛城分校的人文學院院長和英語系教授——引起了相當大的爭議，而這次爭議大概最能夠說明美國的性愛俱樂部文化對於噁心感有多麼恐慌了。迪恩的書是第一本就近觀察男性妓院中不戴套性行為這種次文化的人類學研究。迪恩承認他也是這種次文化的追隨者之一；的確，若非如此，他也不可能取得這本書中的紀錄資料。該書想要研究的是究竟是什麼幻想和願望激勵了這個族群、牽涉其中的人有什麼自我概念、又有什麼想法支持他們選擇這種有風險的行為。書中聚焦於雙方合意的性行為，主張關於HIV的情報要完全公開，而且對於欺

❸ 譯註：全美國最大、最受認可的賽車競速團體。

騙採取極為嚴厲的批判態度。基本上，書中認為甘冒感染HIV的風險、也寧可選擇不戴套性行為的人並不是有病態的怪人，而是深受一般男性會有的幻想所驅使（「我很強」；「我可以得到任何我想要的」），他們也計算過要付出的代價和所得（衡量過後，他們覺得不戴套的性行為可以額外得到的樂趣，比可能的風險還重要，尤其是如果他們所屬的文化認為揭露事實是道德上的強制要求，他們可能會覺得不必太過擔心），還有些比較令人想像不到的理由（因為著眼於和病毒的傳播有關，因此會有懷孕和「生育」的幻想）。

當芝加哥大學出版社在考慮要出版這本書的時候——它也一樣經過一般的同行評審程序，而且審稿人和該領域的編輯都一致推薦——卻暴發了激烈的爭議。有許多人不願意看到出版社出版一本在提倡「風險行為」的書。但是他們也不管迪恩其實沒有要提倡任何事：他的目的只是在描述並理解。但是似乎沒有嚴厲的道德譴責就已經算是提倡了。如果編輯推薦了一本關於登山、賽車、拳擊、抽菸或是喝酒的書，出版社想必是眼睛連眨都不會眨一下的；這些主題的書由聲譽良好的出版社（包括大學出版社）出版的狀況也所在多有。以抽菸為例，甚至還可能出版一本歌頌抽菸樂趣的書，順便詆毀一下最近這個多方限制的年代。只有性——尤其是同性戀的性——需要通過特別的審查，好像誠實地談論它就會構成一種妨害。最後終於由良好的判斷和學術自由取得了勝利，出版社也決定出版迪恩的書；但是它所激發的焦慮感，讓我們看到的是一個隨處可見的故事。

因為性愛俱樂部會對自己的顧客造成風險，所以足以構成一種妨害，這種說法並沒有辦法取得條理清楚的論證，尤其如果隱瞞自己的HIV病情，這其實已經構成犯罪行為了。俱樂部怎麼能算是對一般大眾的妨害呢？莎士比亞在鼠疫爆發時所寫的《一報還一報》中，認為妓院這種地方至少真的會讓疾病在不知不覺中散播開來：客人為了尋歡而來，但是同時也染上了鼠疫——接著他走出妓院，把鼠疫散播給未曾同意的一般大眾。[11]這至少說明了疾病是怎麼傳播給未曾同意的第三人的，雖然看不出來為什麼要把性產業特別拿出來談，因為任何擁擠的場所應該都會發生同樣的事。該劇本中的許多角色本來就覺得性會帶來疾病，或是很骯髒（試想一下克勞迪奧還拿老鼠來比喻），所以他們當然很容易覺得其他疾病也會聚集在那種地方。但事實上，劇院、市場、人來人往的餐廳——這些地方都同樣具有傳染鼠疫的風險（倫敦劇院也確實在一六〇三年因為鼠疫爆發而停業了）。

不過，鼠疫的確是靠接觸傳染的。淋巴腺鼠疫（bubonic plague）是靠跳蚤傳染的，而跳蚤會從一個人身上跳到另一個人身上。肺鼠疫（pneumonic plague）——在莎士比亞的年代，倫敦流行的大概是這種——是透過唾液傳染的。只要是狹窄和擁擠的地方，這兩種鼠疫都很容易散播給

11 關於這部劇本在字裡行間隱含的其他意義，可參見下列著作中的相關章節：Jonathan Dollimore and Alan Sinfield, *Political Shakespeare: Essays in Cultural Materialism* (Ithaca, NY: Cornell University Press, 1994).

不情願的在場者。但是ＨＩＶ／ＡＩＤＳ不是這樣散播的。只有靠性接觸、輸血、捐贈器官、共用針頭等行為，才有可能感染ＨＩＶ／ＡＩＤＳ：換句話說，必須要靠體液從一個人的身體裡直接流入另一個人的身體裡。病毒在空氣中無法存活很久。所以如果認為澡堂或是其他性產業會對大眾帶來風險，因此就認為這些地方構成妨害，這樣的立論其實很薄弱。

如果所指的是人們會在性愛俱樂部裡感染ＨＩＶ，然後又散播給外部不知情的第三者（配偶、其後的性伴侶），好吧，那我們就再強調一次：對於這種蓄意的隱瞞，已經有刑法的規定可以處理了。如果我們再多想一下就會發現：這類非出於自願、受到欺騙的事情，其實最常發生的地點就是夫妻的床笫之間，丈夫在性行為時拒絕戴保險套，因而迫使他們的太太要冒著被丈夫（不論是異性戀或同性戀）在外面感染的病毒傳染的風險——這是ＨＩＶ在非洲大肆流行最主要的理由——我們可以看到其中的解決方案並不是關閉澡堂或是妓院，而是改良婚內同意的規定，並且讓警方願意介入婚姻內的強制性行為，女性也要團結起來，抗拒這種被迫忍受的風險。「家」這個受保護的地方，現在反而是發生性行為最危險的地方之一了。

有些案件會用到「道德妨害」這個概念。精確地來說，那到底是指什麼呢？它似乎在指三件事。第一個是純粹德富林式的主張：當我們想像這個行為正在進行時，我們會覺得很噁心。在本書中，我一直在反對這種非彌爾式的論證。不過在這個領域中，德富林的論點通常會和（被宣稱為）彌爾的論理混為一談。而用來指稱「道德妨害」的第二件事是說，如果某一個地區有性產業存在，就會讓該地區的人想要光顧那個產業；因此其存在本身就等於是在推廣某種許多人並不喜歡的自願行為。一般人的經驗通常並不會支持這類主張，不過就算是雜交俱樂部當真會在某一個地區製造出更多的雜交者，根據彌爾的脈絡，這就足以認為它構成一種妨害了嗎？有某些要素——例如直接的因果關係和非自願的強加——並不存在：他們是因為模仿、方便或是受到吸引才換伴雜交的，而不是受到強迫。

道德妨害的第三種意義——同樣也被宣稱是彌爾式的——是指性產業會像磁鐵一樣，引來各種形式的不道德或是不合法的活動。如同我們將在下一節討論的，能夠支持這類主張的實證經驗通常很缺乏或很不足。但是就算有很強大的經驗支持，如果我們當真在乎彌爾的分類，還是必須對第二種活動中的兩種不同類型作出區分。其中一種會關乎到其他事涉自己的活動，例如賣淫。這些活動可能是違法的，但是只會有經過同意的當事人涉及其中，因此它們不會構成彌爾脈絡中的妨害。它們不會直接作用在未經同意的人身上。或許它們根本不應該被當作違法行為，不過那是另外一回事了。

第二種類型就真的是有害的活動了，例如強暴和性侵、肢體暴力、欺騙性的藥物（例如給女性的「約會強姦迷藥」），以及非法交易（涉及暴力或是詐欺的賣淫）。澡堂或雜交俱樂部不一定會吸引強姦犯。一般大學的兄弟會聯誼對不情願的女性霸王硬上弓的狀況，說不定還比任何俱樂部都多。當人們前往性愛俱樂部的時候，他們大概都已經知道那是什麼地方了，也知道要保護自己（但是前去參加兄弟會聯誼的年輕女性就未必有這個警覺了）。[12]如果有女性透過網路認識一名男性，並且跟他單獨前往一個隱密的地方，這件事也比她們在性愛俱樂部裡找男人不安全得多。然而如果在性愛俱樂部裡還是發生了對不情願的對方施暴的事，那就應該直接依刑法的規定處理，就像發生在其他任何地方一樣。我們的目標應該是犯罪者，而不是經過雙方同意的行為所發生的地點（雖然有時候犯罪者會光顧那個地點）。（如果大家都知道黑幫頭頭們很喜歡光顧某一家餐廳，大概不會有人提議把那家餐廳關掉吧。）

4. 憲法原則？平等保護、正當法律程序、表達自由

管制公共妨害的法律有種病態的恐懼，而且也不合理。但是它們是違憲的嗎？讓我們看看前幾章學到的原則，是否有助於我們討論這個具有爭議的領域。

關於勒令性愛俱樂部停業的法律，還沒有用法律平等保護條款檢視過，不過我們可以想像一個可能需要檢視的情節。假設有一個區域劃分的法律或是某些其他類型的公共妨害法，把同性戀的商業機構單獨挑出來做特殊的限制。或是假設法規本身的文字是中立的，但是在執行時只針對同性戀商業機構。如果是這樣的話，法律可能就無法通過合理依據的審查了。譬如像「克利本市案」所推翻的區域劃分法律，或是在「莫雷諾案」中被宣告為無效的政府方案，這類法規背後的

動機就只有敵意。不過既然一般來說美國人對於公開的性感到十分恐懼，那麼，就算不是牽涉到同性戀的行為，上述的審查可能在不久的未來都還無法實現。

然而，已經有「勞倫斯案」可以用來為「公開」的性的某些面向辯護了。雖然各方的意見還不一致，不過已經有兩個聯邦上訴法院的巡迴審判表示支持，並且推翻了禁止販賣成人性愛玩具的地方法規。[13]雖然這個衝突大概還不會很快地由最高法院統一解決（因為德州政府並沒有要上訴，要求恢復原本的禁令），但是（兩個審判中的）卓越論證也已經告訴我們上訴法院是如何解讀「勞倫斯案」了，在將這種論證逐漸延伸之後，也至少可以用來保護公開場所裡的性行為的某些面向。

德州在一九七九年重新修訂了關於猥褻的法律，增加對於「提倡（包括販賣、給予、借出、分發或是廣告）猥褻物品」的禁令——「猥褻物品」的定義是指任何「設計或宣傳的主要目的是為了有助於刺激人類生殖器官」的裝置。一九八五年，德州刑事上訴法院（**Texas Court of**

12 在案例中看不到任何霸王硬上弓的情況：參見範例 *31 W. 21st St v. Evening of the Unusual* (N.Y. Civ. Ct. 1984).「沙利文女士（她是一名潛入的記者）作證說她並沒有加入任何活動中，而且——除了某一次事件之外——也沒有任何顧客向她提出猥褻的要求或是對她不禮貌。唯一的一次是有一名男子走近她，告訴她他想要被『教訓』，如果沙利文願意對他做某些特定的施虐性行為，他願意給她一百元美金。而沙利文拒絕了他大方的提案。」

13 *Reliable Consultants v. Earle*, 517 F. 3d 738 (5th Cir. 2008); *Williams v. Alabama*, 511 U.S. 1012 (2004).

Criminal Appeals）認為該法規並沒有違反憲法上的隱私權，因為（他們認為）沒有任何一種憲法權利是要保障「用器具達到刺激……他人生殖器官的目的（該器具的設計或宣傳主要就是為了有助於達成此目的）」。

與「格里斯沃爾德案」中所爭執的法律不同——該法規認為提供和使用避孕用具都是違法的——德州的法律從來不曾規定使用是違法的（雖然州法律規定擁有六件以上「猥褻物品」，就可以算是有「提倡」的意圖了）。法條中對於真正出於「醫療、精神病學、司法、立法或是執法目的」而「提倡」該用具的人，也新增了保護規定（第五巡迴上訴法院注意到在二〇〇八年，只有其他三州有類似的法律規定，分別是密西西比州、阿拉巴馬州和維吉尼亞州）。因為「勞倫斯案」的出現，有一群成人性愛玩具的零售商決定要對法律提出一個新的挑戰。

讓我們停下來，問一下這些州的立法者到底在想什麼。他們總不會真的認為按摩棒和人造陰莖會威脅到公眾健康吧？（其實，「可靠顧問公司訴厄爾案」〔*Reliable Consultants v. Earle*〕的原告還說，使用性愛用具通常可以限制性病傳播的方式。）任何正視公眾健康風險的人，都應該知道性愛玩具只是為了找樂子，它們對於健康的威脅遠遠比不上汽水和糖果。所以，反對性愛玩具其實是對單純追求快感（而不是想要生育）的性愛感到敵意。禁止性愛玩具的意義其實和過去禁止避孕用具的意義非常類似。

地方法院遵照的是「鮑爾斯案」中使用的論據：他們對於推定權利的定義十分狹隘，然後又認為憲法第十四修正案並沒有保護這種「公開宣傳猥褻用具的權利」。上訴審的法院則同意「勞倫斯案」的見解，比較廣泛地把它認為是性自由的範圍：也就是「可以不受政府侵擾而進行私人親密行為」的權利。他們認為「勞倫斯案」的精神是要對這種權利加諸一般性的保護。

只有「提倡」的行為被宣告違法——而不包括使用——這件事要怎麼看呢？法院注意到不論是在「格里斯沃爾德案」（該案的原告提供了避孕的諮詢）或是在「艾森斯塔特案」（該案的原告有發放避孕用具）中，「提倡」都是一個主要的爭議點。就算該情況中並沒有把使用本身視為犯罪，但是只要「禁止某一個產品的商業交易，就可能會對個人的實質性正當程序權利加上違憲的負擔」。換句話說，就是認為對於性自由的保護，也可能涉及對「公共」領域的交易的保護。反駁的論點認為這樣的法律反映出「德州立法者的道德判斷」，但是這個論點因為不充分而遭到駁回，法院認為憲法第十四修正案的權利還是必須受到保護。「勞倫斯案」又再一次被提出來，用來主張不能只因為大多數人不喜歡一些受到爭議的作法，就讓一個受到保護的權利遭受侵犯。

法律限制「性的販賣」嗎？在這方面，法院同意州可以管制賣淫和公開的性行為。但是，如果是「販賣個人與性伴侶在自家進行親密行為時可能會選用的器具」，法院認為並不屬於這個類別。

在稍早之前，聯邦第十一巡迴上訴法院（The Eleventh Circuit）支持阿拉巴馬州一個類似的法律（與德州的法律不同，該法明確免除了「帶棱紋的保險套和壯陽藥」的適用）。法院的推論認為「勞倫斯案」並不適用，因為「勞倫斯案」只保護「**私底下的**性行為」，而阿拉巴馬州的法律是「禁止**公開**、**商業性**的行為」。他們將販賣性愛玩具歸類為「性的販賣」，與賣淫無異。這個意見顯然混淆了本身屬於商業行為（為了錢而性交）的性行為，和另一種商業交易（這種商業交易只是為了協助經由個人同意、不具有商業性的私人的親密性選擇）。（在「勞倫斯案」之前的各種不同類型案件中，對於「私底下」和「公開」的模糊定義又加深了這種混淆。）「勞倫斯案」並不認為為了錢而性交是憲法所保護的權利，但是販賣人造陰莖和按摩棒並不屬於為了錢而性交的行為。如果是要協助個人私密選擇的商業行為，似乎很難說和「格里斯沃爾德案」中的避孕諮詢有什麼差別，但是甚至連法院也沒有注意到這個問題。

所以，德州的作法比較接近「勞倫斯案」該有的解讀。仔細解讀之後，可以發現「勞倫斯案」不只保護合意的行為，還保護相關的「提倡」行為，商業交易也可以包括在提倡行為之列。意見中有時候會使用「在家裡」這樣的說法，這會造成混淆，因為真正至關緊要的是兩名成年人合意在私下使用這些用具，而不是一定要在特定的地方使用。不過，該意見大體上還是要保護成年人對於性的選擇不能受到政府的侵擾——就算他所作的選擇是要買一些不受歡迎的產品。或許有一天，兩個巡迴法院之間的衝突會交由最高法院解決，但是，也可能是有這類法律的少數幾個州先決定要廢棄這些法律。

雖然德州法院並沒有作出討論，但是這種見解有一個阻礙，就是「斯坦利訴喬治亞州案」，該案認為根據憲法第一修正案對於言論自由的保障，猥褻性刊物的使用應該受到保護，但是其使用只限於住家內。若是依照「斯坦利案」的論點，販賣猥褻物品依然可能是違法的。但是，如果以商業目的販賣按摩棒可以受到憲法的保護，那麼以商業目的販賣猥褻物品，當然也應該受到保護——即使不是根據憲法第一修正案，也可以根據正當法律程序。因此德州的作法需要再進一步釐清，就像我們認為「斯坦利案」中對於隱私權也有混淆。

德州的見解是否表示「勞倫斯案」也可以為性愛俱樂部的性行為提供辯護呢？如果我們忽略那些提到「家裡」的不當說明，「勞倫斯案」的確可以朝這個方向擴張解釋。既然該案認為就算是具有商業面向的活動，原則上也可以受到憲法的保護，而且這是正當法律程序要保護的自由的重要內容，那麼法院就可以合理認為一個人選擇到性愛俱樂部去、在那裡進行一些雙方同意的特定行為，也是「勞倫斯案」認為應該保護的自由，如果關閉了這類商業機構，就是對於這種權利加諸了違憲的限制。就像在「可靠顧問公司案」一樣，法院可以清楚區分出為所選擇的性行為提供的支援，和「性的販賣」本身是不一樣的。

如果把這類例子提出來，相關的州或市政當局一定又會主張除了「公共道德」之外，「公眾健康」也是他們必須管制性產業的好理由。他們會說：性愛玩具不會散播疾病，但是性愛俱樂部會。但是，就像我們在前文討論過的，這個論點其實極為薄弱。只要法官不要用帶著恐懼的眼光來看這件事，他們勢必會發現「勞倫斯案」也有保護俱樂部。不過看起來，在不久的未來這是不會發生的。

最後，我們終於要討論最高法院如何解決對於成人機構的保護——不過是根據憲法第一修正案的「言論自由條款」，而不是憲法第十四修正案。關於該條款的詮釋十分複雜，已非本書所能討論的範圍，不過有一個案件倒是很有趣，因為它的推論就和我們在妨害案件中看到的推論具有一樣的瑕疵。

J．R．在印第安納州的南灣開了一間「凱蒂貓會客室」（Kitty Kat Lounge），那是一間表演脫衣舞的酒吧，而且為了娛樂顧客，在表演達到最高潮時，舞者會脫到全裸。另一間「格倫劇院」（Glen Theatre）也一樣有脫衣舞的表演，但是沒有賣酒。不過印第安納州卻通過了一項法令，要取締「公開的猥褻行為」，因此禁止在「公共場合」裸體（但是何謂「公共場合」，法條中並沒有定義）。該法令對於裸體的定義是「男性或女性露出其生殖器、陰部或是臀部時，沒有加諸任何不透明的覆蓋物，女性在露出乳房時，沒有完全不透明的覆蓋物遮住乳頭的任何一部分，或是男性露出生殖器時雖有覆蓋但是明顯勃起」。原告達琳．米勒（Darlene Miller）、蓋爾．蘇特羅（Gayle Sutro）和卡拉．約翰遜（Carla Johnson）是脫衣舞舞者。印第安納州承認她們的舞蹈不構成猥褻。

芝加哥的聯邦第七巡迴上訴法院在審理這個案件時，認為舞蹈屬於受到保護的表達方式之一，因此該法令是違憲的。其中最有意義的意見當屬理察．波斯納大法官的長篇協同意見書。波斯納做了一件法官罕見會做的事：他以十分認真的態度回顧了這個主題的歷史，並且提出了以下問題：西方的舞蹈傳統是怎麼看待裸體舞蹈的，如果以裸體展現舞蹈具有什麼樣的意義，又傳達出什麼樣的訊息。波斯納認為舞蹈具有表現意義：它要傳達的訊息與情慾的價值有關。「本案中地區法院的法官在探究一個人整體而言是不是喜歡（或不喜歡）色情舞蹈，或是特別喜歡／不喜歡脫衣舞，這等於是在說脫衣舞並不是一種『具有表達意義的活動』，它就『只是一種行為』，這個看法是站不住腳的，也會對藝術自由構成威脅。」舞者的裸體對於情慾的傳達具有重要意義。如果舞者必須依照法令的要求穿戴丁字褲和胸貼，那麼，她們就沒有辦法精確地傳達出同樣的意涵了。

波斯納也指出「純藝術」（high art）中其實不乏裸體舞蹈——他所舉的例子是理查．史特勞斯（Richard Strauss）的歌劇《莎樂美》（*Salome*），該劇的〈七紗舞〉（Dance of the Seven Veils）——依照史特勞斯的安排——最後便是以裸舞告終。波斯納又繼續說：不過當舞者是在「凱蒂貓會客室」表演的時候，精英階級對大眾文化的偏見就會對裸體的表演方式帶來更多干預，但是「憲法第一修正案禁止這種差別對待」。

這個案件被上訴到最高法院，最高法院以五比四的票數否決了第七巡迴法院的決議。多數意見的部分總共寫了三種不同的見解。但是都同意裸體舞蹈是一種具有表達意義的活動。首席大法官芮奎斯特（Rehnquist）、歐康納大法官和甘迺迪大法官認為必須有「重要或是實際存在的政府利益」，才可以對憲法第一修正案規定的自由提出附帶限制。「附帶影響」理論可以保護並非直接針對言論、但是會對言論產生影響的法律。舉例來說，如果有一條法律禁止在公共場所點火，那麼將它適用於在大街上公開焚燒美國國旗的行為，這是合憲的，因為該法律並沒有直接針對言論，只是對言論產生了附帶的影響。在這個案例中，為了考慮大多數人，所以用「保護社會秩序和道德」的利益（只要「與抑制自由表達無關」），就可以說明對舞者的表達活動附加負擔是正當的。

懷特大法官持不同意見，他認為如果一個法律只在某些脈絡中（但不是指（例如）在家裡）才禁止裸體，並對表達活動加諸大量的負擔，那麼，這個法律就應該受到比較嚴格的審查、比較高規格的檢視，看看州的目的到底是什麼。他堅決主張如果法律反對當眾裸體，那就必須得是為了保護未經同意的人受到侵犯：

> 但這不可能是禁止在劇場和酒吧跳脫衣舞的目的，因為觀眾全部都是經過同意的成年人，他們也是付錢來看這些表演的。在這種脈絡中加以禁止，是因為州認為脫衣舞傳達出一種有害的訊息，而禁止的目的是為了要防止觀眾接觸到這種有害的訊息。

換句話說，州**在這種脈絡中**的目的，其實並不能說與抑制表達活動無關。這個見解有確實掌握到我們應該好好畫出來的區分。

史卡利亞大法官在回應懷特大法官時表示：舞蹈具有表達意義，但是管制公開裸露的一般性法規並不是特別針對表達，所以這表示它「不必受到憲法第一修正案的一般性審查」。史卡利亞認為該法只需要有合理的依據就夠了，但這是很容易做到的：「依道德立場反對裸體」便足以為其依據了。

多數意見和史卡利亞的協同意見都是德富林式的。並不要求對非經同意的人造成任何實際的損害；兩者都認為對於那些關起門來做的事，可以用道德上的譴責彰顯其勝利。但是懷特大法官持彌爾式的論點，他把焦點放在是否經過同意、是否為強加的。但也並不是這兩種德富林式的論點把法律定義成當時的樣子，因為最主要的支配意見是蘇特（Souter）大法官的協同意見——而那是涵蓋最窄的意見（也就是說，它為表現活動所附加的負擔只提供了最不徹底的理由）。其意見與公共妨害的討論之間，具有十分引人注意的交集。

蘇特一開始就提到：雖然舞蹈表演是一種具有表達意義的活動，但裸體卻不是，因為它是「一種狀態，而不是一個活動，而該狀態必然的假設（簡單來說）顯然就是：這個狀態很適合它所在的情境」。波斯納對於舞蹈中的裸體所作的全面性歷史探討都被置之一邊了。波斯納認為脫衣舞的裸體是該舞蹈要傳達的性愛訊息中絕對必要的元素，這個論點也被置之一邊了（沒有提到，也被直接忽略）。

多數意見認為政府必須有法律上的利益，才能對具有表達意義的活動加上負擔，蘇特也同意這一點（懷特認為這個利益必須是重大的利益，蘇特則含蓄表示不同意）。但是蘇特對於該利益的本質卻有不同的看法。蘇特並沒有否認多數意見所持的德富林式的理由，但是他也提出了另外一個論證的理由，他關注的是實際和可能會發生的傷害。蘇特認為如果要禁止在成年人的娛樂表演中脫衣服，可以用來為這種禁令辯護、最相關的政府利益便是「預防賣淫、性侵和其他犯罪行為」。他稱呼這是「有害的二次效果」。我們應該怎麼理解這種推理呢？

說裸體舞蹈會對未經同意的人造成犯罪——性侵，以及或許還有竊盜和其他類型的犯罪活動——這種觀點是彌爾式的主張，蘇特也似乎認為裸體舞蹈會對未經同意的人帶來傷害。他的說法無法令人滿足：「犯罪活動」是一個極不明確的用詞，而且他用賣淫作為例子——但這是一個沒有受害者的犯罪——無法向我們證明這真的是一個彌爾式的論點。但先假設它是好了。不過我們也還是會有問題。首先是蘇特的主張到底是根據什麼證據呢？而且不要忘了，他的主張應該是認為穿著胸貼和丁字褲跳舞和裸體跳舞是不一樣的。蘇特說他並不需要具體的證據。他反而提到有幾個城市堅決認為「成人」娛樂會與犯罪有關。但是這也很難證明什麼。

我們也必須要問：表演和犯罪之間的因果連結必須多緊密，才能證明對表達加諸限制是正當的呢？而穿著胸貼表演和裸體表演之間，又得有多大的不同才行呢？最後，有什麼證據可以證明裸體會造成問題，而不是因為「會客室」的其他元素（例如它位於一個不好的地區，或是它有供酒）才造成了犯罪呢？

蘇特大法官的意見並沒有認真看待這些議題。蘇特想要把舞蹈中的裸體元素視為彌爾所謂的妨害，但是他的方法過於隨便，實在令人無法接受。就算他認為規定中並沒有要求重大的政府利益，但是他也不應該滿足於這些立論如此脆弱的主張。

除此之外，如果想要對不合法的活動加諸限制，難道沒有影響比較小、負擔比較少的方法嗎？也就是說，難道不能在允許舞者裸體跳舞的同時，也取締不合法的活動嗎？不同意見中提出了這個問題，在公共妨害的案件中，這也是一個核心的問題，但是蘇特大法官的意見中完全沒有提到它。

如果我們認為僅因為舞者的乳頭上沒有胸貼就會釀成性侵，這真的是一個非常莫名其妙、甚至是可笑的結論。蘇特的意見只是根據我們長久以來的傳統（認為性產業是疾病和腐敗的源頭），這說明了為什麼他覺得不必為這個結論提供牢固的實證證據。

裸體舞蹈也一直涉及複雜的憲法第一修正案的問題。[14]人們普遍認為與性相關的產業會帶來各種公眾危害，這種想法根深柢固，因此帶來了許多無法找到確實證據的限制，這對我們的目的

14　可參見*Schultz v. Cumberland*, 26 F. Supp. 1126, 1144 (W. D. Wis. 1998)，其中認為如果根據憲法第一修正案的觀點，對於成人產業加諸的某些過於繁重的負擔是違憲的。

而言是很重要的狀況。這類的先驗推理透露出我們其實不是在討論彌爾式損害的政治，而是德富林式噁心的政治。

在公共妨害領域可以見到的幾個不好的立論方式，的確讓我們看到了幾個憲法上值得討論的點。言論自由的領域太過狹窄，對於保護這類俱樂部無法著力太多，因為它頂多只能把受到保護的表演者的表達活動包括進去。這裡沒有在追求法律的平等保護。最有希望的作法，應該是把「勞倫斯案」中可以自由擁有親密關係的主張，擴充到家以外的地方。但是如果沒有先釐清我們對於公眾和私人的法律概念混淆，這樣的擴充也是不可能進行的。

5. 當眾與私下：混淆與更多的混淆

在「八三二股份有限公司、二二五股份有限公司和約翰．亞當俱樂部股份有限公司訴格洛斯特郡」案（*832 Corporation, Inc., 225 Corporation, Inc., and the John Adams Club, Inc. v. Gloucester Township*）[15]中，紐澤西地區（District of New Jersey）的美國地區法院認為，若是供「成人使用」的商業機構（且其專注於商業目的），區域劃分和同意發給許可的要求就應該遵守嚴格的規定——因為供商業之用，表示該事業的特性勢必是「公眾的」。原告極力主張如果在這類機構內發生了經雙方同意的成年人性行為，應該受到「勞倫斯案」的保護（因為一定只有自願進入這個場所的人才會看到）。地區法院不同意這種對於「勞倫斯案」的解讀，法院強調有一部分意見指出必須要在家裡。他們也沒有接受甘迺迪大法官的其他主張，還是說「雖然『勞倫斯案』不認為這類自由的場所只限於家中，但還是有強調該行為應該是私下的」——然後又十分武斷地將「私下」解釋為「在私人的環境中」，也就是在某些像家的地方，而且絕對排除商業機構。於是地區法院繼續認為該案件中的俱樂部不能算是私人的俱樂部，因為它們的會員資格和入場程序並沒有高度的選擇性（它就直接在網路上做廣告），因此俱樂部應該是屬於一般定義下的「公共場所」。

和性愛玩具的案件一樣，「勞倫斯案」的模糊定義也造成了混淆。同樣地，在另一件「紐約性虐待俱樂部」（New York S and M club）的案子中（其中的情況是房東想要把房客趕出去），原告（「不平凡暮色股份有限公司」〔Evening of the Unusual, Inc.〕）堅決主張經過合意的性行為——沒有對其他人造成損害，也不是犯罪或是賣淫——應該受到保護，不應該成為把他們趕出租賃房屋的理由。[16]紐約郡的紐約市民事法庭則認為有爭執的行為並非在「私下」發生的，它發生在一個「商業機構」中，因此也不會受到保護。[17]

15　404 F. Supp. 2d. 614 (D.N.J. 2005).

16　*31 W. 21st St. Associates v. Evening of the Unusual, Inc.*, *125* Misc. 2d 661; 480 N.Y.S. 2d 816; 1984 N.Y. Misc. LEXIS 3466.

17　*City of New York v. St. Mark's Baths*. 497 N.Y.S. 2d 979, 983.

法律中並不只包含一種當眾／私下的區別，而是有好幾種。我們已經看過的有：

I. 應該受到保護的個人決定領域和其他領域的行為之間的區別：「勞倫斯案」將前者稱為「私下的」行為。

II. 在受到保護的地方（「家裡」？確實很像家裡的其他地方？）發生的行為，和在沒有受到保護的地方發生的行為之間的區別。（「斯坦利案」認為使用猥褻性刊物是否合法，應該依這個區別加以判斷；「勞倫斯案」則認為——但是並不明確——這與親密性行為的保護有關。）

當我們用「家」作為「私下」的範例來討論問題時，又帶進了另一個區分，至少在許多法律的情況中，可以隱約看出這種區分：

III. 只涉及自己的行為（只會影響到經過同意的當事人的利益和權利），和——依彌爾的意見——涉及到他人的行為（會影響到未經同意者之利益）之間的區別。

而我們認為這種區別（雖然沒有與第二種區別非常接近）則與更進一步的區別極為相關：

IV. 與未經同意者隔離開來的行為，和沒有隔離開來、將侵犯到未經同意者的利益之行為之間的區別。（前者是「私下的」，後者是「當眾的」。）

「私下的妨害」和「當眾的妨害」在法律上的區別帶來了第五種想法：

V. 影響到個人權利的事件（該人提起訴訟，請求損害賠償或是移除），和更為廣泛的影響到族群成員權利的事件（其廣泛之程度，足以使得不應要求每一個受影響的個人提起損害賠償訴訟，而是應該要求政府控制妨害），兩種事件之間的區別。

這種區別與(III)或是(IV)並不一樣，因為私下的妨害通常並不涉及隱蔽性，它是用損害加以定義的；根據彌爾的概念，該行為是涉及他人的，因此並不是(IV)意義下的隔離。我們知道當眾的妨害幾乎總是會涉及他人的，因為它會對未經同意的其他人造成損害。

最後，我們現在要介紹的是第六種區別。

VI.「公共場所」和私人場所之間的區別。一般來說，公共場所包括酒店、旅館、餐廳、電影院、商店、交通設施、博物館、圖書館、學校、健身房，和許多其他這類的機構。而與之對應的另一邊就是各種私人的俱樂部。

很重要的是，我們必須注意到最後一種區別和其他幾種都不一樣。一個「私人」場所不一定只會發生受到保護的親密活動：通常這兩種不同場所之間的區別，是它們選擇成員的標準，而不是其中發生了什麼活動。相反地，「公共」場所也可能會發生親密的行為：其範例像是規模夠大、也不經過選擇的性產業，就可以稱之為「公共」。像第三種區別中的私人場所，通常只會涉及經過同意的成年人，但是也不必然如此（例如：私人的鄉村俱樂部中也會有兒童）。不過，如果說法律意義的公共場所裡一定會有一群人（未曾同意卻）被迫要看到在那裡發生的事，這勢必也不是真的。再說一次，我們用性產業和澡堂當作範例，是為了便於說明有些商業（像這兩者）的確只為了選擇要看到、或是參與某些行為的人服務。而且，即使是（通常）被認為「公共場所」的「公共」地方，也可能（而且通常）還是不會被窺探的眼光所看到。

在公共場所和私人場所之間作出區別的意義到底在哪裡呢？這類區別的一個重要目的，就是要畫出反歧視法的適用範圍。一般來說，私人場所（像是只開放給會員的小型俱樂部）如果被控在身心障礙、性傾向等領域違反了反歧視法，會比較有辯護之詞。但如果是公共場所，就必須遵守這些規則了。因此，的確有理由要讓公共場所的定義盡可能廣泛：一個正派的社會當然想要保護社會中的成員免於受到這類歧視——即使他們去的是只有事先同意的成年人可以去的地方。因此，任何企業（只要具有一定規模）就最好安裝讓輪椅通行的坡道——不論企業涉及的活動是不是會對未經同意的人造成影響。

為了反歧視法的目的而把某個地方視為公共場所，和管制（及不管制）性行為根本無關，這應該是很明顯的——與性行為相關的應該是我們的第三或第四種區別（在合理範圍內）。許多性產業並沒有繁複的會員篩選程序；但是它們會收取費用，而且就用這種方式——通常也還有其他方式（註冊、申請等）——保證在該機構中進行的行為（依彌爾的定義）是僅涉及自己的。但是法院一次又一次地說從技術面來看，商業體就屬於公共場所，好讓法院可以限制在那裡發生的合意行為。

在這方面的早期指標性案件是（一九七三年的）「巴黎成人電影院I訴斯萊頓案」（*Paris Adult Theatre I v. Slaton*），[18]該案件的內容是一個商業電影院播放了兩部據稱是色情電影的影片，觀眾都是知情的成年人（電影院有做合理的預防措施，以避免少數人誤闖）。法院的見解明顯傾向於「斯坦利訴喬治亞州案」的認定方式，「斯坦利案」認為「私人」就等於家裡，那是一個享

---

18 413 U.S. 49 (1973).

有特權、可以觀看這類圖書的空間，這裡的私人是屬於我們的第二種區別。法院認為沒有任何商業場所——不論它多麼小心排除未經同意的人——可以算是相關意義中的「私人（場所）」。多數意見認為「在這個脈絡底下，『私人』權利的概念和公共場所是互斥的」。日後，這個案件被拿來支持許多對於成人機構的懲罰政策。紐約市的澡堂在一九八六年停業，就是因為援用了「巴黎成人電影院案」中對於「私人家庭」和「商業機構」之間的區別。

從「格里斯沃爾德案」到「勞倫斯案」，這一系列與私人定義有關的案件造成了許多混淆，也對許多種不同的案件帶來了無遠弗屆的影響，讓我們無法仔細思考應該加以保護的行為。

6. 理性的政策：隱蔽性與涉及自己

在這個領域中的理性公共政策應該是怎麼樣的呢？讓我們專注在憲法議題，儘量深入地討論。首先是關於情色的表演，我們應該看看波斯納大法官在分析中展現出來的智慧，波斯納讓我們知道裸體是某些舞蹈表演中的表達元素，因此應該受到憲法第一修正案的保護。禁止當眾裸體應該是違憲的——除非它並不屬於有表達意義的活動。

如果不屬於表演的脈絡，採用彌爾式的區別應該是一個吸引人的作法，彌爾對於只涉及自己和涉及他人的行為作出區分，以此來保護親密的性行為和相關的裸體舞蹈（第三種區別），他也同意隱蔽性（第四種區別）通常可以取代只涉及自己這個標準。在解釋所謂的隱私權時，必須要依照這兩種區別。換句話說，對「勞倫斯案」加以廣泛的解讀——就像「八三二股份有限公司案」中的原告所希望的——可以保護經過合意、且具有隱蔽性的成年人行為（就算該行為發生在商業機構中，因此是符合反歧視法目的之「公共場所」）。如果這類機構中發生了犯罪（性侵、偷竊、賣淫——雖然我認為最後一項並不構成犯罪），警察就應該執行該法。但是他們不應該處罰該機構——不論是加諸繁複的管制，或是讓它的「損失」無法得到補償。或許可以用區域劃分將住宅區和商業區分別開來，但是，如果用區域劃分的方法將性產業塞進經濟上屬於邊緣或是危險的地區，這就可能違憲了（在我對隱私權採用的擴充解釋下）。例如「克利本市案」中認為，如果在區域劃分時將收容心智遲緩者的中心排除在外，這會缺乏合理的依據，只能夠被認為是基於敵意的（參見第二章），而在這裡也是一樣的：如果想要排除成人書店和其他相關的機構，都會被認為缺乏合理依據——除非還有什麼更好的論點是我們沒有討論過的。

如果是憂慮疾病的傳播（只要真的是合理的憂慮），也是有辦法控制的——只須要求所有成人機構都要顯著張貼關於ＨＩＶ和其他性病的警告，並且提供保險套給所有可能會用到的人。不過，在此之外，如果一個人決定要冒著健康的風險進行性行為，我們應該覺得這和其他有健康風險的決定沒有兩樣——像是暴飲暴食、抽菸，或是登山：這是一個人自己的決定，除非它侵害到別人的權利，否則不算是犯罪行為。（洛杉磯要求澡堂要取得郡所發給的衛生許可證（這需要每年花費一千元美金〕，每一季要做健康檢查，還要當場提供ＨＩＶ測試。並且要求澡堂豎立標誌、提供保險套和適當的照明，以避免高風險的性行為。這些規定看起來的確用上了所有經過法律授權的作法，甚至還有一些作法——高額的許可證、當場提供ＨＩＶ測試的昂貴作法——說不定有點過頭了。）

我們談論的是俱樂部用入場規定來隔絕未經同意的人。那如果是在公廁或是在樹林（或公園）裡的性行為呢——這些地方通常都是隱蔽的，但還是有可能接觸到未經同意的人。同性戀之間的性行為通常會挑選這些地方，如果將在這類場所發生的所有性行為都規定成犯罪，這通常會促使警察嚴厲地辦案（例如誘捕），因此從彌爾式的觀點來看，我們對於要縮小人們合意行為的空間，應該要抱持著懷疑的態度，就算這的確有助於保護大眾——尤其是兒童——免於受到直接的侵犯。

麻塞諸塞州警察所採用的應該是一個合理的政策。麻塞諸塞州在二〇〇一年有一項政策指令，告訴警察不需要妨礙人們（為了從事性行為而）在路邊休息站會面。如果該行為的確不會被大眾看見，警察就不應該加以干涉：而其標準就是看該行為是否有「實際存在的風險」，會被偶然路過的人看到。這個政策最重要的是，警察不應該只因為覺得此人有從事性行為的意圖，就要求他／她離開那個地方（通常人們是利用那個地方碰面之後，再到一個更隱蔽的地方進行性行為）。

荷蘭的阿姆斯特丹最近容許在凡德爾公園（Vondelpark）❹從事性行為，同樣的政策大概也會很快適用到荷蘭的所有公立公園。政府對於該政策的說明，注意到這類行為大部分都是在隱蔽的地方進行，而且不會造成「任何真正的妨害」；如果從大眾會經過的路徑就可以看到什麼令人作嘔的行為，那這個行為就無法受到新規定的保護。除此之外，保險套一定要自己收走，兒童遊戲區的周圍一定不可以發生性行為，而且該容許的規定也只適用於傍晚和晚間。這個政策的改變有一個明確的理由，就是要管制公園裡發生的性行為——而不是要攻擊它，是要讓整個社群一同保護同性戀免於受到「專門毆打同性戀的人」（queer-basher）毒手，這群人常常專門找同性戀下手，因為他們相信同性戀不太願意、或是根本無法尋求警察的協助。

如同我們一直在本書中討論的，噁心感是一種不可信任的暴力，它只是許多形式的污名和階級的偽裝。我也說明了如果在運用噁心感時要求有損害的發生，並且依循傳統法中關於妨害的方針，噁心感也可以是良好的立法基礎。還有另外一組案件是有直接的五官接觸，但是沒有明顯的身體傷害（當眾手淫、在不想看到的人面前發生性行為），或許我們的社群可以根據法律對這類案件加上限制，因為案件中包含了未經同意而強加於別人的行為，它所造成的侵害很接近第一組案件造成的侵害。在其他案件中，噁心感或許還會帶來一些法律限制（因為該行為會對未經同意

❹ 譯註：阿姆斯特丹面積最大、最出名的城市公園。

的人造成損害，這是最能證明應該有這些法律限制的理由）：因此，禁止吃狗肉或是禁止人獸交的法律是良法，因為它們保護了動物，噁心感導出了正確的結果，而不必去改變不關心虐待動物問題的人對於動物的無感。但我們還是要小心，因為如果噁心感在這類案件中的確帶出了正確的結果，但是因而使得我們倚賴噁心感，這可能會使我們在其他案件中也想要依賴噁心感——但是噁心感在該案件中或許並沒有造成對其他人的損害。

最後，其實在非常多的案件中是根本沒有五官接觸的，只有彌爾所謂的「純粹推定的」傷害，它們只是靠著想像別人關起門來做了什麼事才發生的。我認為這類案件從來沒有經過正確的法律管制，尤其是當個人作出親密私人選擇的基本人權（這是我們已經決定要用憲法第十四修正案的正當程序加以保護的）正受到危害時，更看不出來法律有什麼正確的管制。不論本章討論了什麼，本章要說的是：許多「當眾」性交的案件其實都屬於這個領域——只要沒有非自願地強加在未經同意的人身上——其中所涉及的、與性相關的選擇，都應該被視為憲法保護的事項。

美國不是跟隨彌爾論點的國家。在當眾裸體和當眾性行為的領域，美國人的法律思想還是由公共道德所主導的。不過，如果我們至少意識到社會之所以一向不喜歡性產業，只是因為我們隱約地把婚姻外的性行為想像得很骯髒，並且認為那是一種會蔓延到社群中的疾病，我們就可以往前跨一步了。訴諸噁心感的政治讓我們無法清楚思考，也說不出來我們想要或是不想要管制什麼，而這種管制／不管制究竟又有什麼好理由。為什麼這個領域的想法如此不理性，另外一個原因是關於隱私（和其限制）的概念過於混亂，如果我們可以觀察一下這裡所作的區分，並且避免由不理性擾亂了對於「私下」的理解，相信情況就會好很多。

在我們釐清所有這些混淆之後，也許還是會有些非彌爾式的重大理由，贊成對性產業加以管制——或者我猜更可能的是——我們就會看到所有非彌爾式的理由都源自於噁心感的政治，因此，我們應該對彌爾建議要加諸限制的智慧由衷欣賞。

結論

噁心感之後呢？

我是一個用嘲諷激勵男男女女、民族國家的人，我大聲疾呼，從你們的坐處一躍而起，為你們的生命搏擊！

——華特・惠特曼，《在藍色的安大略湖畔》

我的名字叫作哈維・米爾克，我來這裡是為了解放你們的。[1]

——已故的哈維・米爾克（Harvey Milk），政治家、運動人士[2]

在今天的美國，我們已經不覺得還有人會對另外一群人普遍抱持噁心感了。在種族關係上，我們已經從訴諸噁心感的政治，向前跨了驚人（而且妙不可言）的一大步，到達同理的政治了。我成長家庭中的父親來自於美國的極南方，他是一個受過高等教育的人，也是費城一家大型律師事務所的合夥人，他真的認為如果一個白人用了之前被黑人用過的杯子，或是用了之前黑人上過的廁所，這是一件很不乾淨又骯髒的事。那些有關污染和玷污的想法（它們還曾經被明訂在法律裡）——也就是「黑人歧視制度」（Jim Crow regime）[3]裡要分開來的飲水機、游泳池、用餐吧台——的確都漸漸退下了舞台。毫無疑問地，某些投票給歐巴馬的人也有上述這種想法，只是他們覺得以政策來說，投給歐巴馬是一個比較好的選擇。也不用懷疑某些沒有投給歐巴馬的人是因為同樣的理由反對他。不過這樣的態度的確是越來越少了，如果下一代的小孩在成長過程中以薩莎．歐巴馬（Sasha Obama）和瑪莉婭．歐巴馬（Malia Obama）❹為榜樣，大概就更不會有這些態度了。在這個領域中的情況，是美國人對種族議題的態度趨向一致的很久之前，法律就率先對非裔美國人的平等權加以保護。隨著時間過去，由法律所保障的相關權利也改變了人們的生活方式。

性傾向的領域也正在慢慢發生類似的改變，不過這個過程還沒有完成。許多美國人還是有點怕男同性戀和女同性戀，而且覺得自己會受到他／她們的污染。但是污染和玷污的想法也不斷地受到想像力和人性力量的圍攻。這個領域也和種族的領域不同，法律在保護平等權利方面，相對

❶ 譯註：這是電影《自由大道》（*Milk*，二〇〇九年）裡的台詞，該片片商將「recruit」翻譯為「解放」，但也有人認為「recruit」的原意是「招募」，應該比較接近「徵召」的意思，即號召大家一起參與，讓每一個人都成為主體。

❷ 譯註：哈維是美國政壇中第一位公開同性戀身分的人，也是同性戀權益運動的代表性人物，他在一九七八年與當時的舊金山市長一同遭到原舊金山市議員丹．懷特（Daniel James "Dan" White）槍殺。

❸ 譯註：「Jim Crow」一詞源自於一八二八年一位黑人喜劇作家托馬斯．德．賴斯（Thomas D. Rice）創作的劇目「Jumping Jim Crow」，後來「Jim Crow」就變成對黑人的蔑稱。自一八七〇年代開始，南部各州的立法機關先是通過了在公共交通運輸中實行種族隔離的法律，此後種族隔離的範圍又漸漸擴大至學校、公園、劇院、飯店等，這類種族隔離的法律逐漸被稱之為「黑人歧視法」。

❹ 譯註：歐巴馬前總統的兩個女兒。

而言是比較慢的，而且走向同理政治的推動力，比較多來自於年輕人的友誼，以及——或許最重要的是——來自於藝術，因為藝術告訴了我們何謂尊嚴、平等與歡樂，這些勢必會撼動一個人的心靈，並且帶來改變。黑人學者、作家拉爾夫．艾里森（Ralph Ellison）說他的小說《隱形人》（*Invisible Man*）是「一艘承載了感知、希望和娛樂的木筏」，美國人可以乘著它，順利通過橫亙在我們和通往民主理想之間的「重重險阻和漩渦」。[1]我想他指的是這三種特性一定得結合在一起，娛樂才會讓感知成為可能：有樂趣，才會使人的腦和心靈願意接受別人的樣子。一個帶著不同膚色的身體形象如果愉快地跳進另一個人的腦中，那麼他就絕對不會往髒東西的方面去想。而這種同理的可能性接著又帶來了希望。藝術為我們塑造了許多關於男同性戀和女同性戀在生活中的重要形象，而我們——不論是異性戀或同性戀——全部都會因為那些形象而發生改變。

在近期尤其稱得上有影響力的例子，便是電影《自由大道》（*Milk*）那廣為人知的成功——《自由大道》是葛斯．范．桑（Gus Van Sant）導演根據加州政治人物哈維．米爾克的人生所拍的電影。我們可以看到所有觀眾——不論他們的背景和年紀為何——都在為一位同性戀英雄喝采，而且這位英雄並沒有像在《斷背山》（*Brokeback Mountain*）❺中一樣，表現出絕望或陷入困境之中。哈維．米爾克是一個有成就的人。他很有能力、受到許多人的尊敬，又有活力。他也是一個快樂的人，他那具有感染力的慷慨行為和高昂的鬥志改變了別人（這也就是為什麼在日後射殺他的那位深受痛苦折磨的人眼中，他是那麼地具有威脅性）。各種背景的觀眾都在為他歡呼，因為他是加州第一位公開承認自己是同性戀後又選上公職的人。觀眾對於他一方面追求真愛，一方面又想在愛情和政治承諾之間取得平衡的努力過程表達了同理。觀眾甚至會在內心讚賞米爾克那高度具有煽動性的台詞（他故意對污染和玷污的政治提出了嘲弄），米爾克常常拿這句話來當作演講的開場白：「我的名字叫作哈維．米爾克，我來這裡是為了解放你們的。」訴諸噁心感的政治在說到「解放」時，是為了要談論污染，並且連結到下流的生活方式，但是「解放」的概念在這裡可說是揚眉吐氣了：它不再是指「我在這裡將使你覺得噁心，還會散布我的污穢」，而是說「我在這裡，要求你加入一個自由和包容的運動」。我在這裡解放你，使你一起融入同理的政治，一起付出努力，追求平等的尊嚴，也追求幸福的機會。這部電影於是解放了它的觀眾，而觀眾對於電影的熱烈請求所作的回應，也顯示的確有許多美國人願意受到解放——加入正義的戰鬥，也為平等而作出要求。我可以告訴你其實就在不久之前，我認識的大部分異性戀都還對那個口號感到恐懼和些許不齒。不過在今天，已經有許多人可以平靜地回以正面的反應了，這已經讓我們看出許多關於我們的事了。

電影提醒了我們哪些領域中存在著性傾向的政治，也預示了它之後將往哪裡去。它提醒了觀

1　Ralph Ellison, *Invisible Man* (New York: Random house, 1992), xxiv-xxv.

❺　譯註：二〇〇五年的美國電影，由臺灣導演李安執導，講述發生在美國西部兩個男人之間情愛與性愛的複雜關係。

眾男同性戀和女同性戀過去遭受到的壓抑和污名——以及（當然還有）最為悲慘的暴力——而對於男同性戀和女同性戀而言，這些問題現在也還沒消失。不過電影也提醒了我們美國社會從當時走到現在，已經走過了多少路程。電影的觀眾見證了在反雞姦法還沒廢除之前的年代、在反歧視法普遍被接受之前的年代、在同性婚姻甚至還沒浮上檯面之前的年代。目前對這樣的議題會產生爭議，已經讓我們有足夠的理由抱持樂觀了。

從某種意義上來說，西恩・潘（Sean Penn）對於哈維・米爾克這號人物的驚人演繹，更是讓人感到充滿希望，這個角色也讓他拿下「影視演員協會獎」（Screen Actors Guild Awards）和一座奧斯卡金像獎。充滿陽剛氣質的異性戀男演員通常都不太願意扮演同性戀的角色，噁心和骯髒的想法大概是讓他們退避三舍最主要的原因。就算他們自己不會覺得讓這樣的人物進到心靈、腦袋和身體裡會受到玷污（毫無疑問，許多演員並不會這樣覺得），但是觀眾一定會覺得那位男明星從此之後的形象就蒙上了明顯的污點。雖然也有其他男明星打破了這種成見，但是很難像西恩・潘演繹的那樣，除了明顯的性之外，還混合了純粹的愉悅，而這種愉悅或許也正是米爾克與生俱來、最具有威脅性的部分。一個很純潔或是一本正經的男同性戀可能不會讓人感受到什麼威脅；或者如果他是個失敗者（就像德富林所描述的任何一個沒什麼能力、又對性愛成癮的縱慾者）；又或者他很痛苦、被折磨得體無完膚（像是《斷背山》中的人物）。但是西恩・潘所演繹的米爾克完全沒有上述特質。他並不乞求同情（同情通常伴隨著噁心感），而是要求尊重和共享喜悅。他顯然很樂於做自己，他的生活也很令人滿意，有各種不同的目標要追尋。這種形象的男同性戀對於訴諸噁心感的政治而言，的確是一大威脅。潘所扮演的這個角色充滿了陽剛的氣質，讓人覺得他的內心埋藏著一些怒氣，隨時準備爆發，也透露出他有能力享受感官上的愉悅、玩笑和洋溢的喜悅，為我們帶來（讓我覺得堪稱是）他最性感的演出。如果一個異性戀男性願意讓男同性戀的心靈和性慾進入他的體內，就應該是明確拒絕了任何人們所能想像到的噁心感的政治。

因此，可以說是同理的政治取得了長足的進步。不過在我們爭取同性婚姻的堅苦奮鬥中，噁心感依然無聲無息地發揮著作用。在我們對於澡堂和「當眾」性行為的態度裡面，依然可以看到噁心感的猖獗肆虐。

在同理的政治背後，勢必有許多力量來自於廣泛的社會變遷。而在這所有的變遷中，法律在哪裡呢？在種族的關係中——我會說——法律起了帶頭的作用，接著才是社會的變遷。而在性傾向的政治中，法律——當然包括憲法——就比較謹慎了，有時候只是跟隨者的角色。不過法律絕對不會是無足輕重的力量。憲法所表達的是我們社會中最深層的意識——自由和平等是什麼；什麼叫作擁有基本人權；擁有某些受到保護的自由與平等（這應該是人性尊嚴中必不可少的部分）代表了什麼意義。如果說大眾娛樂（例如《威爾與格蕾絲》、《自由大道》）改變了心靈，那麼「勞倫斯案」和「羅梅爾案」所引發的回響——和支持——就改變了我們每天生活其中的制度結構，表達出對人的尊重（而且是帶著包容的尊重），促使國家確保每個人在某些範圍內都可以享有自由、不要受到差別對待。

要讓這個領域的進步——它們算是還在進行中——達到可以稱之為完成的地步，法律還有許多工作要做。「勞倫斯案」和相關案件已經明確表達出隱私權的概念，但那卻是亂七八糟又很令人混淆的。我們必須做些事，把雙方同意的行為區分開來，並且為私下發生的合意行為（雖然它們不是在家裡發生的）提供保護。禁止差別對待的法規現在還很零碎，而且大多是地方性的法律：美國需要用一個（全國性的）聯邦法規禁止對性傾向作出差別對待——就像「民權法案第七篇」（Title VII）對兩性平等所作的（接下來就會多出許多需要解釋該項法規的法律工作，以確定它能夠提供健全的保護）。在婚姻的領域，我們認為現在最好的作法就是一州一州的試驗性立法，這樣的話只要隨著時間前進，或許可以確實降低其他州的抵抗。不過以現在來說，我們應該先廢除會造成侵害的「捍衛婚姻法案」——該法案禁止任何一州為同性婚姻創建一種可用的形式，讓同性與異性婚姻享有同樣的權利。讓我們期待歐巴馬總統會與這種基於仇恨的法律採取明確的敵對地位。[6]

美國詩人華特．惠特曼對法律的評價並不太高。他寫道：「用文件、印章或強制把人們連結在一起，並沒有意義。」「那只相當於把所有人用同一種生活規則聚集在一起」，接著，他又繼續說只有詩人（而不是法官）可以提供「（需要的）什麼東西」。[2]而在這裡，我相信惠特曼低估了「文件和印章」的社會力量。文件和印章——雖然它們當然一定需要具體地執行，不能只是形式的具文──仍然具有強大的表現力和重要的力量。一般來說，它們也有強大的實際效用。我們不能認為法律的變更就足以影響到社會的變化。在種族議題上並沒有發生這樣的事，在這裡也一樣不會發生。不過法律的確可以設好一些參數，表示出平等的尊重，管制一些超過限度、令人憎惡的安排，並且保障所有國人都可以受到現有法律的平等保護。法律就是用這種方式來保護弱勢者的權利，並對整個社會送出訊號，聲明自由與平等是我們所有人都可以享有的。

2　*By Blue Ontario's Shore*, 130-131.

❻　譯註：本書在美國出版的二〇一〇年為歐巴馬任期的第二年，在他任內的二〇一五年，美國最高法院已經判決同性婚姻的權利應該受到憲法保障，全國各州不得立法禁止同性婚姻，因此全美的同性婚姻均已合法化；而歐巴馬也於二〇一七年卸任美國總統。

國家圖書館出版品預行編目資料

從嗯心到同理：拒斥人性，還是站穩理性？法哲學泰斗以憲法觀點重探性傾向與同性婚姻／瑪莎・納思邦（Martha C. Nussbaum）著；堯嘉寧譯. -- 初版. -- 臺北市：麥田, 城邦文化出版：家庭傳媒城邦分公司發行, 民107.07
面； 公分. -- (Courant ; 1)
譯自：From disgust to humanity : sexual orientation and constitutional law
ISBN 978-986-344-575-3（平裝）
1. 憲法 2. 同性婚 3. 性別歧視 4. 美國
581.52 107009873

Courant 1

從噁心到同理

拒斥人性，還是站穩理性？法哲學泰斗以憲法觀點重探性傾向與同性婚姻

From Disgust to Humanity : Sexual Orientation and Constitutional Law

作　　者／瑪莎・納思邦（Martha C. Nussbaum）
譯　　者／堯嘉寧
責任編輯／江灝
主　　編／林怡君
選　　書／楊照
校　　對／吳美滿

國際版權／吳玲緯　蔡傳宜
行　　銷／艾青荷　蘇莞婷　黃家瑜
業　　務／李再星　陳玫潾　陳美燕　馮逸華
編輯總監／劉麗真
總 經 理／陳逸瑛
發 行 人／凃玉雲
出　　版／麥田出版
10483臺北市民生東路二段141號5樓
電話：(886)2-2500-7696　傳真：(886)2-2500-1967
發　　行／英屬蓋曼群島商家庭傳媒股份有限公司城邦分公司
10483臺北市民生東路二段141號11樓
客服服務專線：(886) 2-2500-7718、2500-7719
24小時傳真服務：(886) 2-2500-1990、2500-1991
服務時間：週一至週五09:30-12:00・13:30-17:00
郵撥帳號：19863813　戶名：書虫股份有限公司
讀者服務信箱E-mail：service@readingclub.com.tw
麥田網址／https://www.facebook.com/RyeField.Cite/
香港發行所／城邦（香港）出版集團有限公司
香港灣仔駱克道193號東超商業中心1樓
電話：(852)2508-6231　傳真：(852)2578-9337
E-mail：hkcite@biznetvigator.com
馬新發行所／城邦（馬新）出版集團【Cite(M) Sdn. Bhd. (458372U)】
41, Jalan Radin Anum, Bandar Baru Sri Petaling, 57000 Kuala Lumpur, Malaysia.
電話：(603)9057-8822　傳真：(603)9057-6622
電郵：cite@cite.com.my

封面設計／兒日設計
印　　刷／前進彩藝有限公司

■2018年7月　初版一刷
■2019年1月　初版三刷
Printed in Taiwan.

定價：380元

ISBN 978-986-344-575-3

讀者回函卡

cite城邦媒體

※為提供訂購、行銷、客戶管理或其他合於營業登記項目或章程所定業務需要之目的，家庭傳媒集團（即英屬蓋曼群島商家庭傳媒股份有限公司城邦分公司、城邦文化事業股份有限公司、書虫股份有限公司、墨刻出版股份有限公司、城邦原創股份有限公司），於本集團之營運期間及地區內，將以e-mail、傳真、電話、簡訊、郵寄或其他公告方式利用您提供之資料（資料類別：C001、C002、C003、C011等）。利用對象除本集團外，亦可能包括相關服務的協力機構。如您有依個資法第三條或其他需服務之處，得致電本公司客服中心電話請求協助。相關資料如為非必填項目，不提供亦不影響您的權益。

□ 請勾選：本人已詳閱上述注意事項，並同意麥田出版使用所填資料於限定用途。

姓名：________ 聯絡電話：________

聯絡地址：□□□□□________

電子信箱：________

身分證字號：________（此即您的讀者編號）

生日：____年____月____日 性別：□男 □女 □其他________

職業：□軍警 □公教 □學生 □傳播業 □製造業 □金融業 □資訊業 □銷售業

□其他________

教育程度：□碩士及以上 □大學 □專科 □高中 □國中及以下

購買方式：□書店 □郵購 □其他________

喜歡閱讀的種類：（可複選）

□文學 □商業 □軍事 □歷史 □旅遊 □藝術 □科學 □推理 □傳記 □生活、勵志

□教育、心理 □其他________

您從何處得知本書的消息？（可複選）

□書店 □報章雜誌 □網路 □廣播 □電視 □書訊 □親友 □其他________

本書優點：（可複選）

□內容符合期待 □文筆流暢 □具實用性 □版面、圖片、字體安排適當

□其他________

本書缺點：（可複選）

□內容不符合期待 □文筆欠佳 □內容保守 □版面、圖片、字體安排不易閱讀 □價格偏高

□其他________

您對我們的建議：________

____